浙江省地方立法与法治战略研究院(智库)成果

# 法治的多面相观察

李占荣　唐　勇　胡卓昊 著

浙江工商大学出版社
ZHEJIANG GONGSHANG UNIVERSITY PRESS
·杭州·

**图书在版编目(CIP)数据**

法治的多面相观察 / 李占荣等著. —杭州：浙江
工商大学出版社，2020.12

ISBN 978-7-5178-4209-5

Ⅰ.①法… Ⅱ.①李… Ⅲ.①社会主义法治－建设－
研究－中国 Ⅳ.①D920.0

中国版本图书馆 CIP 数据核字(2020)第 258644 号

**法治的多面相观察**

FAZHI DE DUOMIANXIANG GUANCHA

李占荣　唐　勇　胡卓昊 著

| | |
|---|---|
| 责任编辑 | 王　耀　沈明珠 |
| 封面设计 | 林朦朦 |
| 责任印制 | 包建辉 |
| 出版发行 | 浙江工商大学出版社 |
| | (杭州市教工路 198 号　邮政编码 310012) |
| | (E-mail:zjgsupress@163.com) |
| | (网址:http://www.zjgsupress.com) |
| | 电话:0571—88904980,88831806(传真) |
| 排　　版 | 杭州朝曦图文设计有限公司 |
| 印　　刷 | 杭州高腾印务有限公司 |
| 开　　本 | 710mm×1000mm　1/16 |
| 印　　张 | 20 |
| 字　　数 | 297 千 |
| 版 印 次 | 2020 年 12 月第 1 版　2020 年 12 月第 1 次印刷 |
| 书　　号 | ISBN 978-7-5178-4209-5 |
| 定　　价 | 78.00 元 |

# 序　言

　　法治是治国理政的基本方式,呈现出多重面相。就发端而言,主要呈现出国家与社会,即司法与自治的双重面相;就表现而言,反映在法治与人治、法治与法制等关系范畴之中;就目标而言,呈现出法治国家共相与法治中国殊相的融合。对法治理论与实践的思考是一个不断深化完善的过程。本书的法治理论、区域法治、法学教育和法治对策四个专题,只是对法治面相的初步观察。

　　法治理论是从中国国情和实际出发,针对中国特有的问题,探索如何走适合自己的法治道路问题。本书的第一部分选取了"中华民族"写入宪法、加强法治乡村建设、推进西部大开发、贯彻"一国两制"和民主党派建设等几个中国特色社会主义法治理论应当予以关注的主题,进行分析和探索,旨在回答如何用法治回应多民族国家属性、城乡区域发展不平衡、"一国两制"、多党合作和政治协商等重大理论问题。

　　长三角是"一带一路"与长江经济带的重要交汇点,系我国经济发展最活跃、开放程度最高、创新能力最强的区域之一,在国家现代化建设大局和全方位开放格局中具有举足轻重的战略地位。本书的第二部分以长三角区域规划和海洋经济为切入口,探索区域一体化进程中的法治保障问题,以期总结经验、提炼规律,将长三角法治一体化模式确立为我国区域规划实施的样本。

　　法治发展尤其是全面深化依法治国实践离不开高素质的法治人才。本书的第三部分从教育维度把握法治面相,既涉及研究生培养、教学与科研关系、教学方法等传统话题,又系统总结了浙江财经大学法学院非诉法律人才培养的模式。

法治的理念和构想最终要通过科学立法、严格执法、公正司法、全民守法落到实处,这是将应有权利通过法定权利跃迁为实有权利的过程,也是法治国家、法治政府、法治社会的建成过程。本书的第四部分从现行有效的法律法规出发,指陈缺陷不足,阐明法理依据,提出对策建议。部分成果获得省部级和国家领导人的批示,或被地方性法规和地方政府规章所吸纳。

本书系浙江省地方立法与法治战略研究院(智库)的研究成果。本书的部分章节发表于《光明日报》《中国民族报》《民族论坛》《法治研究》《观察与思考》等报刊。胡孝德、冯姣、胡卓昊、林芳臣、兰婷婷、王红芳、沈辉等同事和研究生参与了撰写工作。感谢浙江工商大学出版社人文事业部任晓燕主任和王耀编辑的辛苦工作,使本书能够顺利出版。

# 目　录

# 第一编

## 法治理论

# "中华民族"入宪的法律意义[①]

2018年3月11日,十三届全国人大一次会议第三次全体会议表决通过《中华人民共和国宪法修正案》,将"实现中华民族伟大复兴"作为宪法任务和国家目标写入宪法。"中华民族"首次入宪,有着重要的法律意义。

首先,"中华民族"入宪,从根本法的高度确立了中国也是"中华民族"的政治组织形式,为国家认同和国家统一奠定了宪法基础。中国既是一个历史范畴,也是一个现实范畴。作为历史范畴的中国是指历史上中华各民族创立的国家的总和,诚如宪法序言第一句所宣示的:"中国是世界上历史最悠久的国家之一。"作为现实范畴的中国是指中华人民共和国。中国是统一的多民族国家,"中华民族"入宪,从根本法的高度肯定了中华民族多元一体格局,为国家认同奠定了宪法基础。

其次,"中华民族"入宪,从根本法的高度确立了56个民族的宪法地位,为中华民族认同、各民族自我认同和各民族相互认同提供了宪法依据和基础。

从现实构成上看,"中华民族"是中国各民族的总称。习近平总书记在2014年召开的中央民族工作会议上深刻地阐述了我国民族关系的本质,他指出:"中华民族和各民族的关系,是一个大家庭和家庭成员的关系,各民族的关系,是一个大家庭里不同成员的关系。"他还强调:"各民族多元一体,是老祖宗留给我们的一笔重要财富,也是我们国家的重要优势。"党的十九大报告也强调要铸牢中华民族共同体意识。可见,"中华民族"入宪,不但是中华民族多元一体格局在宪法上的表现,更是党的民族政策和民族工作理念

---

[①] 本文作者李占荣。

在宪法上的表现。宪法中对56个民族的表述有多个概念，如"中国各族""全国各族""各民族""全国各民族""中华人民共和国各民族"等，这些概念所表达的56个民族是"多元"，统一于"中华民族"这个"一体"。"中华民族"入宪，赋予了《宪法》序言第十一自然段关于"中华人民共和国是全国各族人民共同缔造的统一的多民族国家"的宣示以更加丰富的含义：中国的主权是统一的，统一于中华人民共和国；中国的民族也是统一的，全国各族即56个民族统一于"中华民族"这个大家庭。因此，"中华民族"入宪，为中华民族认同、各民族自我认同和各民族相互认同提供了宪法依据和基础。

再次，"中华民族"入宪，强化了中国共产党作为执政党的宪法地位。《中国共产党章程》总纲明确规定，"中国共产党是中国工人阶级的先锋队，同时是中国人民和中华民族的先锋队"。既然中国共产党是"中华民族"的先锋队，那么，"中华民族"的宪法地位将是强化中国共产党作为执政党的宪法地位的重要基础之一。而中国共产党的执政地位是在长期革命斗争中逐步形成的，是近现代中国历史发展的必然，是人民的选择，也是中国各民族的选择，是中华民族的选择。《宪法》序言高度概括了这种历史必然性："一九四九年，以毛泽东主席为领袖的中国共产党领导中国各族人民，在经历了长期的艰难曲折的武装斗争和其他形式的斗争以后，终于推翻了帝国主义、封建主义和官僚资本主义的统治，取得了新民主主义革命的伟大胜利，建立了中华人民共和国。从此，中国人民掌握了国家的权力，成为国家的主人。"对于未来，《宪法》序言有关"中国各族人民将继续在中国共产党领导下"的表述明确指出了中国共产党继续作为执政党的宪法地位。"中华民族"入宪，不但从宪法上夯实了中国共产党的执政党地位，而且使得"中华人民共和国"获得了完整的法理解释：中华人民共和国是中华民族全体成员的国家。

最后，"中华民族"入宪，为民族问题纳入宪法调整范围和依法治理民族事务提供了根本法保障。长期以来，法学界尤其是宪法学界基于民族问题的敏感性与复杂性，或多或少地回避与曲解了民族问题。回避主要表现为法学界对民族问题研究得较少。曲解在于部分学者认为民族关系包含在一般社会关系中，无须单独的法律调整。"中华民族"入宪，意味着中华民族已经成为宪法关系的重要主体,还使得《宪法》总纲第 4 条关于"禁止破坏民族团结和制造民族分裂的行为"的规定更加具有明确的规范性含义,即民族团结的目标就是实现中华民族大团结,而民族分裂的实质就是对中华民族的分裂。同时,"中华民族"入宪,也为依法治理民族事务提供了根本法保障。当前,"中华民族"已经作为一个法律概念,出现在《教育法》《反分裂国家法》《国家安全法》等多部法律之中,并且,《反分裂国家法》中已有相关法律规范。"中华民族"入宪,还从根本法的高度为《民族区域自治法》等民族法律法规的实施提供了最高效力依据,有助于确保民族事务治理在法治化的轨道上进行。

# 法治中国应树立什么样的法治观[①]

法治观即法治观念,是法学视阈中的法治常识,是人们对法治最一般、最朴素、最直观的看法和态度,它对应于理性化了的法治理念、法律化了的法治原则和规范化了的法治体系。从文化学的角度看,法治观就是法治文化,是不同国家和民族的人们对法治这一特殊现象的总体看法和根本态度。在缤纷的法治观世界里,中国不能缺席,也没有缺席。

## 一、国外法治观发展遵循的轨迹

法治观的发展遵循文化变迁的一般规律,经历了漫长的历史过程。首先是"良法之治"观念的滥觞。古希腊时期的亚里士多德在给法治下定义时指出:"法治应包括两重意义:已成立的法律获得普遍的服从,而大家所服从的法律本身又应该是制定的良好的法律。"所谓"良好的法律"是指由好的政体产生的,而"好的政体"是指以公共利益为目的而执政的政体。近代以来,洛克继承该思想,进一步指出:"法律除了人们的福利这一最终目的之外,不应该再有其他的目的。"潘恩认为"法律是国王",这个"作为国王的法律就是宪法""宪法应当是由人民制定的"。康德认为法治的目的在于"使人人自由"。至此,"良法之治"与"恶法之治"的界限愈加分明。其次是"硬法之治"观,也称"规则法治"观或"形式法治"观。19世纪中叶以后,随着立法数量的剧增,分析法学派逐步崛起。以哈耶克、富勒、昂格尔为代表的思想家一致认为:"为了维护法律的权威性,人们必须严格遵守业已制定的法律,而不

① 本文系国家社科基金项目"多民族国家解决民族问题的宪法回应机制研究"(15BMZ001)的阶段性成果,作者李占荣。

得对其进行评价。""法治意味着政府的全部活动应受预先确定并加以宣布的规则的制约。"戴雪的观点具有典型性："任何人不应因做了法律未禁止的行为而受罪；任何人的法律权利或义务几乎是不可变地由普通法院审决；任何人的个人权利不是联合王国宪法赋予的，而是来自宪法建立的依据。"昂格尔将法治理解为法律秩序，美国伯克利学派的诺内特和塞尔兹尼克进一步发展昂格尔的思想，提出了法律秩序的"规则模型"，这为后来的"程序正义"提供了理论依据。韦伯将"硬法之治"观念发挥到极致："现代的法官是自动售货机，投进去的是诉状和诉讼费，吐出来的是判决和从法典上抄录下来的理由。"以至于罗尔斯在其《正义论》中明言："形式正义的概念，也即公共规则的正规和正式的执行，在于适用于法律制度时就成为法治。"最后是"软法之治"观，也称"实质法治"观。这种观念起源于20世纪初期受世界大战的刺激而兴起的社会法学派，认为"法律规则并非法律的唯一形式，甚至不是主要形式"，从而提出了"活的法"（Living Law）、"行动中的法"（Law in Action）和"事实上的法"（Law as Fact）等概念。原来坚持"硬法之治"观念的人，都在发展或修正自己的学说。昂格尔原来主张的法律秩序有了广义与狭义之分。诺内特和塞尔兹尼克也否定了自己原来的主张，提出了"回应型法"的概念。而当代著名法学家德沃金则主张以"整体性"代替法治。他的"整体性"要求"尽可能地把社会的公共标准制定和理解看作是以正确的叙述去表达一个正义公正的体系"。1959年国际法学会上通过的《德里宣言》将法治的标准归纳为人权保护、有效政府、正当程序、司法独立（包括律师自由）四个方面，算是对"软法之治"观念的定型化。其进一步的发展是郎茨·诺依曼对法治的定义："人权以及国家的一切干预行为必须以普遍规范为依据就构成了所谓'法治'（Rule of Law）或者德语说的'法治国'（Rechtsstaat）。"在当代西方世界，"软法之治"的观念在沉寂了近50年后，到20世纪90年代得以复兴，它仍然首先是在国际法领域得到应用。2002年，洛恩·索辛在《加拿大公共行政》中发表了《无拘束的裁量权：论〈宪章〉与软法的协调》一文，他认为"法治是建立在没有任何裁量权，是绝对的这一公理之上的"。"如果软法还处在《宪章》的适用范围之外，要通过《宪章》来托起法治的理想是无法完全实现的。"2006年，安娜·迪·罗比兰特在《美国比较法杂志》发表了《软法的谱系》一文,重点阐释了新中世纪谱系和社会谱系的弊端:"发挥着至关重要的意识形态功能,将各种软性协调正当化,并模糊了它们的失败和分配性后果。"2008 年,著名法学家波斯纳在《斯坦福法律评论》中发表了《软法:来自国会实践的经验》一文,对美国"宪法之外的宪法"("软宪法")和国际法层面的软法("软国际法")进行了深刻剖析,从而建立了软法一般理论的四个层面:作为普通交流工具的法,附随意见(指作为无法律约束力的法律推理结果的司法意见),宪法和国际法。同一年,日本学者中山信弘、藤田友敬出版了《软法的基础理论》,系统阐释了软法规范力与约束力等理论问题。可见在西方,法治观不但早已有之,法治也早已成为一种政治体制,更重要的是,法治已经成为一种法律实践,即将法治的观念和制度贯穿于法律实践的每一个环节。

## 二、法治观在我国的发展

我国从清朝末年开始引进西方的法治观念,同时开始了将法治作为一种政治体制的实践。从清末立宪到中华民国的法治实践,曾经取得了相当大的成就。奈何时代的局限,使得中国的法治时断时续,甚至出现过大倒退。中国的法学界对于法治观的研究基本上从 20 世纪 90 年代开始,那时学者们系统研究了"良法之治"观念理论流变。1993 年 5 月 27 日至 29 日,中国法学会法学基础理论研究会和浙江省法学会在杭州联合召开"社会主义市场经济与法制建设理论与实践"研讨会,对"法治"与"法制"进行了比较分析,认为"法治"包括良法和对良法的严格遵守,它要求全社会的一切组织、个人及其行为都必须依法守法,符合法治的原则和精神,其意指建立一整套适应市场经济需要的法律及其制度,以及营造使之和谐运行、良性发展的社会环境。2000 年,李桂林教授对良法的标准进行了探讨,对以道德为标准的良法标准进行了批判,提出了良法标准的三原则:合规律性原则、符合正义和公众利益原则和形式科学性原则。2001 年,李龙教授出版了《良法论》一书,系统梳理了良法的理论与实践。2002 年,周永坤教授在《法理学》一书中回顾了法治自古希腊,经古罗马、中世纪的阿奎那,近代洛克、卢梭和孟德斯鸠直至 20 世纪各国的实践之后,认为法治除了法律至上,具有分权制衡等制度之外,更重要的是拥有保障基本人权的良法,这是法治的根本目的和灵魂。2004 年,张恒山在《法理要论》一书中也认为:在历史的每个阶段,法律都体现着时代的正义观念和要求。在欧洲大陆,一些德国学者指出,虽然历史上确曾有过立法与正义分离的观念,但当代法治国家的一般信念却是法律必须重视正义准则。换言之,法律欲成良法,必须追求正义、秩序、平等、自由、安全和利益等目的性社会价值。2005 年,李步云教授发表了《什么是良法》一文,对广义的良法做出了全面分析,认为"广义的良法就是具有真、善、美之品格的法"。也有学者在部门法中引入良法概念,如漆丹、漆多俊教授在 2006 年发表了《科学发展观:当代中国经济法良法观之核心》,虽有"泛政治化"之嫌,但也是有益的学术尝试。2007 年,张文显教授在《法学研究》中发表了《走向和谐法治》一文,提出了"和谐法治"的观念;2010 年,他又发表了《和谐精神的导入与中国法治的转型——从以法而治到良法善治》一文,认为近代以来,人类社会的公共治理模式有过两次革命。第一次,从人治到法治(以法而治,Rule by Law;或依法而治,Rule of Law)。第二次,从以法而治(依法而治)到良法善治(Governance of Good Law)。从人治到法治,是公共治理模式的形式革命,从"国王就是法律"演变为"法律就是国王",实现了法律至上、权利平等和形式正义。而从工具主义的以法而治和依法而治到良法善治则是公共治理模式的实质革命,以法律的"人性化""人文化""人权化"而消解了"法律暴政",实现了形式正义与实质正义的统一。2014 年,何志鹏教授发表了《"良法"与"善治"何以同样重要——国际法治标准的审思》一文,对良法善治的一般理论进行了深化,其主要贡献在于论证了国际法治的可能性与制约性。显然,中国学术界不断吸收消化西方世界的法治观念,并自觉地通过与自身文化传统的观照来厘定概念、阐释法理,为中国的法治实践求解。其中最重要的成果便是在理论层面,尽管内涵还相当模糊,但是"良法善治"的观念得以浮现。在实践的层面,以法治政府为先导①的中国特色社会主义法治体系建设已然成为国家政治生活中的"常事"。

---

① 近三年来,许多省(区、市)都在开展对下一级政府的"法治政府建设"专项考核,并逐步纳入绩效考核体系之中。随着中共中央、国务院《法治政府建设实施纲要(2015—2020 年)》的颁布,法治政府建设将更加常态化、指标化、科学化。

## 三、当今应树立的法治观

当下,在建设社会主义法治国家的过程中,迫切需要树立既符合普遍的法治精神又合乎国情的中国特色的法治观,具体而言:一是牢固树立"法治国家"和"良法善治"并举的法治观。十八届四中全会将依法治国作为治国方略,经历了一个"实践先行、理论跟进"的过程。在我国法学界翻译介绍西方法治观的过程中,由于我国历史上法家提出了"以法治国"的思想,因而其面对的第一个迷思便是"Rule by Law"和"Rule of Law"的选择问题。最后,理论界将"Rule by Law"与"以法治国"对应,将"Rule of Law"翻译成法治。前者将法律工具化,后者是高大上的"法律的统治"——而传统中国是没有这个基因的。中华人民共和国成立以后,并没有什么系统的法学研究,但是,实践先行。1954 年宪法文本中推出了"依照法律"[①]这一概念,并且,这一概念在其他条文中多次出现。1982 年宪法(现行宪法)也沿用了"依照法律"[②]这一概念,这算是"依法"这一概念的雏形。之后,《中华人民共和国森林法》《中华人民共和国草原法》等法律文本中相继出现了"依法"一词[③]。"依法"成为真正意义上的法律概念。然而,法学界对此一直无动于衷。直到 1996 年,沈宗灵教授在《北京大学学报》发表了《依法治国,建设社会主义法制国家》。1997 年,中共十五大报告首次提出依法治国的概念[④]并予以阐释。1998 年,孙国华教授发表了《论社会主义的依法治国》一文。1999 年,沈宗灵教授在《中国法学》发表了《依法治国,建设社会主义法治国家》。沈先生的两篇论文仅一字之差,但含义相去甚远,体现了其认识的不断深化与

---

① 1954 年《宪法》第 12 条规定:国家依照法律保护公民的私有财产的继承权。

② 1982 年《宪法》第 2 条第 3 款规定:人民依照法律规定,通过各种途径和形式,管理国家事务,管理经济和文化事业,管理社会事务。

③ 如 1984 年《中华人民共和国森林法》第 7 条规定:国家保护林农的合法权益,依法减轻林农的负担,禁止向林农违法收费、罚款,禁止向林农进行摊派和强制募集。1985 年《中华人民共和国草原法》第 10 条规定:国家所有的草原,可以依法确定给全民所有制单位、集体经济组织等使用。

④ 党的十五大报告指出:依法治国,就是广大人民群众在党的领导下,依照宪法和法律规定,通过各种途径和形式管理国家事务,管理经济文化事业,管理社会事务,保证国家各项工作都依法进行,逐步实现社会主义民主的制度化、法律化,使这种制度和法律不因领导人的改变而改变,不因领导人看法和注意力的改变而改变。

发展。这也就算是学术跟进了。2014 年 10 月 23 日,党的十八届四中全会通过了《中共中央关于全面推进依法治国若干重大问题的决定》,明确指出"全面推进依法治国,总目标是建设中国特色社会主义法治体系,建设社会主义法治国家"。由此可见,依法治国只是手段,而法治国家才是最终目标。"社会主义法治国家"的目标既符合法治的普遍精神和一般原理,同时又具有中国特色,它不同于资本主义的法治国家理想。当下中国的法治实践中,人们普遍强调"依法治国",却有意无意地忽视了建设社会主义法治国家这一根本目标。因此,牢固树立"法治国家"的观念十分必要。

客观而言,迄今为止,我国的法治实践既缺乏对法治良恶属性判断的主流价值体系,也缺乏诸如西方自然法和基于人性的道德等方面相应的先验性标准,还缺乏检验法治良恶属性的实践热情。长期以来,我国的司法裁判不断被诟病,其主要原因在于枉法裁判导致的冤假错案时有发生,而缺少保障和制约"硬法之治"的司法体制是根本原因。至于近年来我国法学界极力倡导"软法之治",基本上属于政治语境中对传统的法的概念的颠覆和法治观念的操弄①,与法治语境中的"人权以及国家的一切干预行为必须以普遍规范为依据就构成了所谓'法治'"大异其趣。在这样的背景下,牢固树立"良法善治"的观念显得尤为必要。"良法"意味着任何法律都不能违背最广大人民的根本利益,任何法律都必须合乎上位法的规定和精神。良法的标准表现在三个方面:在法的内容方面,必须合乎调整对象自身的规律;在法的价值方面,必须符合正义并促进社会成员的公共利益;在法的形式方面,必须具有形式科学性。② 联合国亚太经济社会委员会曾经对"善治"提出了八个判断指标:Participation(共同参与)、Rule of Law(法治)、Transparency(透明的决策)、Responsiveness(回应)、Consensus Oriented(共识取向)、Equity

---

① 法的概念本身就是以法的国家强制性与其他规范的非国家强制性的区分为基础的,法治的宗旨在于通过限制国家权力来保障人权。西方软法观念的要旨恰恰在于无论是保障人权还是限制国家权力,这种"硬法之治"必须有相应的普遍规则作为基础,而这些规则中,有软法的一席之地。而我国学者强调了软法是由国家立法中的指导性、号召性、激励性、宣示性等非强制性规范,国家机关制定的规范性文件中的法律规范,政治组织创制的各种自律规范,社会共同体创制的各类自治规范四部分构成。

② 李桂林:《论良法的标准》,载《法学评论》2000 年第 2 期。

and Inclusiveness(平等和包容)、Effectiveness and Efficiency(效果和效率)、Accountability(可问责)①。总体而言,"善治"就是坚持"依法治国",实际上就是坚持在国家治理与社会治理上的硬法与软法相济,在司法领域发挥硬法的主导作用,在国家治理、社会治理、民族区域自治、社会自治等方面实现正义、和谐、有序。

二是牢固树立"多民族国家宪法观"。宪法是根本法,法治的最高实现形式是实施宪法。我国"多民族国家"的历史与现实是一个基本的社会共识和常识。历史学界的共识是:我国在秦汉时期确立了统一的多民族国家;隋唐时期结束了300年的割据状态,重新走向统一,并且壮大和发展了统一的多民族国家;宋辽金时期,我国结束了唐以后出现的约70年的割据状态,即历史上的五代十国;宋朝建立不久,统一的局面又分裂了,当时出现中原的宋朝和北方的契丹族的辽朝、女真族的金朝,这种南北对峙局面约有300年;元明清时期,可以说是统一的多民族国家的巩固时期。总之,在这2000多年的历史发展过程中,长期的多民族聚居的事实和统一多于分裂(统一有1700多年,而分裂总共不过700年)的事实,完全能说明中国自古以来就是统一的多民族国家;这中间尽管出现过短暂的分裂,各民族间也曾发生过战争,但统一和团结是主要的,各民族间的经济、文化交流从未中断过。清末民初,伴随着中国社会的巨大转型与民族存亡的危机,一些政治家和思想家被迫开始了对中华民族命运的探讨。1904年,陶成章在《中国民族权力消长史》中,认为"中国的历史就是汉人的历史"。1905年,梁启超在《历史上中国民族之观察》中指出:"现今之中华民族自始本非一族,实由多数混合而成。"中华人民共和国成立以后至今,"中华民族多元一体格局"理论成为最大理论共识,也是官方所倡导的政治意识形态。"五四宪法"第3条规定"中华人民共和国是统一的多民族的国家",现行宪法序言明确指出"中华人民共和国是全国各族人民共同缔造的统一的多民族国家",从而确立了"我国是多民族国家"宪法观。习近平总书记在中央民族工作会议等多个场合强

---

① See United Nations Economic and Social Commissionfor Asiaandthe Pacific:"What Is Good Governance?". http://www. unescap. org/resources/what-good-governance.

调全党必须牢记我国是"统一的多民族国家"这一基本国情。目前,许多学科对于这一基本国情的认识存在偏差甚至谬误。法学界迄今没有对宪法序言中"中华人民共和国是全国各族人民共同缔造的统一的多民族国家"中的"统一的多民族国家"做出解释,而是极力回避。其潜台词是:我国尚未统一,因而不是"统一的多民族国家"。事实上,"统一的"是"多民族"的定语,意在表明我国 56 个民族都是中华民族大家庭的一员,是一种"多元一体格局"。所以,尽管我国目前尚未实现完全统一,但是,中华民族从未分裂。台湾地区也反复强调中华民族是一家。① 政治学界也有学者试图用"人民主权"的理论重新构建我国的政治版图。② 民族学界在对"多元一体"的理解方面长期存在尖锐的理论对立:马戎先生的族群理论,间接否定了 56 个民族的个性;而金炳镐先生极端强调民族个性,进而淡漠了"中华民族"认同。对"多民族国家"的认识在理论界尚存在如此重大的争议,全社会认识的肤浅与偏颇便可想而知了。所以,从根本法的高度牢固树立"多民族国家宪法观"迫在眉睫。

---

① 例如"习马会"时,台湾地区领导人马英九说:"今天,我与习近平先生分别以台湾与大陆领导人的身份,穿越 66 年的时空,伸手相握,握着两岸的过去与未来,也握着中华民族振兴的希望,深具历史意义。"

② 云南省社科院研究团队在王亚南教授带领下,提出了"中华统一国民共同体"理论,以此消解民族元素,强调国族认同与国家认同。2012 年,常安博士发表了《统一多民族国家的宪制建构》一文,对新中国成立初期民族区域自治制度的奠基历程进行描述与评价,他认为"新中国通过将民族区域自治制度作为我国民族治理的基本宪政制度,也实现了清末以来多民族大国的民族—国家建构的真正飞跃"。

# 加强民族地区法治乡村建设，
# 铸牢中华民族共同体意识①

当前，新冠肺炎疫情正在全球蔓延，我国经济、社会和国家安全面临的挑战前所未有，而且，西方敌对势力利用民族宗教问题对我国实施遏制、西化、分化的图谋也在加剧，民族地区乡村是反分裂、反渗透的前沿堡垒。近日，中央全面依法治国委员会印发了《关于加强法治乡村建设的意见》，要求各地区各部门结合实际认真贯彻落实。民族地区法治乡村建设关乎民族团结、社会稳定和国家安全的大局，是防止民族分裂、抵制极端思想、打击黑恶势力的重要举措。在贯彻落实《关于加强法治乡村建设的意见》的过程中，应当坚持和加强党对法治乡村建设的领导，立足于民族地区乡村的实际情况，从健全法律法规、提升执法能力、强化司法保障、加大法治教育、推进依法治理等方面统筹考虑，为铸牢中华民族共同体意识提供法治保障。

## 一、把握法治乡村建设总体要求，健全农村民族工作法律法规体系

"法律是治国之重器，良法是善治之前提。"加强民族地区法治乡村建设，首先要按照科学立法、民主立法、依法立法的基本要求，做好农村民族工作法律法规的立、改、废、释工作。我国的民族自治地方分为自治区、自治州和自治县三级，因此《民族区域自治法》并未也无须对民族地区乡村法治建

① 本文系国家社科基金重大项目"新时代增强各族人民中华民族认同的法治保障机制研究"（19&ZH020）的阶段性成果，作者李占荣、唐勇。

设做出系统安排。在现行有效的法律法规中,《民族乡行政工作条例》是调整民族地方乡村经济和文化发展的中央立法,目前亟待修订。一方面,该条例经国务院批准由国家民委于 1993 年发布,2011 年中国特色社会主义法律体系形成后,应当由国务院对该条例进行修订并重新颁布,以明确行政法规的层级地位;另一方面,该条例制定的背景是社会主义市场经济初创阶段,民族乡建设围绕脱贫、扫盲、基建等满足少数民族生存需要而展开。党的十九大明确到 2035 年要实现城乡区域发展差距和居民生活水平差距显著缩小、基本公共服务均等化基本实现等目标,民族乡建设将在实现小康社会的基础上继续推进,这就需要通过修法提供前瞻性的指引。辖有民族乡、少数民族聚居镇的省、自治区、直辖市和设区的市,应当结合上位法的规定和法治乡村建设总体要求,对地方性法规、自治条例和单行条例进行清理,对不适应改革要求的地方立法,及时修改或废止。总的来说,通过中央和地方农村民族工作规范性文件的完善,为各民族群众加强中华民族认同提供指引和推动。

## 二、提升民族地区农村行政执法能力,推进行政执法信息化建设

农村行政执法从职权安排上来看包括两块内容:一块是乡、民族乡、镇人民政府行使的行政管理职权,另一块是县、自治县、不设区的市、市辖区人民政府所属各工作部门行使的行政管理职权。对于乡镇政府而言,上面千条线、下面一根针,面临管理事务日益增多与人员编制相对固定之间的矛盾,因此,提升行政执法能力是解决矛盾的必由之路。对于县级政府的工作部门而言,涉农的行政审批、行政处罚、行政裁决、转移支付等权限主要集中在县级,因此,推动执法力量向基层倾斜是农村行政执法体制改革的方向。民族地区的农村行政执法还要充分考虑民族地区在改革发展中面临的突出问题和特殊困难,尤其是实事求是、因地制宜地确保民族地区农村如期全面建成小康社会。在具体的执法过程中,避免乃至杜绝以民族身份划分,搞选择性执法,既不能把涉及少数民族成员的民事和刑事问题简单归结为民族问题,也不能把发生在民族地区的一般社会矛盾

简单归结为民族矛盾。同时,还要加强行政执法信息化建设向民族地区的农村基层延伸,具体包括在市、县两级建立的执法信息平台和数据库中增加乡镇的节点,实现基层一线执法队员执法记录仪的全员配备,将群众举报信息平台、案件办理流程平台、涉案财物管理平台与执法监督监察平台连接起来,做到执法有记录、决策有审核、流程受监督。通过民族地区农村行政执法能力的提升,依法维护各民族公民平等权利,缩小城乡区域间的治理水平差异。

## 三、完善司法为民便民利民措施,妥善解决影响民族团结的矛盾纠纷

"让人民群众在每一个司法案件中感受到公平正义"是新时代司法工作的目标。民族地区法治乡村建设对司法提出三个层面的要求。在司法资源布局的宏观层面,完善司法为民便民利民措施,畅通各民族公民合法表达利益诉求和获得权利救济的渠道。加强民族地区的人民法庭建设,特别是在边疆地区、边远牧区合理设置巡回办案点和诉讼服务点,最大限度降低少数民族群众的诉讼成本,通过解决"最后一公里"问题,及时审理影响民族团结的案件纠纷。在案件类型的中观层面,要抓好民族地区涉及农村民生案件的审判,特别是审理好涉及征地拆迁的群体性案件,实现法律效果和社会效果的统一;审理好涉及非法集资、非法金融的案件,切实保护各族群众的财产安全;审理好涉及弱势群众的案件,通过司法强制执行追索劳动报酬和工伤赔偿,避免脱贫人口再度返贫;审理好涉及官民矛盾的案件,通过看得见的程序提升群众对司法裁判的接受度和满意度;审理好涉及黑恶势力、邪教组织的刑事案件,坚决打击暴力恐怖活动和宗教极端主义,为民族地区农村营造安定祥和的社会氛围。在个案审理的微观层面,依法保障各民族公民使用本民族语言文字进行诉讼的权利。利用国家法官学院、国家检察官学院在民族地区设立的分院,在民族院校设立的基地,培养双语法官和双语检察官。民族地区基层法院、检察院在法官、检察官入额遴选中,优先考虑掌握汉语和当地通用语言文字的人员。

## 四、加大乡村法治宣传教育力度，营造民族地区乡村依法办事的氛围

民族地区乡村法制宣传要以"宪法进万家"活动为抓手，紧紧围绕"尊崇宪法、学习宪法、遵守宪法、维护宪法、运用宪法"的主题，重点宣传习近平总书记全面依法治国新理念新思想新战略。一方面，把《宪法》《地方各级人民代表大会和地方各级人民政府组织法》和《民族乡行政工作条例》等相关法律法规列入乡镇党委和政府的学习内容，特别是在新进工作人员入职上岗前，乡镇人民代表大会召开前，做出事关各民族群众切身利益的决策前，应当进行专题学习。另一方面，利用村民委员会宣传栏、文化礼堂、公园广场、公共法律服务中心等已有的设施，摆放宪法法律文本、张贴法制宣传海报、举行法治宣讲活动，特别是利用国家宪法日、农民丰收节、少数民族传统节日等时间节点开展各族群众喜闻乐见的法治文化活动。同时，在村"两委"班子成员、人民调解员、村民小组长中培养"法律明白人"，建立涉及民族因素的舆情收集、研判、引导和管理机制，运用法治思维和法治方法及时解决涉及民族因素的基层社会矛盾。总之，干部教育与群众教育齐抓并进，乡村法治教育与民族团结教育相辅相成，营造民族地区乡村依法办事的氛围，切实增强各族群众的中华民族共同体意识。

## 五、尊重民族地区民间习俗规范，打通各民族村民参与乡村治理的渠道

民族地区法治乡村建设还面临一类特殊规范，即少数民族乡村群众在长期生活和劳作过程中形成的少数民族习惯法。这类规范以村规民约、禁忌谚语、山歌小调、石碑铭文为主要表现形态，在指引行为、化解矛盾、处置纠纷、维护秩序等方面发挥着积极作用，而且其中蕴含的民主自治、诚实信用、团结互助、勤俭节约等观念与社会主义核心价值观相融。为了进一步发挥好少数民族习惯法的作用，村民委员会在村党组织的领导下开展少数民族习惯法的清理和审查工作，将符合法治精神和时代特征的规范明确下来，

成为村民自治制度的组成部分。多民族村民居住的村,村民委员会应当有人数较少的民族的成员。村民委员会在教育和引导各民族村民增进团结、互相尊重、互相帮助的同时,要打通各民族村民参与乡村治理的渠道,开展形式多样的村级议事协商活动,通过民主选举、意见征集、事务公开来实现对村级权力的监督。涉及少数民族村民切身利益的决策,还应当征求少数民族村民的意见。各族群众积极参与村级事务的管理,既是新时代民族地区农村新风尚新习俗形成的必要前提,又是通过乡村治理铸牢中华民族共同体意识的重要环节。

# 新时代推进西部大开发形成新格局的意义①

　　日前,中央全面深化改革委员会审议通过了《中共中央国务院关于新时代推进西部大开发形成新格局的指导意见》(以下简称《意见》),对加快形成西部大开发新格局,推动西部地区高质量发展做出顶层设计。实施西部大开发战略是党和国家在世纪之交做出的重大战略决策,20 年来,西部地区经济和社会发展取得了巨大成就,不仅改变了西部贫穷落后的面貌,而且扩展了国家发展的战略回旋空间。在新时代,继续推进西部大开发工作,形成西部大开发新格局,具有重要的现实意义和深远的历史意义。

　　有利于防范化解改革中的重大风险挑战。随着中国特色社会主义进入新时代,区域协调发展进入新阶段,各种可以预见和难以预见的风险因素明显增多。外部风险围绕国土安全,涉及国家主权、安全、发展利益等领域。例如,全国 52 个未摘帽的贫困县均分布在西部的 7 个省份,西部地区工业构成以煤、电、重化工等能源资源性产业为主导,对矿产资源和能源的长期开发和粗加工利用导致资源枯竭和环境承载能力超载。究其原因,西部地区长期以来产业结构相对单一、基础设施建设较晚、生态环境比较脆弱、人才供给长期不足等薄弱环节,与波谲云诡的国际形势、复杂敏感的周边环境、艰巨繁重的改革发展稳定任务相互交织,使西部地区在风险预防和挑战应对上面临新形势新任务。贯彻落实《意见》精神,首先要落实总体国家安全观,坚持稳中求进工作总基调,对外以共建"一带一路"为引领,提升开放合作水平,对内以人民为中心,推动高质量发展,统筹发展与安全两件大事,

---

　　①　本文系国家社科基金重大项目"新时代增强各族人民中华民族认同的法治保障机制研究"(19&ZH020)的阶段性成果,作者李占荣。

发挥好西部地区国家安全屏障作用。

有利于促进区域协调发展,决胜全面建成小康社会。西部大开发战略确立的背景是,由于东部沿海地区充分利用较好的经济基础和区位优势,在国家政策支持下,比中西部地区发展更快一些,地区差距拉大、发展不协调的矛盾日益凸显。国务院成立西部地区开发领导小组,通过实施西部大开发战略,促进生产力合理布局,形成东西互动、优势互补、相互促进、共同发展的格局。20年来,西部地区取得成绩的同时,发展不平衡不充分问题依然突出,与东部地区发展差距依然较大。因此,在全面建成小康社会进入决胜阶段,要坚持新发展理念,通过着力补上经济社会的短板,提高区域发展的协调性和平衡性。《意见》重申"确保到 2020 年西部地区生态环境、营商环境、开放环境、创新环境明显改善,与全国一道全面建成小康社会"的目标。其中,打好精准脱贫攻坚战是实现目标的关键任务,尤其是对 52 个未摘帽贫困县和 1113 个贫困村实施挂牌督战,并做好对受疫情影响致贫、返贫人口的帮扶工作。就业扶贫做好劳动力在东西部流转的精准对接,产业扶贫继续推行小额信贷等金融扶持措施,易地搬迁扶贫进一步完善配套基础设施和公共服务设施,教育扶贫不断改善义务教育薄弱学校的基本办学条件。

有利于开启全面建设社会主义现代化国家的新征程。"为把我国建设成为富强民主文明和谐美丽的社会主义现代化强国而奋斗",既是《党章》确立的党在社会主义初级阶段的基本路线,又是《宪法》规定的国家根本任务。党的十八大以来,全国各族人民在党的领导下,自力更生,艰苦奋斗,我国经济实力、科技实力、国防实力、综合国力进入世界前列,我国国际地位实现前所未有的提升。《意见》针对西部发展落后于全国,仍然是实现社会主义现代化的短板和薄弱环节,从推动发展、加大开放、保护生态、深化改革、保障民生、优化政策等 6 个方面提出继续做好推进西部大开发工作的 36 条具体意见,为 2035 年西部地区基本实现社会主义现代化绘制路线图。随着《意见》的贯彻落实,东西部在基本公共服务、基础设施通达程度、人民生活水平方面的差距逐步消弭,互补发展和开放协同的局面逐步形成,为全面建设中国特色社会主义现代化国家奠定坚实基础。

# 为全面准确贯彻"一国两制"和维护国家安全提供有力法治保障①

　　2020 年 6 月 30 日,根据《全国人民代表大会关于建立健全香港特别行政区维护国家安全的法律制度和执行机制的决定》,第十三届全国人民代表大会常务委员会第二十次会议决定:在《中华人民共和国香港特别行政区基本法》附件三中增加全国性法律《中华人民共和国香港特别行政区维护国家安全法》(以下简称《香港国安法》),并由香港特别行政区在当地公布实施,为全面准确贯彻"一国两制"和维护国家安全提供了有力法治保障。

　　《香港国安法》的颁布是维护国家主权、安全和发展利益的重要保障。香港自古以来就是中国的领土。1984 年 12 月 19 日,《中英联合声明》在北京签订。中华人民共和国政府声明:"收回香港地区(包括香港岛、九龙和'新界',以下称香港)是全中国人民的共同愿望,中华人民共和国政府决定于 1997 年 7 月 1 日对香港恢复行使主权。"英联合王国政府声明:"联合王国政府于 1997 年 7 月 1 日将香港交还给中华人民共和国。"主权问题不容谈判协商,是不以他人的意志为转移的。所以中国政府声明了自己的"决定",英联合王国政府声明了对中国政府"决定"的回应,彰显了国家主权最高性。香港特别行政区是中华人民共和国不可分割的一部分。然而长期以来,美国打着"民主运动"的旗号,做着煽动颜色革命的事,以达到搞乱香港、牵制中国的目的。早在 2014 年香港发生的非法"占中"事件和 2019 年发生的"修例风波"中,CIA(美国中央情报局)教唆、支持、策划和参与其中,并提供资金和物资支持,使得香港街头的暴力犯罪活动愈演愈烈,显现出长期

---

　　①　本文作者李占荣。

化、常态化的趋势。当前，随着中美关系和两岸关系的持续恶化，"港独"和"台独"频繁勾结互动，出现了合流的倾向，严重挑战国家主权的底线，危害了国家安全，破坏了香港繁荣发展乃至国家的发展利益。国家颁布实施《香港国安法》，明确了四类危害国家安全的罪行及其处罚，即分裂国家罪、颠覆国家政权罪、恐怖活动罪和勾结外国或者境外势力危害国家安全罪。这必将有效地遏制外部势力对香港事务的干预，对国内外危害中国国家安全的不法分子产生震慑威力，发挥惩戒作用，是维护国家主权、安全和发展利益的重要保障。

《香港国安法》的颁布是坚持和完善"一国两制"制度体系的重要举措。近年来，随着国际国内形势的深刻变化，香港社会也发生了错综复杂的变化。从国家层面建立健全具有现实针对性的香港特别行政区、维护国家安全的法律制度和执行机制，迫在眉睫。在香港问题上，英美等殖民主义心态不死，借题发挥，诟病中国在香港问题上的政策措施，不断鼓噪"中国违背了《中英联合声明》"。从国际法来看，"联合声明"只是会谈各方就共同关心的问题表明各自立场的书面宣示，随着 1997 年 7 月 1 日中国对香港恢复行使主权，中国政府就已经履行完毕《中英联合声明》中与英方有关的所有条款，即 8 条正文和 3 个附件。第 1 条规定中国对香港恢复行使主权，第 2 条规定英国将香港交还给中国。香港回归后，这两条已同时履行完毕。第 3 条及附件一是关于中方对香港基本方针政策的原则阐述及具体说明，系中方的政策宣示。第 4 至 6 条和附件二、附件三规定两国在回归过渡期的有关安排。第 7、8 条是关于实施和生效的条款。为兑现声明中的承诺，中国早在 1990 年就颁布了《中华人民共和国香港特别行政区基本法》（以下简称《香港特别行政区基本法》），《中英联合声明》中关于对港的基本方针政策都已充分体现在其中了。事实上，香港回归祖国 23 年来，国家坚定不移地贯彻"一国两制""港人治港"、高度自治的方针，这不但体现在对《中英联合声明》的全面落实上，还反映在《香港特别行政区基本法》的实施上。为保障国家对香港的基本方针政策的实施，《香港特别行政区基本法》对包括香港特别行政区行政长官的产生办法、香港特别行政区立法会的产生办法和表决程序，在香港特别行政区实施的全国性法律以及香港特别行政区区旗、区徽图案等回归后香港特别行政区实行的制度进行了系统安排,但尚不完善,致使发生在香港的许多危害国家安全的犯罪行为得不到应有的惩罚,而《香港国安法》的颁布实施正是坚持和完善"一国两制"制度体系的重要举措。《香港国安法》是一部集组织法、实体法和程序法于一体的单行法,它规定了香港特别行政区维护国家安全的职责和机构,列举了危害国家安全的罪行和处罚,明确了案件管辖、法律适用和程序,明确了中央人民政府对香港特别行政区有关的国家安全事务负有的根本责任和香港特别行政区负有维护国家安全的宪制责任,为维护国家主权、安全和发展利益提供了有力的法治保障,彰显了中国政府在维护国家主权、安全、发展利益,贯彻"一国两制"方针,反对任何外部势力干涉香港事务的决心。

《香港国安法》的颁布是维护香港长期繁荣稳定,保障香港居民合法权益的基本保障。保持香港特别行政区的繁荣和稳定,保障香港特别行政区居民的合法权益是《香港国安法》的重要立法宗旨。2019年以来,香港社会动荡不安,一些分裂分子和暴力恐怖分子片面解读和恣意歪曲"一国两制",肆意打砸抢烧,广大市民深受其害。诚如习近平主席指出:"香港持续发生的激进暴力犯罪行为,严重践踏法治和社会秩序,严重破坏香港繁荣稳定,严重挑战'一国两制'原则底线。止暴治乱、恢复秩序是香港当前最紧迫的任务。我们将继续坚定支持行政长官带领香港特别行政区政府依法施政,坚定支持香港警方严正执法,坚定支持香港司法机构依法惩治暴力犯罪分子。"因此,完善"一国两制"的制度体系,完善国家安全的法律体系,用法治的手段维护国家安全,保持香港特别行政区的繁荣和稳定,保障香港特别行政区居民的合法权益成为当务之急。在制度安排上,《香港特别行政区基本法》附件三《在香港特别行政区实施的全国性法律》清单中并没有《中华人民共和国刑法》和《中华人民共和国国家安全法》,因此这两部法律不能在香港实施。维护国家安全是包括香港同胞在内的全国各族人民的根本利益所在,维护香港长期繁荣稳定,保障香港居民合法权益是民心所向和大势所趋,《香港国安法》的施行,必将使香港同胞更好地享有和行使法定的各项权利和自由,让香港社会尽快迎来正常的生活和发展的空间。

# 国家治理评价指标设计的法理分析[①]

《中共中央关于全面深化改革若干重大问题的决定》(以下简称《决定》)提出"推进国家治理体系和治理能力现代化"这一重大命题,并将其列为全面深化改革的总目标,这就意味着改革开放的目标从实现农业现代化、工业现代化、科技现代化和国防现代化推进到实现国家治理现代化。如何实现国家治理现代化,《决定》"主要从经济、政治、文化、社会、生态文明、国防和军队6个方面,具体部署全面深化改革的主要任务和重大举措"[②]。在确立国家治理现代化目标,并提出实现该目标的举措和方式的基础上,如何衡量国家治理现代化的实现程度,亦即如何评价深化改革的成就,则成为一个具有实践价值的理论命题。笔者通过梳理国家治理评价指标的国际经验,对中国国家治理评价指标体系的设计进行法理上的探索,以期为指标的系统建构提供合法性支持。

## 一、国家治理评价指标的国际经验

治理(Governance)是一个源自古希腊语的词汇,本指"操舵、驾驶",西哲柏拉图最先在隐喻意义上使用该词,用以指称城邦的管理。"治理"在西方社会科学界沉寂2000余年后,于20世纪后期再度勃兴,并随着全球化的浪潮席卷各国,"它在许多语境中大行其道,以至成为一个可以指涉任何事物或毫无意义的'时髦词语'"[③]。即便是用来补救乃至避免市场失灵(Market

---

[①] 本文作者唐勇。

[②] 习近平:《关于〈中共中央关于全面深化改革若干重大问题的决定〉的说明》,载《人民日报》2013年11月16日,第1版。

[③] 鲍勃·杰索普:《治理的兴起及其失败的风险:以经济发展为例的论述》,漆芜译,载《国际社会科学》1999年第2期。

Failure)和政府失败(Government Failure),治理在取代两者之后同样面临失败的可能性。换句话说,治理是一个中性的词,系"各种公共的或私人的个人和机构管理其共同事务的诸多方式的总和""使相互冲突的或不同的利益得以调和并且采取联合行动的持续的过程"①。既然治理是一个过程,那么从结果的角度看,治理就有"治理得好"与"治理得坏"之分,为了区分治理的"好坏",治理评价指标体系应运而生。一种合乎评价指标或在评价指标体系中取得正效应的治理才能成为"好的治理",即善治(Good Governance),在这个意义上,治理的评价指标体系就等同于善治的各项要求。由此可见,但凡讨论治理,都不能回避其评价指标;但凡推行治理,都必须借助评价指标加以衡量。在国际社会上较有影响力的国家治理评价指标体系主要有以下几种:

其一,世界银行的世界治理指标(Worldwide Governance Indicators)。世界银行认为,治理涉及国家政权当局的执政传统与制度架构,包含政府选举、监督与更替的程序,政府有效制定和推行良好政策的能力,对公民的尊重,以及实现经济与社会管理的制度。世界治理指标涵盖 215 个国家和地区在 1996—2013 年间 6 个指标的数据:(1)言论与问责(Voice and Accountability),一个国家的公民在多大程度上享有选举政府、言论自由、结社自由和媒体自由的权力;(2)政局稳定与消除暴力/恐怖主义(Political Stability and Absence of Violence/Terrorism),包括恐怖主义在内的政局动荡,以及基于政治动因的暴力的可能性;(3)政府效率(Government Effectiveness),公共服务的质量,文职部门的质量及其独立于政治压力的程度,政策制度和实施的质量,以及政府自身恪守政策的可信度;(4)管制质量(Regulatory Quality),政府制定和实施良好政策法规以促进私人部门发展的能力;(5)法治(Rule of Law),主体对社会规则的信心和遵守程度,尤其是合同履行、财产权、警察、法院、犯罪、暴力方面的情况;(6)腐败控制(Control of Corruption),为获得私利而动用公共权力的程度,包括细微的和巨大的腐败,以及精英和私人利益对国家的侵占。作为一种评价工具,世界银行认为上述 6 项指标能够进

---

① 俞可平主编:《治理与善治》,社会科学文献出版社 2000 年版,第 4 页。

行国际的和时际的对比,但同时承认用于评价特定国家的治理改革时显得不是那么精准。[①]

其二,联合国开发计划署的治理指标(Governance Indicators)。联合国开发计划署认为,治理是一个价值、政策和制度交织的系统,借助于这个系统,社会得以管理其经济、政治和社会事务,而这种管理则通过国家、市民社会和私人部门的互动来实现。治理的边界极其宽泛,可以涵盖企业、家庭、村落、城市、民族、地区乃至全球。联合国开发计划署还区分了指标(Indicator)与统计数据(Statistics),前者并不具有数字形式,例如,在自由之家(Freedom House)提供的"世界自由指标"中,国家的分类项目被界定为自由、半自由或不自由。治理指标所评价的内容包括选举制度、腐败、人权、公共服务、市民社会和性别平等。[②] 事实上,联合国开发计划署提供的指标数量繁多,涵盖治理的各个层面,并且往往以其工作报告的形式发布。其中最具有影响力的是《千年发展目标指标》(MDGs),包括消灭极端贫穷和饥饿,实现普及初等教育,促进两性平等并赋予妇女权力,降低儿童死亡率,改善产妇保健,与艾滋病、疟疾和其他疾病做斗争,确保环境可持续能力,制订促进发展的全球伙伴关系8项指标。每项指标下辖若干次级指标,例如,在消灭极端贫困和饥饿目标下面分设"将每日收入低于1.25美元的人口比例减半""使所有人包括妇女和青年人都享有充分的生产就业和体面工作"和"挨饿人口比例减半"三个子目标,并逐项配以发展状况的评价结论。[③]

其三,经济合作与发展组织的 Metagora 项目。经济合作与发展组织的 Metagora 项目从2004年2月开始实施,旨在引导南北合作,开发提升国家能力和领导水平的工作方法以及评测工具,用于评价国家的人权和民主治理状况。该项目问卷调查系统下设民主、人权和治理三大主题,其中治理的主题涵盖资源管理(Resource Management)、问责(Accountability)、透明度

---

① World Bank, Worldwide Governance Indicators, http://info. worldbank. org/governance/wgi/index. aspx♯doc.

② UNDP: Governance Indicators: A User's Guide, Second Edition, New York, 2007, p. 1.

③ 关于联合国开发计划署治理指标项目的介绍,可参见俞可平编:《国家治理评估:中国与世界》,北京:中央编译出版社2009年版,第87—118页。

(Transparency)、腐败(Corruption)、参与(Participation)、效率(Efficiency)、法治(Rule of Law)、控制/检查/监督(Control/Monitoring/Supervision)、信息获得(Access to Information)、道德(Ethics)和其他(Other)指标。[①]

其四,其他与治理相关的指标体系。不同的机构和学者采用不同维度的数据评价一个国家的经济、政治、法治或人权状况,这些代表或不代表机构立场的民间指标体系,也在一定程度上反映了国家治理状况。例如,有学者提供了"关于暴力的国际通用度量指标",具体包括暴力和安全威胁的发生率、暴力风险和暴力脆弱性、对暴力的报告与反应、对暴力的感知与态度、暴力的影响等等。[②] 这些指标反映了犯罪、种族暴力、毒品贩卖、虐待儿童、警方的暴力行为、恐怖主义等负面的社会不安全状况,而这种状况的严重程度与国家治理能力呈现负相关关系。根据国际社会关于民主治理和善治的评价标准,结合中国的具体国情,国内有学者提出中国民主治理和善治的评价标准,即参与性、透明性、法治、公平、责任性、回应性、效能、廉洁、和谐、合法性等 10 项。[③]

总体来说,随着政治民主化尤其是国家权力合法化的意识不断得到确认和强化,无论是公共权力的行使者,还是公民权利的享有者,都需要建构一套客观、公允、可信的国家治理评价指标体系,或借以证明国家治理水平的提升,或借以发现国家治理能力的缺陷。从国家治理基本方略角度看,习近平总书记着重强调:"依法治国是党领导人民治理国家的基本方略,法治是治国理政的基本方式,要更加注重发挥法治在国家治理和社会管理中的重要作用。"[④]国家治理评价指标就应当在法理上站得住脚。其一,从指标合法性角度看,所设计的国家治理评价指标能够对接到现行的中国特色社会主义法律体系之中,这些指标最终要以法律标准的形态予以固定下来;其

---

① Claire Naval, Sylvie Walter and Raul Suarez de Miguel ed. Measuring Human Rights and Democratic Governance: Experiences and Lessons from Metagora, OECD Journal on Development Vol. 9, Iss. 2, p. 260.

② ［英］阿尔基尔等:《贫困的缺失维度》,刘民权、韩华为译,科学出版社 2010 年版,第 94—95 页。

③ 何增科:《中国治理评价体系框架初探》,载《北京行政学院学报》2008 年第 5 期。

④ 习近平:《在首都各界纪念现行宪法公布施行 30 周年大会上的讲话》,载《人民日报》2012 年 12 月 5 日,第 2 版。

二,从指标指示的内容角度看,所设计的国家治理评价指标应当侧重于对依法治国战略进程的衡量,这些指标要体现公平正义的法理价值,并以此与国家统计局的国民经济和社会发展指标相区分;其三,从国际实践角度看,任何一种治理指标都将法治作为其中的一项标准,法治是确保中性的治理跃迁为善治的外部条件。

## 二、国家治理体系指标与国家治理能力指标

《决定》对国家治理现代化做了两个方面的表述,即国家治理体系现代化和国家治理能力现代化,那么,衡量国家治理现代化程度的国家治理评价指标也要包含国家治理体系指标与国家治理能力指标两个方面。

"国家治理体系是在党领导下管理国家的制度体系,包括经济、政治、文化、社会、生态文明和党的建设等各领域体制机制、法律法规安排,也就是一整套紧密相连、相互协调的国家制度。"①简而言之,国家治理体系的本质内涵就是包含党纪国法在内的规范性文件体系。本文认为,国家治理体系指标可以从公法的透明度、私法的自由度和党纪的问责度三个方面进行设计。(1)透明度是公法领域最为重要的指标。公法通过授予国家机关公权力来捍卫国家利益,实现国家治理,公权力构成公法的逻辑基础。公权力自身具有强制支配的效力,在其行使过程中不受相对方意志的干涉,存在扩张性及对私权利恣意侵害的危险,因此,规范公权力的公法必须清晰透明。具体而言,每一项权力所授予的主体、行使的程序、作用的方式、救济的渠道都要在公法规范上做出安排。透明度确保权力在阳光下运行,权力享有者滥用职权、推诿懈怠、寻租腐败皆为权力相对方乃至全体人民所监督。透明度指标在公法制定层面细化为普遍选举、民主参与、征求民意、利益协商、条款严密等具体项目;在公法实施层面细化为主体适格、程序正当、救济及时、国家赔偿等具体项目。(2)现代治理与传统统治的分野在于民众的自主和自治程度。"治理理论不仅承认我们的政府愈来愈加复杂,而且提醒我们注意责任

---

① 习近平:《切实把思想统一到党的十八届三中全会精神上来》,载《人民日报》2014 年 1 月 1 日,第 2 版。

的转移,国家退后一步而把责任推给私营部门和志愿团体——从广义上说推给公民的这样一种打算。"①"国家退后一步"意味着国家机关不再直接干预私人生活领域,而是制定私法,通过国家公力救济后盾的间接方式来引导私主体自主、自觉和自由地享受现代生活。私法的自由度确保私主体能够根据自己的意愿自主选择社会关系的缔结、变更或消灭,并促进这种自由意志与国家强制进行对话和互动。相对于公法的"法无授权不可为",私法遵循"法无禁止即可为"。在实现治理现代化的国家里,私域的自由为市场繁荣和经济发展提供源源不断的动力,同时也是国家制度自信的充分体现。自由度指标可以通过国家干预项目的削减来评价,在人身领域表现为对户籍制度的弱化、对城乡流动限制的消除、对生育自由的宽容等,在财产领域表现为对土地权益流转的许可、对民间资本投资的放开、对行业进入退出壁垒的取消等。(3)党的纪律是党的各级组织和全体党员必须遵守的行为规则,系政党实现有序执政的内部约束机制,共产党员如果违反党的纪律就应当受到纪律处分。党的十一届三中全会以来,苏联解体,东欧剧变,两极格局终结,世界社会主义运动面临挫折,资本主义发展进入新的时期,这些世界格局的剧变对中国共产党提出新的挑战。提高党的领导水平和执政水平,增强抵御风险和抵制腐败的能力,在当前的时代背景下尤为重要。党纪的问责度指标能够反映党纪的效力,对共产党员进行组织内部的约束和管理,也是从严治党在制度建设上的表征。

"国家治理能力则是运用国家制度管理社会各方面事务的能力,包括改革发展稳定、内政外交国防、治党治国治军等各个方面。"②国家治理能力的本质内涵是国家在实现政治统治和社会管理过程中的驾驭水平,国家治理能力强就意味着国家在处理内政外交事务中具有较高的驾驭水平,国家治理呈现高效率。笔者认为,国家治理能力指标可以转化为国家治理效率的评价指标。在法经济学的视角下,税收是国家(政府)运作投入成本,而公共服务则是国家(政府)运作所产生的收益,成本和收益之间的比值就是国家

---

① 俞可平主编:《治理与善治》,社会科学文献出版社 2000 年版,第 39 页。

② 习近平:《切实把思想统一到党的十八届三中全会精神上来》,载《人民日报》2014 年 1 月 1 日,第 2 版。

治理的效率。从国家治理能力指标设计的角度看,国家治理效率指标可以划分为公共服务和政府规模两个子项。前者包括基础设施建设、教育和科研投入、公立医院及其床位数、公安处理案件数、法院受案(结案)数、城市无线网络覆盖面、廉租房和经济适用房的覆盖面、公共交通工具保有量等具体项目,这些项目可以以行政区划为单位进行统计,也可以以百万人口数为单位进行统计,以此反映国家提供公共产品的数量和质量。后者包括公务员占总人口数的比重、财政收入占国内生产总值的比重、三公经费占财政支出的比重、窗口单位排队等候时间等具体项目,这些项目反映的是国家职能部门的规模。

## 三、国家治理的主观指标与客观指标

在国家治理评价指标的设计与选择过程中,主观指标与客观指标之间的关系是一个不容回避的问题。主观指标,也称为感觉指标,是指不能通过数字计量来表现而只能凭借主体的感受和判断来评价事物的指标;客观指标则是通过统计数据反映事物的指标。一个有趣的现象是,国际社会在设计国家治理、人权状况和法治状况的指标体系时,往往倾向于采用主观指标,而国内的研究者始终有着"拿数据说话"的情结。例如上文所提到的联合国开发计划署在编订指标体系时,专门强调所列示的是"指标",而不是"统计数据"。根据联合国人权事务高级专员办公室编订的《人权指标:测定和实施指南》,用于评估主权国家采取措施履行人权义务的指标包括:国家批准的与适足住房权相关的国际人权公约,国家对发展职业技术教育的政策范围和时限,以及管理独立监督机构检查看守所、羁留中心和监狱的正式程序的生效日期和覆盖范围。[①] 美国国际开发署(USAID)关于贫困人口羞耻的测定直接采用问卷是非判断的形式,涉及的问题包括"我将会因自身贫穷而感到羞耻""我将会因我的家庭贫穷而感到羞耻",以及"你觉得你所在

---

① See The Office of the United Nations High Commissionerfor Human Rights, Human Rights Indicators: A Guide to Measurement and Implementation, HR/PUB/12/5, New York and Geneva, 2012, p. 34.

社区中的大部分人如何回答前面的问题"等主观性很强的评估指标。① 而中国内地第一个法治指数——2007 年余杭法治指数,则被认为"法治量化评估体系具有较强的可操作性,是实践和探索民主与法治建设的试验田""法治指数是法治水平最精炼的概括,是经济社会法治的晴雨表"。② 各地纷纷出台各种量化的指数,例如,上海市迎世博 600 天行动社会动员指挥部、窗口服务指挥部、城市管理指挥部发布过"城市文明指数""环境文明指数""秩序文明指数"和"服务文明指数"③;江西出台"文明交通指数"④;杭州出台"食品安全质量指数"⑤;等等。

　　笔者认为,主观指标在国家治理评价指标体系中不可或缺。第一,《决定》揭示了国家治理现代化的最终目的是"让一切创造社会财富的源泉充分涌流,让发展成果更多更公平惠及全体人民"。人民既是深化改革的主体,又是深化改革的受益者,当然也是改革成败的评判者。人民民主专政的宪法原则是人民满意度成为评价指标的法理注脚。第二,民情与民意并未始终保持一致。客观指标反映的是民情,而主观指标表达的是民意,但两者并不始终统一。例如,虽然主观福祉与教育程度、财富积累、就业情况等存在统计学上的正相关关系,但是也有相当多的证据支持这样的观点——"处在中等收入水平上的那些受挫折的成功人士比那些收入处于社会底层的人更可能对生活不满意"⑥。撇开民意,只谈民情,不能在法理上获得合理的支持。第三,主观指标可以起到对客观指标的验证作用。例如,就客观量化的法治指数而言,有学者"因为其和普通公众的生活经验和日常感受相差太远",将其批评为"地方官员和专家的自说自话"。⑦ 当然,客观指标的精确性、时际或区际的可比性、情感上的可信度则是主观指标无法比拟的。

--------

① [英]阿尔基尔等:《贫困的缺失维度》,刘民权、韩华为译,科学出版社 2010 年版,第 111 页。

② 钱弘道:《中国法治指数报告(2007—2011 年):余杭的实验》,中国社会科学出版社 2012 年版,第 74 页。

③ 《上海城市文明指数升至 80.35》,载《文汇报》2009 年 3 月 30 日,第 2 版。

④ 郑颖:《全省首次文明交通指数测评有了结果》,载《江西日报》2011 年 11 月 6 日,第 3 版。

⑤ 林乃炼:《让老百姓放心的食品安全"气象图"——关于杭州食品质量安全指数发布模式的思考》,载《杭州》2011 年第 3 期。

⑥ [英]阿尔基尔等:《贫困的缺失维度》,刘民权、韩华为译,科学出版社 2010 年版,第 144 页。

⑦ 陈林林:《法治指数中的认真与戏谑》,载《浙江社会科学》2013 年第 6 期。

事实上,任何一套评价治理的指标都不可能是纯主观或纯客观的。余杭法治指数虽然最终以数值的形式予以展现,但在调查和评价的过程中,同样设计了主观指标,其中一项考评标准设定为:"支持和保障检察机关、审判机关依法独立行使司法权,不以组织或个人名义干预司法活动。若出现干预独立司法正常活动的,此项不得分。"[①]这就属于一个侧重主观判断的指标。《国务院办公厅关于推行法治政府建设指标体系的指导意见》(讨论稿)提出:"在客观指标中,要有反映依法行政和法治政府建设效果的客观数据;在主观指标中,社会公众对依法行政水平和法治政府建设程度评价的指标分值不得低于考评总分值的20%。"这种以"一刀切"的方式设定主观指标权重的做法也未必可取。一方面,如果不能科学地解释20%权重的由来,那么整个指标体系的可信度就大打折扣;另一方面,基于权重的主客观指标的合并有可能掩盖本应揭示的问题,尤其是当某类指标权重过小的时候。因此,笔者认为,国家治理评价指标体系在设计的过程中,应同时纳入主观指标和客观指标,其评测结果分别列示,相互印证,从而全面反映国家治理进展的情况以及人民对该进展的切身感受。

## 四、国家治理的刚性指标与弹性指标

德国法哲学巨擘考夫曼在其名著《法律哲学》中用宽容原则作为结论,"宽容应该是多元风险社会中的一项重要美德""宽容在今日世界,乃至于明日世界是一个人类的命运问题。"[②]超越自由原则、责任原则和正义原则,宽容原则不仅是法哲学的未来取向,还是政治哲学尤其是治理理论的价值观念。统治侧重于权力自上而下的强制与管控,一端是掌权者,发布命令实现其统治的意志;另一端是被管控者,被动地接受权力的支配和安排。治理则打破这种"命令—服从"的对立关系,政府、企业、社会组织乃至公民共同参与公共事务的管理,尤其是通过政府与公民之间关系的开放与互动来达到

---

① 钱弘道:《中国法治指数报告(2007—2011年):余杭的实验》,中国社会科学出版社2012年版,第15页。

② [德]考夫曼:《法律哲学》,刘幸义等译,法律出版社2011年版,第310、353页。

国家的长治久安和人民的利益多元兼顾。宽容价值使善治成为可能。从政府的立场上看，政府开放地面对所有情况，承认企业、社会组织乃至公民有可能掌握更全面的信息，拥有更高效的方法，而政府自身的意志只是解决问题的一种方案，并且未必是终局性的方案，因此，政府允许甚至要求公民参与，建言献策、共商对策；从公民的立场上看，公民不再把政府视为无所不包、无所不能的家父形象，而是理性地看待政府的权力运作，甚至与政府一起面对和承担现代社会不确定的风险。尤其是在流行性疾病、大规模灾害和资源环境问题上，政府和公民的合作显得必须和必要。在这个意义上，国家治理现代化是一个在政府与公民互动中不断向前演进的过程，衡量国家治理现代化实现程度的指标也不可能是"一刀切"的静态指标，而是刚性与弹性互补的指标体系。

刚性指标是具有强制约束力的指标项目，对应于法律的强制性规范。在刚性指标下，如果相应的主体在评测中未能合格，那么就应当承担法律责任。之所以要设定刚性指标，是因为在国家治理活动中，涉及公民基本人权的事先不能遭受克减或减损，例如生命安全与财产权、宗教信仰自由、言论与出版自由、结社与集会自由、公平审判、禁止酷刑与不人道待遇等等。《决定》中涉及人权司法保障制度的内容，就是最典型的刚性指标："国家尊重和保障人权。进一步规范查封、扣押、冻结、处理涉案财物的司法程序。健全错案防止、纠正、责任追究机制，严禁刑讯逼供、体罚虐待，严格实行非法证据排除规则。逐步减少适用死刑罪名。"对刚性指标的评价在操作上包含两个层次，其一，刚性指标纳入国家成文法规范体系。刚性指标关涉公民的生命、人格、尊严和生存所需的必要财产，这些利益是人民得以生存并参与国家治理活动的基础，因此，需要在全国人大及其常委会制定的法律层面予以宣告和规范。其二，刚性指标纳入动态评估程序。获得立法的支持并不必然意味着在法律实施过程中同样受到保护，刚性指标的实现情况宜作为国家职能部门及其国家工作人员考核的依据。

弹性指标是倡导性和渐进性的评价指标，这些指标伴随着国家治理体系和国家治理能力的现代化进程而逐步提升，对应于法律的倡导性规范。从权利谱系上看，以经济、社会和文化权利的实现依托于主权国家的经济、社会和文化发展水平,那么,涉及工作权、社会保障权、健康权、受教育权、适当生活水准权、休息权等权利的指标就可以视为弹性指标。《决定》提出的"健全城乡发展一体化体制机制"举措所涉及的指标大多为弹性指标,"必须健全体制机制,形成以工促农、以城带乡、工农互惠、城乡一体的新型工农城乡关系,让广大农民平等参与现代化进程,共同分享现代化成果"。消弭城乡差异不可能一蹴而就,让广大农民共享现代化成果也不可能一步到位。诸如城镇化率、农村劳动人口劳动合同签订率、农村财政转移支付、农民人均可支配收入、农村职业教育入学率、农村宽带接入率等可以量化的数值指标可以不做具体要求,通过该指标在时际上的变化来评估国家治理水平的提升状况。

需要说明的是,刚性指标与弹性指标之间的分界不是一成不变的。例如,2003 年国务院做出了进一步加强农村教育工作的决定,深化农村教育改革,发展农村教育事业,到 2006 年,全国实现"两基"(基本实施九年义务教育和基本扫除青壮年文盲)县数从 2001 年的 2573 个提高到 2973 个,"两基"人口覆盖率提高到 98%。[①] 随着国家农村教育能力的进一步提升,当"两基"人口覆盖率接近 100% 时,该指标就从弹性指标定格为刚性指标,最终甚至有可能退出指标体系,或者被农村职业教育入学率和高等教学入学率等更高级的弹性指标所替代。

## 五、余论

本文仅就国家治理评价指标设计的宏观问题做法理上的初步分析,力求借助于法治模式,实现国家治理评价指标构建的合法性。其间还存有大量问题需要进一步探究。例如,第一,指标的制定者与评测者的选定问题。国家治理评价指标体系涵盖国家经济、政治、社会、文化、生态、国防和党建领域的各个方面,各界所提出的指标构想最终需要固定下来,使之具有约束力和执行力,从学理指标体系到国家指标体系的过渡需要一个具有较高公

---

[①] 《农村义务教育进入全面普及和巩固提高新阶段》,载《中国教育报》2007 年 10 月 18 日,第 4 版。

信力的主体来认定,而各项指标的调查也涉及具体工作实施者的选定问题。第二,指标评估不合格或情况恶化的问责问题。当国家治理主体在治理过程中由于故意或过失的行为,导致某些指标(尤其是刚性指标)的不合格,该主体在法理上应当承担相应的责任。这种责任如何在党纪与国法之间进行规定,以及这种责任的追究机制如何创设也是需要进一步探究的问题。第三,指标体系的具体设计问题。按照国际社会普遍的做法,国家治理评价指标涵盖"指标—次级指标—标准"三个层次,每个层级下面都有主观指标和客观指标项目的测定,如何构建一个具有可操作性的指标体系,同样需要跨学科多视角的探索与思考。第四,对国外机构评价结论的应对问题。在国际社会上存在大量的政府资助或民间募资的评价机构,以中立或非中立的姿态对各国开展国家治理状况评价。在某些指标体系中,我国的排名比较靠后,如何正视、分析并解释这种现象,并对恶意机构展开国际法层面上的追责,也是国家治理评价指标研究应考虑和回应的问题。

# 论民主党派党内监督制度①

民主党派党内监督,是中国共产党领导下的政党内部的监督,是中国特色社会主义监督体系的重要组成部分。自2010年以来,各民主党派纷纷开始重视党内监督制度的建设,发表了一系列研究成果,有的党派及其地方组织甚至出台了相关制度。然而,从研究成果的理论内涵看,诸多问题并没有厘清,理论没有根基,机制上没有形成可操作性的规范,实践上未能取得应有的成效。鉴于此,我们认为有必要在实证调研的基础上,对"民主党派党内监督制度"进行系统化研究,为我国参政党制度建设提供理论借鉴与实践参考。

## 一、民主党派内部监督的性质论

民主党派党内监督,具体来说,是指民主党派内部对其领导班子、工作班子以及各级组织和所有成员所进行的自我约束,目的在于保证民主党派的政治纲领、奋斗目标的贯彻实施,保障每个成员的合法权益,相对地,提醒并监督其履行自身的义务。其性质可以从以下几个方面来理解:

### (一)政治监督

中国共产党领导的多党合作和政治协商制度是我国的基本政治制度,民主党内监督则必然是政治监督。外部特征表现为:中国共产党作为执政党,掌握着国家政权;民主党派是参政党,参与民主协商。然而,作为参政

① 本文系九三学社浙江省委调研项目"民主党派党内监督制度研究"的阶段性成果,作者李占荣、胡卓昊。沈辉、张磊、吴方圆等研究生在资料收集和问卷数据处理方面做了大量工作。

党,民主党派可以持与中国共产党不同的意见,但是民主党派从根本上必须坚持四项基本原则。因此,民主党派党内监督的中心任务就是监督民主党派内部成员是否坚持以马克思列宁主义、毛泽东思想、邓小平理论和"三个代表"重要思想为指导,是否坚持了正确的政治方向,是否坚持解放思想、实事求是、与时俱进的思想路线,是否贯彻执行中国共产党在社会主义初级阶段的基本路线、基本纲领和根本任务。政治监督的意义在于保证民主党派成员坚定不移地走中国特色社会主义政治发展道路,保证民主党派与中国共产党的一致性,增强全党的凝聚力和战斗力,充分发挥民主党派最基本的作用——民主监督、参政议政。目前来说,我们可喜地发现民主党派发展稳定,在配合共产党进行战略发展中发挥着不可磨灭的作用。多党和谐发展下,祖国事业蓬勃发展,双方更是向着制度化、民主化、多样化迈进。万事万物发展都是矛盾的,蓬勃发展的同时,随之而来的新情况和新问题,民主党派成员在自身范围内竭力解决,超出民主党派职能外的问题则只能依靠共产党来进行监督和解决。有些党派成员在政治上可能会出现模糊,甚至可能出现违反自身章程的言论和行为。国内、国际环境复杂多变,民主党派成员在政治上必须做到既具有坚定性又具有清醒性,能把握正确的政治方向。民主党派和中国共产党在思想和行动中必须保持高度的一致性。总之,通过加强民主党派党内监督,不断推动多党合作事业的持续健康发展,进一步完善中国特色社会主义民主监督制度。

### (二)政党监督

不同于我国的监督理论体系,西方国家中政党的监督体系由几个部分组成:政党监督、法(议会)监督、司法监督、舆论监督、社团监督以及公民监督,唯独没有行政监督。熟悉西方政权分布体系的人应该都知道,不论是议会制国家还是内阁制国家,西方的行政权力实质上是均隶属于政党(议会或总统)。具体来说,我国关于监督理论主要运用于依法行政、司法公正以及党员干部素质方面。民主党派的监督既是监督政党,又是政党监督。研究这个问题,既有现实意义,又有理论意义。民主党派监督是政党监督,而非社团监督、公民监督或其他。邓小平同志在《目前的形势和任务》中指出,

"我们国家也是多党""我们党同其他几个党长期共存、互相监督"。显然,其他党指的就是民主党派。再者,民主党派监督是参政党及其成员实行的监督。主要表现为:一是政协的职能作用。"人民政协是在共产党领导下实现各党派和无党派人士团结合作的重要组织,也是我们政治体制中发扬社会主义民主、实行互相监督的重要形式。";二是各级民主党派小组、支部和委员会的职能作用;三是党派成员的权力行使。"要使民主协商制度化,各级党委应当就国家政治生活、四化建设、统战工作的重大问题认真地同民主党派和无党派人士进行协商,每年都要进行几次。政府有关部门要支持民主党派的工作,有关重大问题要多征求民主党派人士的意见……对民主党派和无党派人士的意见、建议和批评,要及时答复和认真负责地处理。"显然,民主党派成员的监督权不同于一般公民,具有一定的特殊性和权威性。

### (三)权力监督

政党监督的本质决定了民主党派内的监督是权力监督。党内监督是在政党内部对其行使的各项权力进行约束和控制,这也是党内监督与其他监督制度的本质区别。监督就其本质而言是以权力制约权力。中共中央于1989年颁布的《关于进一步加强中国共产党领导的多党合作和政治协商制度建设的意见》时指出:参与国家政权,参加国家大政方针及与国家领导人的协商,参与管理国家事务,参与制定和执行国家方针、政策、法律、法规,是民主党派参政的基点。随着中国共产党领导的多党合作和政治协商制度的不断发展和完善,许多民主党派和无党派人士被推荐到各级政府机关及法院、检察院担任实职领导职务。在中国的政治舞台上,来自民主党派和无党派人士的领导干部对分管的工作享有行政管理的指挥权、问题处理的决定权和人事任免的建议权。这表明,各民主党派作为国家的参政党参与国家权力并在一定程度上行使着公共权力。因此,对担任政府领导职务的民主党派成员进行监督便成为民主党派党内监督的重要内容。原因在于:民主党派领导具有双重身份,即他们既是参政党的成员,又是行使国家权力的公务员。他们的双重身份决定了他们必须受到双重制约。既要符合民主党派成员的标准又要遵守国家公务员行为规范;既要受到各政党组织的纪律约束又要受到国家法律和行政纪律的约束。尽管民主党派成员担任领导职务要经过严格的程序选拔,但有些人在掌握实权以后,由于缺乏有效的监督和制约,也会犯错误。因此,对民主党派成员尤其是领导干部的权力行使进行监督,既是执政党党内监督的重要内容,也是参政党党内监督的重要内容。

### (四)纪律监督

纪律的特点决定了民主党派内部监督是纪律监督。纪律监督的重点在于对民主党派成员遵守本党章程和其他党内法规情况进行的监督。纪律监督具有强制性、公正性和广泛性的特点。首先,纪律监督的强制性在于内部成员及其党派组织都必须遵守本党的章程和党内法规,不能受其主观影响,发挥监督的正常作用。其次,纪律监督具有公正性。所有人在纪律面前都是平等的,所有的党内成员不论职务高低,都要受到纪律的约束。党内人员只要出现违法乱纪的行为,就必将受到党内章程和法规的惩处。最后,纪律监督具有广泛性。由于民主党派内部纪律建立在民主的基础上,由党员或党员代表充分讨论后按照严格程序制定,是由党员的全部意志集中而成,基于此,所有党员都唯有认真、谨慎、自觉地遵守和维护它。1978年以来,随着参政议政热情的高涨、公民主人翁意识的增强,民主党派的人员骤然增加,已成为不容小觑的国家建设力量。这些民主党派的人员学历、职业相对来说都是不错的,大多是大学教授、律师、医生等社会评价比较高的职业。他们接受过良好的教育,具有较强的参政议政热情,并且具有较高的政治期望。但是,问题在于,这些受过高等教育的人员,他们所从事的工作和平常的学习环境决定了他们可能对自己政党的纲领、作用、参政议政的方式并非很了解,因此不能在日常生活中很好地要求自己,约束自己,提高自己。

### (五)民主监督

从根本上说,监督问题的实质就是民主问题,需要明确的是,党内监督和党内民主具有相互促进的关系,党内民主为党内监督创造了优越的条件,党内监督为党内民主提供了保障。党的生命是党内民主,党内民主也是党内监督的基础。实践证明,监督只有建立在党内民主的基础上,才是有效的监督;只有建立健全有效的监督制度,才能保障民主的有效实现。党内民主得到自我强化的过程,就是民主党派党内监督的过程。从监督的依据看,可以清楚地看到党内监督规范性文件的基础是民主;从监督的过程看,监督能否到位的关键是是否调动了广大成员的积极性;从监督的效果看,监督不力、监督机制软弱乏力是民主制度不健全的本质原因。民主党派党内监督的实质就是民主监督,具体而言就是监督民主集中制的执行情况,民主集中制是民主党派的根本组织原则。民主集中制原则,就是民主与集中相统一、党内民主平等原则、民主选举原则、少数服从多数原则、集体领导与个人分工相结合的原则、民主监督原则等基本原则,从而使党内有充分的民主实现途径和实现民主的保障。在实践党内民主的过程中,广泛实行党的代表大会、民主选举、集体领导、民主决策、民主监督等具体制度,从而真正实现了民主党派的民主性。

## 二、民主党派党内监督的范畴论

政党建设的关键环节于建立健全一套行之有效的监督制约机制。有权才有责,办事须监督。这是中国历史的选择,也是现实国情的必然。国家和民族的兴旺与衰弱不仅需要倚靠中国共产党的领导,更需要发挥参政党的独特作用。我们不能否认执政党的中流砥柱作用,但也不能忽视民主党派的助推作用。

### (一)监督主体

中央监督委员会。自 2007 年以来,民革、民盟、民建、民进、农工党、致公党、九三学社、台盟等中国 8 个民主党派相继通过了各自的党内监督条例(草案),并陆续成立了中央监督委员会,这标志着民主党派监督朝着制度化、程序化又迈进了一步。

明确来说,各民主党派欲建立党内监督机构、党内监督章程已有一年时间,在 2007 年底先后召开的换届大会上,各民主党派便开始跃跃欲试,通过修改章程,将"建立健全党内监督机制"写入章程。随后,各党派都开始着手推进制定监督条例的工作。经过一年的努力,各党派制定并在今年 12 月相继举行的全会上通过了各自的监督条例草案,成立了以各党派常务副主席为主任的中央监督委员会。

按照各党派的监督条例规定,各民主党派中央监督委员会的组成人员一般由主席会议提名,中央委员会全会决定。每届任期与中央委员会相同。中央监督委员任期一般不超过两届。中央监督委员会设主任 1 名、副主任 2 名、委员(不一定是中央委员)若干,规模一般在 19 人左右。中央监督委员会下设办公室,承办日常事务。办公室主任、副主任按现行公务员管理办法,由中央主席会议任命。主任一般由党派中央常务副主席兼任,副主任由专职副主席兼任,其他成员在同时担任政府和基层工作的中央委员中提名。所有民主党派的监督条例都提到,草案的制定依据是该党派的章程,目的是加强内部监督、发扬民主、严肃纪律、维护团结、加强自身建设。

### (二)监督对象

民主党派进行党内监督是对其领导班子、工作班子以及各级组织和所有成员的自我约束和制衡,其根本目的是保证在充分讨论后制定的民主党派的政治纲领、清晰明确的奋斗目标、大局为重的重要任务、始终追随中国共产党的基本准则的贯彻实施,切实保障党派组织每个成员的合法权益,督促其履行相应义务和责任。

民主党派党内监督在监督党派成员的工作程序、过程、成果之外,仍关注他们的工作作风和生活作风,关注他们参政议政,执行国家政策、政党决策的现实情况。民主党派的内部监督是历史的必然,也是未来监督体制使然。

### (三)监督内容

中央监督委员会在中国委员会领导下开展工作,向中央委员会报告工作。有关社内监督的重大问题由中央监督委员会提出建议和意见,并报中央常务委员会或中央委员会决定。中央监督委员会全体会议决定重要事项,应贯彻民主集中制,充分进行讨论,认真听取不同意见,在协商讨论的基础上,可采取举手或投票等方式进行表决,并以赞成票超过全体委员人数的半数为通过。按照中央委员会的决定和部署开展调查研究,重点了解中央和地方领导班子及其成员遵守纪律、改进作风和履行职责等情况,参与地方组织领导班子届期述职及民主评议、谈心会等活动,进行检查和督导。

一个民主党派能否永葆生机、常有活力,关键在于它是否具有一个健全、完善的内部监督机制。

民主党派内部监督的内容繁多,但重点内容为:党内成员必须遵守由其参与讨论制定的民主党派章程和党内法规;需要遵守多党合作政治准则,做到"长期共存,互相监督,肝胆相照,荣辱与共";更要贯彻执行党内的决议、决定和工作部署;坚决贯彻执行"邓小平理论""三个代表"等重要思想,坚持民主集中制和各项制度;落实领导班子谈心会和民主评议制度的实施,保障党内成员权利的实现,让党内成员真心实意地感受到来自领导的关怀。

民主党派在中国共产党的统一领导下,通过中国共产党的热情指导和帮助,学习借鉴中国共产党党内监督制度建设方面的成功经验,深刻按照民主党派的内部监督条例开展内部监督程序,在民主党派自身建设的实践中发扬民主党派内部民主,充分听取党内成员意见,严肃党派内部纪律,增强党派内部团结,增强民主党派内部监督的实效,加强民主党派的凝聚力与战斗力。

## 三、民主党派党内监督的机制论

内部监督是民主党派自我约束、自我完善的基本途径,也是民主党派加强自身建设的客观需要。健全民主党派内部监督,有利于依靠民主党派自身的力量解决内部的矛盾,有利于提高民主党派履行职能和发挥作用的能力,有利于坚持和完善中国共产党领导的多党合作和政治协商制度,有利于推动多党合作事业的健康发展。健全民主党派内部监督机制,是新形势下坚持执政党建设和参政党建设相互促进的要求。

### (一)民主党派党内监督机制的含义

民主党派党内监督机制是指民主党派党内监督的具体方式和途径,主要包括工作程序的公开机制、重要情况通报和报告机制、述职述廉机制、职务回避机制、党派成员信访处理机制、巡视机制、廉政谈话和诫勉谈话机制、失察责任追究机制等。

### (二)监督机制的合法依据

1.《中国共产党章程》

《中国共产党章程》(以下简称《党章》)是党的活动的最高纲领,是所有党组织和党员的行动指南,是最根本的党内法规,其他党内法规是《党章》有关规定的具体化。《党章》规定:加强对党的领导机关和党员领导干部的监督,不断完善党内监督制度。党在自己的政治生活中正确地开展批评和自我批评,在原则问题上进行思想斗争,坚持真理,修正错误。党依靠党章规范和制约全党的活动,这种活动又必须在宪法和法律规定的范围内进行,一切党规、党法和国家的法律法规法令都是党内纪律监督的依据。因此,《党章》是党内监督制度的重要法律依据,也是各民主党派党内监督的最高依据,各党派的党章制定不得与其冲突,从法理上来看,类似于上位法和下位法的关系。

2.《中国共产党党内监督条例》

《中国共产党党内监督条例》于 2004 年 2 月 17 日颁布,共 5 章,即总则、监督职责、监督制度、监督保障、附则,共 47 条。该条例详细地规划了党内具体的实施方法和途径,使得党内监督的各项程序真正地做到了有法可依。民主党派作为参政党,在监督的机制上,应当遵循并学习该条例,整体上按照该条例的制度进行监督,然后根据各自党派的特点来创新。

3.各民主党派章程

各民主党派章程,例如《九三学社章程》《中国国民党革命委员会章程》等,各个民主党派的章程是其党派组织和所有成员进行各类党务活动的直接依据。监督也不例外,各参政党派在其党章中具有涉及监督的内容,如《中国民主促进会章程》第 47 条规定:本会建立健全监督制度和机制,逐步设立中央和省级组织监督机构,对领导班子成员遵守本会章程和履行领导职责的情况,对会员遵守本会章程的情况进行监督。又如《中国致公党章程》第 17 条规定：党的各级组织及其领导成员应模范遵守本党章程，发扬民主，密切联系党员群众，虚心听取党员群众的意见、批评和建议，认真接受党内监督，建立健全党内监督机制，并制定相关的制度和措施。

民主党派各级组织的监督制度，目前主要集中在民主党派中央层面。

## 四、民主党派党内监督机制的具体内容和改进措施

### (一)领导干部述职述廉制度

1. 领导干部述职述廉制度的概念和内容

领导干部述职述廉制度是实施党内监督的一种自律机制，也是将党组织严格监督与党员干部认真自律结合起来的一种有效形式。述职述廉的主要内容包括：学习贯彻邓小平理论、"三个代表"重要思想、科学发展观和党的路线方针政策情况，执行民主集中制情况，履行岗位职责和党风廉政建设责任情况，遵守廉洁从政规定情况，存在的突出问题和改正措施以及其他需要说明的情况。述职述廉制度主要有三个原则：坚持公开民主，群众监督的原则；坚持客观公正，实事求是的原则；坚持突出重点，注重实效的原则。

2. 完善述职述廉制度的操作方法

在我国，各大参政党派实行委员会制，各级委员会为权力机关，故而每一级领导班子成员在其参政党内部都是核心，作用至关重要。由于参政党的性质决定了参政党是较为松散型的组织，因此领导干部定期述职述廉制度对加强干部自律，增强参政党内部监督具有重大的意义和作用。在一些地方组织中，参政党领导干部述职述廉制度已经开始实施，主要表现在领导干部成员在每年的全体委员大会上向各位委员做专题报告，报告其个人及党派的工作，并配合上级组织接受检查及全体成员的监督。但在不少地方，述职制度大多只是存在于表面的形式，不注重具体的实施和成效。结合这些情况，应当建议参政党的上级组织将述职制度与干部考察、奖惩、任免等结合起来，加强述职制度的严肃性，对考核不称职的，要及时批评教育。除此之外，还应当注意以下几点：

(1)明确述职述廉的内容，保证内容的真实可靠性。首先，各民主党派

应当依据其党章和相关规定来对述廉述职的内容进行明确的界定,以使领导干部在做报告时可以按照详细具体的要求来完成。其次,述职述廉报告以及后续评测的内容必须真实可靠,一旦被举报或查实有相关的违规之处,应当严厉追究其责任。

(2)加大群众的参与力度。将党纪条例条规的宣传扩大到广大的人民群众当中,使得群众对于民主监督的具体内容有一定的了解。宣传的方式可以多样化,以增加其参与的兴趣和动力,进而使得领导干部的述职述廉可以在群众中进行下去,这对于民主监督无疑有重大意义。其次,应当将评议代表的对象范围扩大,即可允许普通群众自愿报名参加述职述廉大会并对大会结果进行评测,使得人民群众的意见成为述职述廉评测内容的一部分。

### (二)巡视制度

#### 1.巡视制度的内涵

巡视制度是指由参政党中央及省级委员会通过建立专门巡视机构,按照有关规定定期或不定期地对下级组织领导班子及其成员进行监督的制度。巡视组由上级组织派出,对上级组织负责,因此在其监督的过程中,同级监督不利的问题得以解决,同时加强了对主要领导班子的监督,使得上级委员会的职权范围进一步延伸扩展,能及时发现和督促解决问题。巡视制度是党内监督的重要内容,也是党政机关发现问题、改进作风的一项必要工作内容。巡视工作在促进省部级领导班子和领导干部转变作风、廉政勤政,维护中央的权威,保证中央的政令畅通方面,起到了积极作用,成效十分显著。认真执行巡视制度,不仅能够从制度上强化党内监督,促进党员领导干部廉洁自律,依法执政,而且可以把一些不正之风和腐败问题解决在萌芽状态,减少腐败。为此,巡视工作的政策性、原则性很强,要求巡视干部有严格的组织纪律性、严肃的工作作风。

#### 2.完善巡视制度的建议

巡视制度在实践中依然存在许多问题,如选派参加巡视工作的,都是已经离开领导岗位的老同志,由于他们不在任上,往往缺乏权威性;巡视时间太短,一般开几个座谈会就走,难以了解真实情况;巡视对象过于宽泛,重点不够突出。所以建议应当通过以下三点来进行完善：

（1）保证巡视制度的权威性：这项制度的特点是以权力来制约权力，而且监督的权力不低于被监督者的权力。意在对监督的重点对象加强监督的权威性。实行从严治党，必须认真抓好对高中级干部的监督这个薄弱环节。

（2）明确具体职责，保证巡视时间：中央监督委员会派出的巡视组，重点监察省部级党政领导班子主要负责人。巡视员可以列席省委常委会议和部委党组会议；可以直接找省委和部委领导班子成员谈话；可以召开有关人员参加的座谈会，直接找有关人员谈话。规定每年有 8 至 10 个月的时间在地方或部委巡视。中央巡视组要与中央巡视办公室保持密切联系。巡视人员每年应有两至三次回中央巡视办公室汇报情况。

（3）构建多重巡视机制以及巡视人员责任追究制度：对于各参政党而言，巡视机制不应当只在中央委员会设立，在省级或者较大市的委员会中，亦应当设立巡视组，由党内最高组织设立的巡视组统一领导。同时应注意规范巡视人员行为和巡视人员职责。在巡视期间，如果发生贪污受贿等违法现象，应当严厉追究巡视人员的相关责任。

### （三）职务回避机制

#### 1.职务回避机制的内涵

党政领导干部任职回避机制，是指为了保证领导干部不因亲属关系、地域等因素，对公务活动产生不良影响，而对其所任职务、任职单位、执行公务等方面做出一定限制性规定的干部管理机制。实行党政领导干部任职回避制度，有利于领导干部摆脱复杂人际关系的羁绊，更好地履行职责；维护党的团结，巩固党的统一，保证党的领导；更有利于加强对领导干部的监督与制约，促进党风廉政建设。

#### 2.完善职务回避机制的建议

（1）加快制度建设，提供任职回避的制度保证。落实党政领导干部任职回避制度一要靠教育，二要靠制度。要走制度创新的路子，总结探索干部任职回避的成功经验。要进一步完善领导干部任职回避制度，加强督促检查，推进任职回避的规范化、制度化。具体而言，一是要研究出台一批保证、监督、落实党政领导干部任职回避的相关制度,如任职回避保证制度、任职回避监督制度、任职回避考核制度等。二是要严格落实任职回避制度,包括将任职回避制度执行情况作为领导本人及任命机关的考核范畴,形成任职回避的意见。同时建立领导干部亲属档案,对领导干部的直系亲属、三代以内旁系及近姻亲关系亲属全部进行登记,为监督领导干部任职回避提供依据。

(2)加大监督力度,构建任职回避的监督体系。健全完善任职回避监督体系是规范干部任职回避的重要手段。一是构建完善党内监督制度体系,要扩大干部监督中的民主,强化领导班子内部监督,特别是对"一把手"的监督,坚决克服班子副职对班子正职不愿监督和不敢监督的现象。二是构建完善社会监督体系。要疏通监督渠道,健全监督制度,坚持在完善群众监督体系、人民团体监督体系、行政监督体系、舆论监督体系等四个方面寻找突破。组织部门要采取设立举报投诉电话、设立监督投诉等方式,以方便群众监督。

### (四)失察责任追究机制

#### 1.失察责任追究机制的内涵

用人失察责任追究机制是指对党政领导部门或领导者在推荐、考察和任用干部过程中的失误进行责任追究的制度性规定,具体而言,用人失察是指党政领导部门或领导者在选任干部过程中不能按照科学的程序和运用有效的方法对将要被选任的干部进行全面、系统的考察和深入的了解,致使部分动机不纯、素质不高的人进入党政机关,从而给党和国家造成巨大的损失;责任追究是指对负有用人失察失控责任的领导部门和领导干部进行事后追究。追究的内容主要包括查清责任、确认责任大小,然后再依法对责任人进行相应的党纪政纪处分和法律惩戒。

#### 2.建立用人失察责任追究机制应注意的问题

作为党和国家的一项制度,必须是科学的、公正的、行之有效的,用人失察失控追究制度也不例外。所以,建立用人失察责任追究机制必须慎重。为此,应注意以下问题:

(1)建立科学的追究程序。

第一步是责任的确认。由于干部选任与管理工作中环节较多、程序复杂,加上责任主体的多元化和责任客体的易变性,一旦出现失误,责任也难以追究。因此,必须首先把握思路,做好责任的确认工作:确认负责的主体、负责的种类以及负责的时间。第二步是决定具体的追究措施。追究措施应根据责任的大小、后果和情节的轻重、问题的性质、本人认错态度等因素来具体量定。主要措施有三种:一是警诫教育。对初犯或一般性的失责而未造成严重后果的,采用批评教育方法,给予警诫,限期改正。二是党纪政纪处分。对那些严重违反规定、屡教屡犯,造成严重后果构成违纪的,在不构成犯罪的情况下给予党纪政纪处分。三是移交司法机关追究其刑事责任。对严重违反规定、后果和情节严重构成犯罪的,应移交司法机关处理。总之,对责任的追究应当追求实效,而不是流于形式。最后是认真听取被追究者的申诉。我国的审判制度实行两审终审制,由于责任追究关系重大,应同司法程序一样允许被追究者对自己的处分提出疑义进行申诉,这样既可以保护被追究者的合法权利,也可以保证责任追究的正确性,做到有错必改公正合理。

(2)建立相应的保障体系和制度。

由于用人失察责任追究乃是一种对事后责任进行的界定,因此,只有建立干部考核制度,才能知道用人是否有失察失控现象,二者与用人失察失控追究制度相辅相成,缺一不可。领导干部选任与管理责任制包括的主要内容应该是:确定干部推荐过程中的责任、干部考察过程中的责任、干部任用过程中的责任、干部管理过程中的责任,制定干部选任过程的记录规范和档案管理方法,界定各个环节的责任人及实行责任制的基本原则,等等。干部考核制度的内容主要包括:考核的机构及职责、考核的内容和方法、考核结果及其运用等。此外,为了保护同志,使领导干部在用人过程中少犯失察失控错误,还必须建立和完善用人监督制度。这主要包括加强群众监督、新闻舆论监督、党的纪检部门的监督、上级对下级的监督和自身的监督等。

### (五)廉政谈话、诫勉谈话机制

1.廉政谈话和诫勉谈话的含义

廉政谈话、诫勉谈话是指对思想、工作、作风等方面存在问题的干部进行教育的一种形式,由组织和纪律监察部门对干部谈话规诫、监督管理,并组织跟踪考核。诚勉谈话主要是对有轻微违纪行为或有苗头性、倾向性问题的党员、干部进行谈话、诚勉教育,达到提前打招呼、及时提醒、教育挽救的目的。诚勉谈话要严格要求,指出其存在的问题,分清是非责任,督促整改,帮助其吸取教训,防微杜渐,使谈话对象少犯或不犯错误。这项制度的特点是预防在先,教育在先,事前监督,凸显了有实效性、针对性地进行"个性化教育"。"三项谈话制度"的实施,使党政干部时刻牢记廉政勤政,也使一些干部的违纪违法问题解决在萌芽状态,避免酿成大错。

**2. 完善廉政谈话、诚勉谈话机制的方法**

廉政谈话和诚勉谈话的改进主要应该从以下两个方面着手:

(1)建立健全制度,保证廉政谈话质量。在落实廉政谈话制度上,要对谈话对象、时机、方法和内容加以明确和规范;在廉政谈话时机把握上,要突出及早介入、事前廉政,力争把问题解决在萌芽状态;在方法运用上,突出将谈话寓于平时的检查考核,注意消除被谈话人的思想顾虑,增强谈话效果;在问题处理上,突出提醒、着眼预防,帮助、教育干部。在谈话过程中要求"真",做到既讲尊重又讲教育,既讲保护又讲要求,既讲感情又讲纪律,对错误的思想和行为,不迁就照顾,旗帜鲜明地开展积极的思想斗争;同时,要坚持慎重稳妥的原则,对反映的问题反复鉴别,及时组织核实,做到准确客观处理。

(2)把握重要环节,增强廉政谈话的实效。在实施廉政谈话的过程中,充分发挥廉政谈话的前瞻性、预防性作用,紧紧抓住党风廉政建设的重点难点问题主动作为,增强廉政谈话的效果。一是重点问题提前谈。坚持"党组领导、纪检主抓、监察执行"的廉政谈话机制,根据平时掌握的情况,积极研究应对重点问题的办法措施,做到"四个提前谈"。重大人事变动时,围绕明确政治态度、维护政治纪律提前谈;改革措施出台时,围绕带头顾大局、守纪律提前谈;干部提升任职或调整交流时,围绕正确用权、勤政廉政提前谈;执行大项任务或处理突发事件时,围绕忠实履职、建功立业提前谈。另外坚持做到疑点问题主动谈。

### （六）重要情况通报和报告机制

1. 重要情况通报和报告机制的内涵

重要情况通报和报告机制的主要内容有两个方面：一是中央委员会做出的决议、决定和中央政治局会议的内容，根据需要以适当方式在一定范围通报或向全党通报。地方各级党的委员会全体会议做出的决议、决定，一般应当向下属党组织和党员通报，根据实际情况，以适当方式向社会公开。二是各级党委、纪委在同级党的代表大会闭会期间，根据需要将有关决策、重要情况向本次党的代表大会代表通报。

2. 完善重要情况通报和报告机制的建议

在执行重要情况通报和报告制度时，要把握住以下两个关键点：一是注意处理好党委和政府的关系。各级党委应当在职权范围内发挥总揽全局、协调各方的作用，支持政府和有关方面独立负责地处理好有关问题。但不要事事都由党组织通报和报告，注意避免以党代政。二是要依据党内民主发展的进程以及各级党组织的实际情况，对通报和报告的方式、范围、内容做出相应的规定。一开始范围可以小一些，随着形势的发展应当逐步扩大，要体现党内民主、党内监督不断发展的动态过程。

### （七）工作程序公开机制

1. 工作程序公开机制的概念和内容

工作程序的公开，主要是指党务公开，即透过会议、文件、媒体等多种形式，逐级和及时地向党员通报党的代表大会的报告，党的各级组织对重大问题的讨论和决策情况；规范"先党内、后党外"制度，坚持重大事情党内先知道，重要文件党内先传达，重大问题的决定党内先讨论，重大决策的实施党内先发动，从而增强党员的荣誉感和责任感，调动党员的积极性、主动性和创造性。该机制的内容主要包括：内容上，各民主党派应当根据《中国共产党党内监督条例（试行）》和其他党内法规要求公开的内容，凡是本地、本单位党员和群众关注的重要事项和热点问题，只要不涉及党内秘密，都应当公开。例如民主党派的全局和中心工作以及组织建设、思想建设、制度建设等,也包括了本地、本单位根据实际情况或党员、群众认为有必要公开的不涉及党内秘密的党内其他事项。形式上,党务公开要依据因地制宜、灵活多样、简便及时、利于监督的原则,针对不同内容确定公开形式。针对民主党派内部公开的,可通过党内有关会议、下发文件、定期通报、党务公开栏、党员活动室和设立文件查阅处等形式公开。而针对全社会公开的,可采取数字媒体和网络媒介等形式进行公开。各民主党派应当设立党务公开栏,以方便党务内容的公开和群众的查阅。程序上,党务公开应当遵循"事前公开、征求意见、决策和结果公开、接受监督"的基本程序。公开的项目、范围、形式由相应部门和单位提出,经本级党务公开领导小组批准;公开的内容由职能部门或所涉及个人提供,党务公开办公室审核。对于党内重要决策、干部任免和涉及党员、群众切身利益的重大问题等,根据有关规定,采取党内公开或先党内、后党外的顺序进行。

2.完善工作程序公开机制的建议

在完善民主党派党务公开的方法上,有以下两点需要注意:

(1)正确处理好党务公开中实体和程序的关系。实体主要体现在公开什么,即公开的制度和内容,程序主要体现在怎样公开,即公开的方式和过程。应当将实体性和程序性相联系,在内容上要明确哪些内容必须公开,哪些内容应在什么范围内公开。在公开的时限上必须要在决策和执行过程中公开,因为决策前、过程中和决策之后及延迟公开的作用和效果是不一样的。党内公开的目的是保证党员和群众的知情权、参与权、选择权和监督权。要让党员和群众真正享有选择权和监督权,就必须在事前,而且在尽可能早的情况下公开,才会有更充分的正面效应。因此,公开最好应在决策前就开始公开,特别是那些与广大党员、下级组织密切相关的事项,更应如此。对公开的形式和公开的载体也必须做出明确的规定,针对不同的内容决定以不同的形式载体及时公开,以便有权利获取该项信息的党员群众能及时了解。

(2)正确处理好重点与一般、对内与对外的关系。虽然党务公开涉及的内容很多,但并不意味着把所有党务活动的内容都列入党务公开,公开的重点应是党员群众最关心、最容易发生以权谋私行为或最有监督价值的事项。

例如,各民主党派党委的重大决策、干部任用、领导干部的廉洁自律情况、大额资金使用情况等。只有突出公开重点,才能保证公开的质量,防止避重就轻,搞形式主义、走过场,同时各地区、单位、部门特点不同,公开的重点也应有所不同,不能搞千篇一律。在公开的范围和形式上要处理好对内与对外的关系。所谓内,是指党组织和党员内部。外是指社会和群众,要把握好党务公开的层次性,把对内和对外公开结合起来,适宜在党内公开的,应以会议、文件、通报及机关内部局域网等形式公开;适宜在社会上公开的,可以通过公开栏以及广播、电视、报刊等形式向社会公开。

## 五、民主党派内部监督存在的问题及完善意见

### (一)当下民主党派党内监督存在的问题

当前我国民主党派内部监督中主要存在两个方面的问题:

1. 监督意识不强

就当下的现状而言,各民主党派对党内监督并不是很重视,内部成员的监督观念弱化,监督更多的只存在于理论中,而没能落实到实践当中,也没有形成良好的风气。意识的淡化主要表现在:党派内部成员认为民主党派所拥有的权力有限因而没有必要重视监督;新形势下民主党派内部对于监督工作经验缺乏,研究不足。

2. 没有健全的监督制度和完善的组织机构

目前,各民主党派的章程中并没有专门性的监督机制的制度规范,更多的只是在党派章程中一句带过,没有针对性。除了条例之外,各参政党也没有明确规范的监督机制,从中央到地方组织都没有设置具体的规章制度和相应的保障机制,监督条例的缺失和监督制度的缺乏使得民主党派内部监督工作难以规范化,也使得监督难以发挥其真正的作用。

### (二)完善民主党派党内监督的意见

1. 制定和完善各民主党派内部监督条例

我国各民主党派内部监督的条例规定并不完善,大多数民主党派对于

党内成员的内部监督只是停留在理念上、原则上，并没有指出具体该如何操作，在实践中也有些无从下手，因此，加强民主党派内部监督，必须完善内部监督条例，在制度上保证内部监督的有效实施，才能杜绝一些对于民主党派内部违规、违纪行为处罚"走过场"的现象。各参政党可以借鉴中共《中国共产党党内监督条例》及《中国共产党纪律处分条例》，对民主党派的监督职责、监督制度、监督保障等进行制度上的规定，从而为内部监督机制奠定基础。

2.设立和完善中央和地方各级专门的监督机构

目前，一些民主党派已经有了专门的内部监督机构，但机构只是存在于各参政党的中央层面，如果仅在中央设立监督机构，地方上的监督必然不能受到规范的约束，而地方基层组织才是大多数党派成员集中地。因此，应当在中央和地方各级组织设立专门的监督委员会。由中央的监督机构领导地方的监督机构，由地方上的监督机构来辅助中央的监督机构，形成体系，促进监督制度的实施。

3.建立以网络为基础的舆论监督系统

在当今互联网的电子时代大背景下，网络已经渗透到人们的日常生活中，网络的发展也为民主党派内部监督机制建设提供新的平台。各参政党可以创办属于本党的专门性监督网站来形成舆论监督的系统，并依法定期组织交流，探索经验，通过网络来进行大力宣传并且及时曝光党内违纪违法的案件，利用高新科技来配合监督制度，使其产生最大的作用。

## 六、民主党派党内监督的关系论

民主党派党内监督的关系主要包括民主党派党内监督与中国共产党党内监督、国家监督、社会监督之间的关系，要厘清民主党派党内监督与其他三者的关系，就必须对民主党派党内监督和中国共产党党内监督、国家监督、社会监督的概念和内容进行掌握，通过概念、内容以及其所蕴含的特征来分析民主党派党内监督与其他三者的区别和联系。

### （一）民主党派党内监督与中国共产党党内监督的关系

1.中国共产党党内监督的含义

中国共产党党内监督就是中国共产党的各级组织、专门机关和全体党员，按照党章和其他党内法规、制度的要求，对党的各级组织以及党员尤其是党员领导干部的行为实施的监察和督促。主体就是中国共产党的各级组织、专门机关和全体党员。客体是对党的各级组织以及党员尤其是党员领导干部的行为实施的监察和督促。

2.中国共产党党内监督的内容

（1）政治纪律的监督：政治纪律的监督，是对党员和党组织的政治立场、政治态度、政治活动等的监督。其中最主要的，是监督党的组织和党员干部是否全面正确地贯彻执行党的路线、方针和政策，是否严格遵守国家的宪法和法律。中国共产党作为一个领导着十几亿人口的社会主义国家的执政党，要保证党的领导的实现，就必须保证党所制定的路线、方针和政策得到贯彻执行，保证各级党组织和广大党员干部在宪法和法律的范围内活动。为此，就必须加强对党的组织和党员的监督。政治监督是党内监督最核心的内容，直接关系到党的性质、命运和前途。

（2）党内规章制度的监督：党内规章制度包括党章、党的各项制度和规定。党内规章制度是各级党组织和所有党员必须严格遵守的行为规范。按照党的规章制度办事，特别重要的是要认真贯彻执行民主集中制。民主集中制是我们党的根本组织制度和领导制度。党组织和党员干部遵守和维护民主集中制，必须做到：一要摆正自己在党内生活中的位置。在党内，每个党员、干部，不论从事何种工作，担任何种职务，都要摆正自己在党内生活中的位置，谁都不能凌驾于组织之上或脱离于组织之外，谁都没有超越法规制度的特权。二要发展党内民主，坚决反对一些地方和部门存在的家长制、个人专断、压制党员批评、侵犯党员权利的现象。三要坚持集体领导制度，建立健全党内议事规则、表决制度、生活会制度，讨论问题特别是涉及重大决策、重大问题、重要干部任免和大额度资金的使用等，必须按照民主集中制的程序做出决定。

（3）干部选拔任用工作的监督：加强对干部选拔任用工作的监督，是选贤任能的关键，是建设高素质干部队伍的一个重要环节，也是防止和纠正用人上的不正之风的有效措施，按照《党政领导干部选拔任用工作条例》规定，组织（人事）部门履行对干部选拔任用工作监督的职能，要按照党的组织原则和干部路线方针政策以及《干部任用条例》规定的原则、条件、任职资格和程序，对下级党委（党组）在干部选拔任用工作中的各个环节进行监督。

（4）思想作风的监督：思想作风的监督，是检查监督党员和干部全心全意为人民服务和廉洁自律的情况。现在，一些党员干部特别是领导干部头脑中全心全意为人民服务的宗旨淡漠了，把党的群众路线丢到脑后。他们有的高高在上，当官做老爷；有的以权谋私，大搞腐败。这些人的行为，严重损害了我们党立党为公、执政为民的形象。因此，对党员干部进行思想作风方面的监督，是一个需要高度重视的问题。正如江泽民同志所指出的，加强党内监督，就是要"保证党组织和党员、干部正确运用权力，坚持全心全意为人民服务的根本宗旨，无论什么时候都把党和人民的利益放在第一位，绝不允许以权谋私、假公济私、化公为私"。

### （二）民主党派党内监督与中国共产党党内监督的关系

中国共产党党内监督在整个监督体系中处于核心和支配地位，这是由共产党领导，多党派合作；共产党执政，多党派参政的政治纲领所决定的。由此也可以看出，民主党派党内监督与执政党监督是密不可分且相互不能替代的。党管干部原则，条块结合、属地化管理决定民主党派党内监督与之紧密结合，而又各具不同特色。在此基础上，充分发挥民主党派党内监督的作用，党内监督定向与定位显得十分突出和重要。民主党派党内监督应当学习借鉴中国共产党党内监督的经验，通过制度来进行管理，按照制度来办理事情，依靠制度来进行监督。民主党派多年形成的加强自身建设的各项制度，是民主集中制的具体表现，要注意有机地吸纳，运用于监督工作。在制度建设中，要更加注重系统性、针对性、时效性。在中央层面，要搞好党内监督的"顶层设计"，把党内监督的"两个坚持"，即：坚持正确的政治方向，坚持正确的职责定位，用制度确定下来。在地方层面，要严格按照本党《章程》

和《党内监督条例》开展工作,将相关制度具体细化,具有操作性,同时提高制度的执行力,彰显出制度的效率、效益。

### (三)民主党派党内监督与国家监督之间的关系

1.国家监督的概念

国家监督是指国家权力机关的监督,即拥有一定的立法权和监督权的代议机构或人民代表机关,通过法定的方式和程序,对国家行政机关所实施的监督。具体到我国,依照宪法和法律关于"人大"监督职权的有关规定,权力机关的监督则是指各级人民代表大会及其常委会为全面保证国家法律的实施和维护人民的根本利益,通过法定的方式和程序对由它产生并向它负责的各级国家行政机关及其组成人员实施的检查、调查、督促、纠正和处理等强制行为。人民代表大会的监督从根本上说,是人民当家做主、参与国家事务管理权利的表现。由概念可知,国家监督的主体即为各级人民代表大会及其常委会。监督客体则是对由它产生并向它负责的各级国家行政机关及其组成人员实施的检查、调查、督促、纠正和处理等强制行为。

2.国家监督的主要内容

国家监督的主要内容有以下四个方面:

(1)对宪法、法律和法规的实施进行监督。政府作为权力机关的执行机关,有义务认真贯彻实施人民代表大会及其常务委员会制定的宪法、法律和法规。权力机关依照宪法和地方组织法的授权,对行政机关及其行政执法人员在行政执法活动中是否做到有法可依、有法必依、执法必严、违法必究进行监督。

(2)对行政执法方面的决定和命令的制定进行监督。根据宪法的规定,全国人民代表大会常务委员会有权撤销国务院制定的同宪法、法律相抵触的行政法规、决定和命令。地方组织法规定,地方各级人民代表大会及其常务委员会也有权撤销本级人民政府不适当的决定和命令。其中当然包括行政执法方面的决定和命令。

(3)对国民经济社会发展计划和财政预算的编制和执行进行监督。如果说行政执法也有宏观与微观之分的话,那么,政府编制和执行具有施政纲领性的国民经济社会发展计划和财政预算,则为宏观意义上的行政执法,也是人民代表大会监督的重要方面。国民经济社会发展计划涉及多方面,包括国民经济社会发展速度及主要行业的发展速度,年度计划的综合平衡及年度计划同中、长期计划的衔接和平衡:国有资产的投资规模、投资结构及增值,农业、教育、科技、能源、交通、原材料等部门和行业的投资规模,全社会零售物价指数,国家预算总规模和中央预算规模,基本建设支出(举债规模行政管理费支出,国防费支出,预算费总额等)。人民代表大会及其常务委员会依法对政府在计划和预算方面的编制和执行情况实施监督。

(4)对各级政府组成人员的重要人事任免进行监督。按照宪法的授权,不仅行政机关是由权力机关产生的,而且行政机关的主要负责人也是由权力机关任免的,上至中央政府的总理、副总理、国务委员、部长、主任、审计长、秘书长,下至地方政府的省长、市长、县长等都归人民代表大会选举或者决定。因此,人民代表大会对政府的组织、人事安排具有当然的监督权。

3.民主党派党内监督与国家监督的关系

民主党派党内监督在实践中应当借鉴国家监督的特点优点,重点从三个方面进行改善:

(1)民主党派党内监督应当具有权威性:权力机关对政府及其行政执法人员的监督是最高层次的监督,特别体现在它有权撤销政府制定的行政执法方面的决定、命令,也有权罢免政府的执法负责人。监督的根本保障来自监督的权威性所在,如国家监督一样,民主党派党内的监督主体应当依据其章程来合法合理并且果断地行使监督权,严厉打击违法的成员,保证其权威性。只有在党内树立起监督的权威性,才能真正地起到监督的作用。

(2)民主党派党内监督应当具有全局性:权力机关对政府行政执法行为的监督一般都是宏观上的,带有全局影响作用的重大行政执法行为,而且权力机关拥有全面审查政府行为的权力,无论是政府的抽象行为,还是具体行为都被列入监督的范围。在民主党派党内监督的过程中,也应当从全局着手,从全局把握,而不是只顾其一地去进行监督。例如可以分别在政治层面、纪律层面、权力层面以及思想层面设立监督小组,最后将监督的结果定期统一汇总,保证监督过程的循序渐进。

（3）民主党派党内监督应当重视民主性：权力机关是由人民选举的代表组成的，它代表人民的意愿来行使对政府的监督权。政府及其行政执法人员接受权力机关的监督，实质上是接受人民的监督，是人民当家做主的具体体现。各民主党派在党内监督的过程中，要时刻牢记一切权力来自人民，重视监督的民主性。

**（四）民主党派党内监督与社会监督之间的关系**

1. 社会监督的内涵

社会监督通常是指社会舆论，公民、公民团体、社会组织等社会行为主体，依附法定的权力，必要时经过法定的程序，对政府及其官员实施的监督，具有如下特征：（1）它是一种政治权力；（2）它是一种法律制度；（3）它是一种社会责任；（4）它是一种民主意识。监督的形式包括：（1）社会舆论，以言论和出版自由为基础，以新闻报道为主要形式；（2）公民批评，在实际过程中，公民可以采用上书、走访、行政诉讼、借助新闻舆论等形式。

主体上，社会监督通常是指社会舆论，公民、公民团体、社会组织等社会行为主体，依附法定的权力，必要时经过法定的程序，对政府及其官员实施的监督。客体上，社会监督是对政党和国家实施的监督，也是对政府及其官员实施的监督。

2. 社会监督的主要内容

社会监督主要包括以下内容：

（1）公众监督：公众监督主要是指公民通过批评、建议、检举、揭发、申诉、控告等基本方式对国家机关及其工作人员权力行使行为的合法性与合理性进行监督。不断扩大公众参与范围，方便社会公众了解情况、参与监督；引导加强内部监督，保障职工群众的监督权，鼓励职工群众监督举报各类隐患；注重推广有关地区和单位加强监督工作的经验做法，提高监督实效。

（2）社会团体监督：社会团体监督主要指各种社会组织和利益集团对国家机关和公职人员的监督。社会团体通过选举、请愿、对话、示威、舆论宣传等形式，构成了对政府管理活动的监督。充分发挥工会、共青团和妇联组织的作用。加强与各级工会、共青团、妇联组织的沟通与协调,依法维护和落实知情权、参与权和监督权,不断完善措施,加强管理,切实保障群众的利益和权益。

(3)法律监督:法律监督的实质是以社会主体贯彻法律为目的对其他主体行为所进行的干预。在一个民主的国家,对权力监督的方式是多种多样的,从监督权力主体的角度,可分为国家权力监督和人民民主权力监督。

(4)舆论监督:舆论监督是指社会利用各种传播媒介和采取多种形式,表达和传导有一定倾向的议论、意见及看法,以实现对政治权力运行中偏差行为的矫正和制约。建立完善舆论监督反馈机制。对新闻媒体有关的批评性报道,要本着有则改之、无则加勉的态度,实事求是地及时进行调查和处理,并在报道后的两周内,将整改结果或查处进展情况向有关部门和新闻媒体反馈。

3.民主党派党内监督与社会监督的关系

民主党派党内监督应当借鉴社会监督本身所具有的特点优点,重点从两个方面进行改善:

(1)民主党派党内监督应当拓展其广度。社会监督中,主体具有广泛性,包括社会全体公民;客体亦具有广泛性,即监督的内容范围大。在民主党派党内监督中,也应当加入公民对各党派的监督,在对党内监督的过程中,公民应当积极参与进来,对于民主党派的具体政策、行为实施等均可进行监督而不受时间、地域、管辖级别等因素限制。

(2)监督的方式应当多元化,把握重点,层层推进。社会团体监督和舆论监督是社会监督的特色所在,在当下网络发达的环境下,舆论监督更是扮演着尤为重要的角色,故而在民主党派党内监督中,应使途径多样化,如以网络的方式让公民迅速参与进来,定期在网络上举行监督的建议意见发表征集活动等,从各个层面促进党内监督,也使得监督能够落到实处,而并非只是纸上谈兵。

总之,民主党派党内监督不仅是民主党派内部的正常运行的重中之重,更是由民主党派参政议政、监督共产党执政的职能所决定的,是必须存在的。民主党派党内监督是与我国的基本政治制度相联系的,是我国发扬民主政治的重要形式。新的历史时期,我们必须注重外部监督与内部监督并重,从而使民主党派的内部监督制度更加完善与健全。

## 参考文献

[1] 郑国庆:《对民主党派履行民主监督职能的认识和思考——兼论民主党派民主监督的性质、内容与形式》,载《蚌埠党校学报》2003 年第 4 期。

[2] 任瑞珏:《关于建立健全民主党派内部监督机制的思考》,载《山西社会主义学院学报》2009 年第 2 期。

[3] 林保民:《建立和完善民主党派监督机制进一步发挥参政党的民主监督作用》,载《河北省社会主义学院学报》2010 年 1 月第 1 期。

[4] 阎玮、李云:《民主党派民主监督的探索》,载《河北省社会主义学院学报》2013 年 4 月第 2 期。

[5] 丁清晔:《中国共产党党内监督制度研究》,北京:中共中央党校党建教研部,2009 年。

## 附件:民主党派党内监督问题调查问卷

说明:该问卷仅作为课题研究参考之用,匿名填写并严格保密,请您如实填写。非常感谢!

1.您的政治面貌是:

A.中共党员(　　　)　　　　　　B.民主党派成员(　　　)

C.中共党员和民主党派成员(　　　)　　D.无党派(　　　)

2.您是否在职工作?

A.在职(　　　)　　　　　　B.离退休(　　　)

3.您的工作单位性质是:

A.国家机关(　　　)　　　　　　B.事业单位(　　　)

C.企业与社会组织(　　　)　　　　D.其他:(　　　)

4.您的工作岗位是:

A.科级以上实职领导干部(　　　)　　B.一般工作人员(　　　)

5.您知道《中国共产党党内监督条例》吗?

A.知道( )　　　　　　　　B.不知道( )

6.您认为民主党派作为参政党,有必要像执政党那样制定党内监督条例吗?

A.有必要( )　　　　　　　　B.没必要( )

7.如果要开展民主党派党内监督,您认为监督对象应当包括哪些?

A.党派成员( )

B.党派各级各类组织( )

C.党派各级各类领导( )

D.党派成员中的人大代表、政协委员( )

E.其他:( )

8.您认为民主党派党内监督的重点对象是:

A.党派成员( )

B.党派各级各类组织( )

C.党派各级各类领导( )

D.党派成员中的人大代表、政协委员、特约人员( )

E.其他:( )

9.对监督对象而言,您认为民主党派党内监督的内容有哪些?

A.遵守党派的章程和多党合作制度准则的情况( )

B.贯彻党派上级组织决议、决定及工作部署的情况( )

C.遵守宪法、法律,坚持依法执政的情况( )

D.贯彻执行民主集中制的情况( )

E.保障党派成员权利的情况( )

F.在政治安排和党派干部推荐中遵纪守章的情况( )

G.廉洁自律情况( )

H.监督下级组织的各类民主选举事项( )

I.听取下级组织的工作例行报告或述职报告( )

J.其他:( )

10.您认为监督委员会的职权有:

A.制定和修改本级监督工作制度（　　）

B.指导下级监督组织开展工作（　　）

C.依照制度开展具体监督工作（　　）

D.受理来信、来访、检举等,调查并提出处理意见（　　）

E.向上级总结、汇报监督工作（　　）

F.其他（　　）

11.您认为作为参政党,监督委员会最低应当设到哪一级?

A.省级（　　）　　　　　　　　　B.地市级（　　）

C.县级（　　）

12.为切实发挥党派监督作用,保证工作实效,您认为省级监督委员会应当向哪个组织负责?

A.向省委常委会负责（　　）　　　B.向中央监督委员会负责（　　）

C.向省级委员会负责（　　）　　　D.向省级主委负责（　　）

E.其他:（　　）

13.您认为民主党派内部监督是否应当建立谈话和诫勉制度?

A.应当（　　）　　　　　　　　　B.不应当（　　）

# 论民主党派推进中国法治的方式①

　　政党制度是民主国家的重要制度之一。根据《中国的政党制度》白皮书的表述,中国实行的政党制度是中国共产党领导的多党合作和政治协商制度,它既不同于西方国家的两党或多党竞争制,也有别于有的国家实行的一党制。因此,民主党派及其制度的问题,是一个有别于西方政党研究的中国问题。目前,对民主党派的学理探索主要集中于民主党派参政议政②、民主监督③和自身建设④等问题,着重思考民主党派发展中国民主的问题,而民主党派推进中国法治的研究相对匮乏。因此,笔者将从现行的法律和制度出发,提出民主党派推进中国法治的方式,以丰富政党制度的理论,并为中国法治进程建设提供参考。

## 一、参与立法,完善法律体系

　　政党的各种功能可以简单地归为两类:一是代表性功能,政党为党员以及党员所联系的社会成员表达利益,并在综合利益的基础上制定法律和政策;二是制度性功能,政党录用政治领导人以及组建议会和政府。⑤ 无论是利益的整合还是议会的组成,政党在这个过程中必然涉足立法活动。

　　民主党派参与立法的原理可以从下述四个方面予以解读:(1)从学理上

---

　　① 本文系浙江省社会主义学院招标课题"参政党与中国法治进程"(12ZSYZB06)的阶段性成果,作者唐勇。

　　② 胡旭晟:《试论当前民主党派地方组织的参政议政——以省级组织为侧重点》,载《湖南省社会主义学院学报》2003年第1期。

　　③ 张惠康:《参政党民主监督功能研究》,中共中央党校出版社2011年版。

　　④ 郑宪:《中国参政党建设新论》,中共中央党校出版社2006年版。

　　⑤ 〔美〕戴蒙德、冈瑟:《政党与民主》,徐琳译,上海人民出版社2012年版,第356页。

分析,政府协调运作需要借助于一种使国家意志的表达和执行协调一致的方法,这种方法并不存在于政府体制内部,而可以在政党中找到。① 在理想的状态下,不同的政党各自代表、整合并凝聚了不同社会民众的利益,在立法机关的博弈中形成一个合力的向量。在这个向量中,其方向所指向的是国家意志,其大小所代表的是社会利益的共识部分。将这个向量用规范的语言表述出来的过程,就是立法的过程。因此,民主党派所代表和传递的利益最终会反映在我国的法律体系之中。(2)从法律上分析,我国《宪法》序言确定了中国共产党的领导地位,同时赋予民主党派在国家政治生活、社会生活和对外友好活动中的作用,因此,民主党派在社会主义现代化建设以及维护国家团结统一方面有着相应的职权和职责。"中国共产党领导的多党合作和政治协商制度将长期存在和发展。"《宪法》序言的规定成为民主党派参与立法活动的最高法律依据。(3)从中国共产党的政策上分析,《中共中央关于进一步加强中国共产党领导的多党合作和政治协商制度建设的意见》(中发〔2005〕5号)指出"民主党派参政的基本点是:参加国家政权,参与国家大政方针和国家领导人选的协商,参与国家事务的管理,参与国家方针政策、法律法规的制定和执行。"这就说明中国共产党在政策上不仅允许民主党派的存在和发展,而且鼓励并支持民主党派在国家法律制定过程中发挥作用。民主党派参与立法既能够体现我国法律制定过程的民主化,又能够提高所制定法律的科学性。(4)从民主党派的章程上分析,参与立法是民主党派的使命和任务之一。各民主党派在《章程》的总纲中大多直接规定了本党"参与国家方针、政策、法律、法规的制定",这成为民主党派现阶段的基本任务和重要职能。在实践过程中,民建中央于1993年向中共中央提出了在宪法中明确规定中国共产党领导的多党合作和政治协商制度的建议,最终以宪法修正案的方式得到采纳;民革中央于2000年向全国政协会议提交了《关于尽快制定"反分裂国家行为法"的建议》的提案,此提案被列为特别重要的提案,并被进行了专项研究和讨论,《反分裂国家法》最终于2005年出台;台盟中央于1996年向全国政协会议提交了《关于给予大陆台商及临时

---

① 〔美〕古德诺:《政治与行政》,王元等译,华夏出版社1987年版,第80页。

来大陆的台胞"国民待遇"的建议》的提案,受到原对外经贸部重视,针对《台湾同胞投资保护法》实施后的具体操作问题,台盟又提出了制定"实施细则"的建议,《台湾同胞投资保护法实施细则》最终于 1999 年出台。

2011 年中国特色社会主义法律体系形成,对法律体系的完善成为现阶段民主党派参与立法的重要任务。民主党派在立法参与的过程中要主动表达独立见解,既有合法的支持,又有合法的反对。对于前者,民主党派与中国共产党之间有着广泛的政治合作,执政党与亲密友党通过意志综合和利益整合来推动法律案的通过;对于后者,在一个人民民主专政的国家里,作为人民组成部分的民主党派有提出反对意见的权力,但要理性地行使这项权力。在处理党与非党的关系上,毛泽东同志指出:"我们有意识地留下民主党派,让他们有发表意见的机会……就是那些骂我们的……我们也要养起来,让他们骂,骂得无理,我们反驳,骂得有理,我们接受。这对党,对人民,对社会主义比较有利。"[①]民主党派以体制内的旁观者姿态理性审视现有的法律制度,并借助其知识结构加以判别论断,向立法机关提出修改意见,以一种合法反对的方式修正现行法律。此外,民主党派参政议政的主要方式是执政党在做出政策建议之前,事先征求民主党派的意见与建议,同各民主党派进行政治协商。这只是一种政策上的习惯性做法,应当以法律的形式加以明确规范。至少是在公法领域,涉及社会资源分配、利益格局调整和国际政治关系的法律案,执政党应当会同民主党派进行协商讨论,民主党派的意见以附件的形式记录在案,全国人大及其常委会在审议时应当参考民主党派的意见和建议。申言之,民主党派参与立法的程序需要在法律上获得具有强制力的保障。

## 二、自觉守法,实现公平正义

政党遵守宪法原则,实践宪法精神是法治国家的共识。例如,《德国基本法》规定:"政党依其目的及其党员之行为,意图损害或废除自由、民主之基本秩序或意图危害德意志联邦共和国之存在者,为违宪。"《韩国宪法》规

---

① 　毛泽东:《毛泽东选集(第 5 卷)》,人民出版社 1977 年版,第 279 页。

定:"政党的目的或活动违背于民主的基本秩序时,政府可向宪法裁判所起诉申请解散,政党根据宪法裁判所的审判来解散。"其背后的法理依据在于,宪法作为人民意志的最高体现,在主权国家内具有最高法律效力,因此,政党作为主权国家内的一种法律主体,其活动的目的、方式和边界必须符合宪法精神的基本要求。如果政党背离宪法精神,就丧失其存在的合法性,因违宪而受制裁乃至解散。

我国《宪法》直接规定政党在宪法和法律的范围内活动,序言指出:"全国各族人民、一切国家机关和武装力量、各政党和各社会团体、各企业事业组织,都必须以宪法为根本的活动准则,并且负有维护宪法尊严、保证宪法实施的职责。"第5条第4款规定:"一切国家机关和武装力量、各政党和各社会团体、各企业事业组织都必须遵守宪法和法律。"这个规范的表述在民主党派的章程中亦有所体现。例如,《九三学社章程》在总纲中规定:"本社的一切活动以中华人民共和国宪法为准则,并负有维护宪法尊严、保证宪法实施的职责,享有宪法规定的权利和义务范围内的政治自由、组织独立和法律地位平等。"《中国国民党革命委员会章程》第4条,党员的义务包括"遵守宪法和法律"。据此,民主党派以自觉守法的方式营造全民守法的法律环境,推进中国法治进程。

需要进一步说明的是,民主党派的守法并不仅仅是消极地遵守法律,更要积极地实现法律,以实现公平正义。我国目前正处在深刻变革的历史进程中。在经济上,2011年统计数据显示,人均GDP达到35181元人民币(约合5657美元)。[①] 这就意味着我国面临中等收入陷阱(Middle Income Trap),收入差距过大、人力资本积累缓慢、金融体系脆弱、劳动力转移困难等问题开始凸显。在政治上,党的十八大报告指出社会治安、执法司法问题较多,形式主义、官僚主义突出,奢侈浪费、贪污腐败现象严重,这些问题将激化官民矛盾,带来政治危机。在此背景下,民主党派应当在宪法和法律的范围内扩大其政治影响力,以一种平等和独立的政治力量来参与社会管理,维护政治稳定。正如亨廷顿所言:"强有力的政党却能够以一个制度化的公共利益

---

[①]　国家统计局:《中国统计年鉴2012》,http://www.stats.gov.cn/tjsj/ndsj/2012/indexch.htm.

来取代四分五裂的个人利益。处于早期发展阶段的政党看上去确实像是宗派,似乎是在加剧冲突和分裂,然而一旦羽毛丰满,政党就会成为维系各种社会力量的纽带,并为超越狭隘的地方观念的效忠和认同奠定基础。"①在这个意义上,政党能够整合社会的部分和碎片,使之成为一个整体的力量,从而捍卫社会正义。具体而言,民主党派实现公平正义的职责包含三个方面:(1)以担任领导职务的方式,推进依法行政。民主党派人士担任中央和地方政府机关领导职务日益普遍,例如,农工党中央主席陈竺现任卫生部部长,致公党中央主席万钢现任科技部部长,截至 2012 年 12 月,九三学社社员中在各级政府和司法机关任省部级职务的有 5 人,任厅局级职务的有 158 人,728 人任县处级职务;民盟盟员担任政府和司法部门县处级以上职务的共有 861 人;农工党现有 699 名党员在政府和司法机关担任处级以上领导职务。② 这些在领导岗位的民主党派人士要关注残疾人、贫困人口、少数民族、外来务工人员等群体的利益,在政策上向最少受惠者做出倾斜,使得社会利益的再分配能够惠及弱势群体。(2)以出具科研结论的方式,探索改革路径。民主党派吸收并联系了大量中高级知识分子,涉及文化教育、医药卫生、科学技术和经济等各个领域。这些知识精英既掌握着发现社会发展规律的方法,又拥有一定的话语权力,在分析社会问题的过程中,要坚守公正的立场,在经济上扶助贫困,在法律上捍卫人权,在文化上普及知识,探索弱势群体的生存和发展之道。尤其是在高校和科研机构的民主党派人士更应该坚守知识分子的品格,通过课题调研、实验论证、学术研讨的方式为包容式增长提供智力支持。(3)以担任咨询顾问的方式,创新社会管理。社会管理创新的目标就是要建设一个公平正义的社会,涉及综治、公安、司法、民政、社保、信访等各个环节。民主党派在各级政府及其职能部门担任咨询顾问,主要发挥意见传递的桥梁作用,将基层民众的意见收集起来,以公文的形式递交有关部门,从而确保制度创新有现实的生命力和执行力。

---

① 亨廷顿:《变化社会中的政治秩序》,王冠华译,生活·读书·新知三联书店 1989 年版,第374 页。

② 《中国八个民主党派集中换届结束新一届领导班子全部产生》,http://news. xinhuanet. com/politics/2012-12/21/c_114116738. htm.

### 三、相互监督，维护法治统一

以党治国，还是依法治国？这个问题长期以来既困扰着执政党的自身建设，又使新中国的法治进程颇为曲折。1958 年 6 月，最高法院党组向党中央的报告中提出："人民法院必须绝对服从党的领导，成为党的驯服工具……不仅要坚决服从党的方针政策的领导，而且要坚决服从党对审批具体案件以及其他一切方面的指示和监督。"[①]这种"以党代法"的思想一直存在，目前仍有领导干部将党和人民对立起来。例如，2009 年 6 月，群众反映河南郑州市经济适用房用地被开发商用来建别墅，记者前往采访时，郑州市规划局副局长逯军反问记者："你是准备替党说话，还是准备替老百姓说话？"[②]对此，民主党派与中国共产党之间要加强相互监督，以维护国家法治的权威和统一。

《中共中央关于进一步加强中国共产党领导的多党合作和政治协商制度建设的意见》（中发〔2005〕5 号）指出："中国共产党和各民主党派在多党合作和政治协商的长期实践中形成了一些重要政治准则，必须认真坚持和遵循。"这些政治准则包括"坚持长期共存、互相监督、肝胆相照、荣辱与共的基本方针"以及"中国共产党和各民主党派都必须以宪法为根本活动准则，负有维护宪法尊严，保证宪法实施的职责"。这个论述包含三个层面的含义：(1)相互监督具有历史合法性。民主党派和中国共产党风雨同舟，共同战斗，为新中国的建立做出了重要贡献。在中华人民共和国成立后，民主党派参加人民政权和人民政协的工作，对巩固人民民主专政，发展爱国统一战线，推动经济和社会发展，发挥了积极作用。相互监督的关系是在中国现当代历史进程中逐步形成和强化的。(2)相互监督具有地位平等性。虽然执政党和参政党历史使命不同，政治任务不同，党员数量不同，但是作为一个合法的政党，民主党派与中国共产党之间保持着政治自由、组织独立和地位平等的关系。这一点尤其重要，只有树立地位平等的理念并且予以贯彻，相

---

① 郭道晖：《执政党必须在宪法和法律的范围内活动》，载《炎黄春秋》2011 年第 7 期。

② 杨健：《"替谁说话"与"为谁执政"》，载《人民日报》2009 年 6 月 19 日，第 5 版。

互监督方可有效开展。(3)相互监督统一于合宪性。监督的内容是对方活动是否符合宪法的精神,监督的依据是以宪法为核心的社会主义法律体系,监督的目的是维护宪法尊严,并保障宪法实施。

在现实的政治生活中,中国共产党与民主党派相互监督的方式可以灵活多样。首先是平级党组织之间的相互监督。在县级市以上的行政区划存在着一个以上民主党派的地方组织或基层组织,组织之间的监督比党员个人的监督更为有效。政党之间可以采取书面建议、会议商讨、媒体评论等方式开展批评和自我批评。其次是通过国家机关的监督。中国共产党和各民主党派在权力机关、行政机关和司法机关中担任相应的职务,党员借助于其职权实现机关之间和机关内部各部门之间的相互监督,集中表现为责任追究制度。再次是通过政治协商会议的监督。政治协商会议不仅是一个实现协商民主、达成共识的机构,还应当是一个政党之间相互纠错、敦促整改的机构。在各个政党共同参与的平台上,如果某个政党的活动违反宪法,其他政党有权力也有义务向政协提出建议。相互监督的制度化,既可以由各级政协制定对政党有效的规程,又可以由中国共产党牵头会同民主党派协商制定政党间的准则。正确认知并实现宪法精神,既是中国共产党提高执政地位的方式,又成为新时期民主党派发挥作用的方向,最终为社会主义法治国家的实现提供一个政党方面的基础。

# 论人民政协参与地方立法协商①

在全面推进依法治国,建设社会主义法治国家的历史背景下,2015年3月全国人大对《立法法》做出了全面修订。修订的内容集中体现为三个方面:其一,下放地方立法权。第72条第2款授予设区的市的人大及其常委会在不与上位法相抵触的前提下,可以根据实际需要对城乡建设与管理、环境保护、历史文化保护等方面的事项制定地方性法规。其二,强调立法质量。第1条在法律目的的表述中,增加了"提高立法质量"以及"发挥立法的引领和推动作用"的内容。其三,注重意见征集。第36条增加了专业性较强的法律案应当"召开论证会,听取有关专家、部门和全国人民代表大会代表等方面的意见",存在重大意见分歧或者涉及利益关系重大调整的法律案应当"召开听证会,听取有关基层和群体代表、部门、人民团体、专家、全国人民代表大会代表和社会有关方面的意见"等内容;第52条增加了编制立法规划和年度立法计划应当"广泛征集意见,科学论证评估"的内容;第53条增加了"专业性较强的法律草案,可以吸收相关领域的专家参与起草工作,或者委托有关专家、教学科研单位、社会组织起草"的内容。作为上述三方面的结合点,地方立法如何通过立法意见征集来提高立法质量,就成为一个具有实践指导意义的学术命题。人民政协是我国政治生活中发扬社会主义民主的重要形式,所承担的政治协商、民主监督和参政议政三大职能与立法意见征集密切相关。据此,笔者立足于《立法法》的基本精神,探讨人民政协参与地方立法协商的相关问题。

---

① 本文系浙江省社会主义学院招标课题"政党协商与政协协商"(ZD201509)的阶段性成果,作者唐勇、林芳臣。

## 一、人民政协参与地方立法协商的合理性

人民政协参与地方立法协商是地方立法民主化和科学化的重要手段，也是人民政协在全面推进依法治国战略中发挥其职能的重要方式。其合理性主要体现在下述三个方面：

其一，基于政协历史的合理性。人民政协自诞生伊始就承担着立法协商的任务。在中华人民共和国成立前夕，由中国共产党和各民主党派、无党派民主人士、各人民团体、各界爱国人士共同创立的中国人民政治协商会议在人民代表大会制度条件不成熟的情况下，代为执行全国人大的职能，讨论并通过了《中国人民政治协商会议组织法》《中华人民共和国中央人民政府组织法》以及关于国都、纪年、国歌、国旗四个决议案，制定了具有临时宪法性质的《中国人民政治协商会议共同纲领》。这个历史事实说明，人民政协是决定共和国重大政治问题的协商平台，其协商的结果是出台了一系列奠定国家主权和民族团结的规范性文件。全国人大召开后，人民政协继续就与立法相关重大问题进行政治协商，例如，在第二届政协期间（1954—1959年），讨论了《兵役法（草案）》《农业生产合作社示范章程（试行草案修正稿）》《汉语拼音方案（草案）》《关于处理城市反革命分子的办法（草案）》《1957年国家经济建设公债草案》等规范性文件。[①] 改革开放以来，人民政协参与立法协商更加频繁。1995年人民政协第八届全国委员会常务委员会第九次会议通过《政协全国委员会关于政治协商、民主监督、参政议政的规定》，将"国家的重要法律草案"列为政治协商的主要内容。2014年中国共产党第十八届中央委员会第四次全体会议通过《中共中央关于全面推进依法治国若干重大问题的决定》，提出"健全立法机关和社会公众沟通机制，开展立法协商，充分发挥政协委员、民主党派、工商联、无党派人士、人民团体、社会组织在立法协商中的作用，探索建立有关国家机关、社会团体、专家学者等对立法中涉及的重大利益调整论证咨询机制"。人民政协参与国家立法协商

---

① 李允熙：《从政治协商走向协商民主：中国人民政协制度的改革与发展研究》，北京：社会科学文献出版社，2012年版，第60页。

有着丰富的历史经验,可以视为一种惯例。随着立法权的逐步下放,人民政协参与地方立法协商是该惯例的延续。

其二,基于政协职能的合理性。《中国人民政治协商会议章程》规定人民政协的主要职能是政治协商、民主监督、参政议政。首先,"政治协商是对国家和地方的大政方针以及政治、经济、文化和社会生活中的重要问题在决策之前进行协商和就决策执行过程中的重要问题进行协商"。据此,人民政协地方委员会可以根据地方人大常委会的提议,举行会议对地方重要问题进行协商,或建议地方人大常委会将重要问题提交协商,而地方立法就是属于"政治、经济、文化和社会生活中的重要问题"的范畴。其次,"民主监督是对国家宪法、法律和法规的实施,重大方针政策的贯彻执行、国家机关及其工作人员的工作,通过建议和批评进行监督"。地方立法活动涉及宪法、《立法法》和地方立法条例的实施,因此,人民政协地方委员会承担着对地方立法通过建议和批评进行监督的职能。最后,"参政议政是对政治、经济、文化和社会生活中的重要问题以及人民群众普遍关心的问题,开展调查研究,反映社情民意,进行协商讨论。通过调研报告、提案、建议案或其他形式,向中国共产党和国家机关提出意见和建议"。立法要真正反映人民的共同意愿,维护人民的根本利益,解决与人民密切相关的问题,除了通过民主选举人大代表反映人民的意见之外,立法机关要拓宽公民参与立法的途径,听取人民群众的意见。人民政协就人民群众普遍关心的问题开展调研、征集民意、反映民情的职能与立法民主的要求并行不悖,而人民政协地方委员会更具了解地方实情的优势,充分发挥其职能,参与地方协商。

其三,基于政协定位的合理性。人民政协参与地方立法协商的合理性还在于其独特的定位。人民政协是爱国统一战线的组织,多党合作和政治协商的机构,发扬社会主义民主的重要形式,这就意味着人民政协不是分管某个领域的职能部门,因而不存在部门利益。在爱国主义和社会主义的旗帜下,坚持求同存异、体谅包容的原则,团结了统一战线的各个方面,既有各个党派的成员,又有共青团、工会、妇联等人民团体的成员,还有宗教团体成员、港澳台人员等。社会各界人士自由发言、民主平等、协商讨论,为地方立法协商提供群策群力的积极因素,而且,人民政协人才荟萃,是一个能够分析研究宏观问题的智库。"在目前我国政治架构中,人民政协组织的特点,尤其是它的超脱性和高层次的特点,决定了它参与地方立法协商的优势。"①

## 二、人民政协参与地方立法协商的构架

在新的历史时期,发挥人民政协在地方立法协商中的作用是全面依法治国进程中的必然选择。人民政协如何参与地方立法协商,这就要求有一个相对固定的构架,明确人民政协在地方立法协商中所处的地位和所扮演的角色。

《中国人民政治协商会议章程》第 50 条规定:"省、自治区、直辖市设中国人民政治协商会议的省、自治区、直辖市委员会;自治州,设区的市、县、自治县、不设区的市和市辖区,凡有条件的地方,均可设立中国人民政治协商会议各该地方的地方委员会。"从现实的情况看,自治州和设区的市政协大多设立了地方委员会,而且机构设置往往与其上一级的省或自治区政协的机构设置相对应。参与地方立法协商的人民政协主体范围可以参照立法机关的范围。《立法法》的修订在地方立法方面规定,除了原有的省、自治区、直辖市人大及其常委会、政府享有地方立法权之外,新增设区的市的人大及其常委会、政府可以对城乡建设与管理、环境保护、历史文化保护等方面的事项制定地方性法规和地方政府规章。据此,省、自治区、直辖市的人民政协地方委员会可以参加省级的地方立法协商,而设区的市人民政协地方委员会在涉及城乡建设与管理、环境保护、历史文化保护等方面的立法时也可以参与地级市的地方立法协商。有学者提出:"不宜将地方立法征求同级政协意见的做法进行法制化。根据宪法,我国实行人民代表大会一院制,不搞两院制。如果硬性规定要求立法机关起草法案必须征求政协意见,事实上将会造成立法体制的两院制格局,不符合我国基本宪法制度。"②这个论断是中肯的,换句话说,人民政协参与地方立法不是一个《立法法》规范意义上的

---

① 殷啸虎:《人民政协参与地方立法协商的目标与路径》,载《江西师范大学学报(哲学社会科学版)》2013 年第 3 期。

② 翟国强:《地方立法向政协征求意见不宜法制化》,载《中国社会科学报》2015 年 7 月 22 日,第 5 版。

法定步骤,而是有立法权的地方人大及其常委会和地方政府根据实际情况,选择采用的一种意见征集方式。当然,人民政协地方委员会根据实际需要也可以向地方立法机关提出立法意见或建议。综上所述,人民政协参与地方立法协商以同级为宜,尊重地方人大及其常委会、地方政府的立法权,发挥交流平台作用而不是与地方人大及其常委会和地方政府分享立法权力。

目前地方的实践也是采用政协参与同级地方立法协商的做法。例如,2009 年杭州市政府法制办发布《关于建立政府立法协商机制的实施意见》(杭府法〔2009〕17 号),提出要"加强市政府法制办与市政协社会法制和港澳台侨委员会在政府立法工作中的联系与合作",规定市政协社会法制委员会可以在起草制定年度立法计划、立法重点项目的起草论证、重要政府规章的立法后评估等三个方面参与政府立法协商。2014 年杭州市人民政府办公厅与杭州市政协办公厅联合发布《关于建立地方立法协商机制的通知》(杭政办函〔2014〕140 号),规定"市政府、市政协的立法协商工作分别由市法制办、市政协社法委牵头,并建立联席会议制度,开展协商交流,原则上每年召开联席会议不少于两次",双方就年度立法计划和具体立法项目开展协商。杭州市人大与政协立法协商的典型例子是 2014 年《杭州市院前医疗急救管理条例》的起草工作。2012 年杭州市政协教科文卫体委员会议对院前医疗急救开展专题调研,向市政府报送了《关于完善和推进我市院前急救工作的若干建议》,提出加快《杭州市院前急救管理条例》(以下简称《条例》)的立法工作的建议。2014 年该条例进入市人大常委会立法程序,在市政协召开会议,就条款设定和具体内容进行立法协商。① 立法协商后,该条例在杭州市人大常委会会议上得以通过。

## 三、人民政协参与地方立法协商的机制

人民政协参与地方立法协商是一个政治义务,而不是法律义务,而且人民政协应当尊重地方人大及其常委会和地方政府在立法活动中的主体地位。但这并不意味着人民政协参与地方立法是被动的和消极的。发挥人民

---

① 王夏斐:《市人大政协首次尝试立法协商》,载《杭州日报》2014 年 6 月 14 日,第 2 版。

政协在地方立法协商中的作用,既是贯彻实施党的十八届三中全会提出"推进协商民主广泛多层制度化发展"的要求,又是遵循《立法法》第 5 条"发扬社会主义民主,坚持立法公开"的要求。人民政协参与地方立法协商应当构建必要的机制。

其一,信息共享机制。立法协商的有效性建立在信息对称和信息交换的基础上,人民政协作为协商主体而不是立法主体,掌握的相关立法信息难免有局限性。在获取立法信息上,一方面要求人民政协自身积极提供其通过调研和协商会议掌握的相关立法信息;另一方面,为保证人民政协立法协商有效性,同样需要地方人大及其常委会和地方政府积极共享关于地方性法规或地方政府规章掌握的立法背景资料。上海市的做法是,首先由市人大常委会确定年度立法计划,通过市政府法制办与市政协社法委协商,选择确定拟在政协听取意见的"涉及人民群众切身利益"的法规项目。对于拟在政协听取意见的法规项目,在政府起草部门报送地方性法规案(草案)后,由市政府法制办及时将地方性法规案(草案)发送市政协社会和法制委员会。[1]为保证立法信息的秘密性,地方人大和地方政府可以根据《保守国家秘密法》,与参与立法协商活动的同级政协签订保密协议,对其提出保密要求,要求其采取保密措施。

其二,观点表达机制。立法协商的关键在于"协商",也就是立法主体和协商主体之间要有沟通与交流,所以确保人民政协顺利、真实和有效地表达观点是立法协商的重要环节。这就要求在地方立法活动中,从相关部门在政协听取意见转变为政协参与立法协商。当然,协商过程中会出现需要修正的观点和未达成一致共识的观点,此时可以通过研讨会等方式在人民政协内部继续深入讨论,并发挥人民政协的平台作用,使其他学会、协会等社会团体加入讨论,完善相关观点,最终通过会议记录的方式记录委员意见并统一提交地方人大和地方政府,供立法决策参考。

其三,法律免责机制。《地方各级人大代表组织法》第 34 条规定:"地方

---

[1]　殷啸虎:《人民政协参与地方立法协商的目标与路径》,载《江西师范大学学报(哲学社会科学版)》2013 年第 3 期。

各级人民代表大会代表、常务委员会组成人员,在人民代表大会和常务委员会会议上的发言和表决,不受法律追究。"这就为人大代表提供了一个法律责任免除的机制。人民政协在立法过程中的地位明显区别于地方各级人大的立法主体地位,仅仅是发挥平台作用参与立法协商,根本目的是通过集中社会各界力量促进民主立法、科学立法,从而提高立法质量和水平。因此,政协委员以及其他参与主体在地方立法协商活动中的发言和表决,也不受法律追究。

## 四、人民政协参与地方立法协商的程序

人民政协参与地方立法的具体程序包括启动程序、协商程序和终止程序三个环节。

其一,启动程序。在实践中,地方立法协商程序的启动,往往是由立法机构提出,由立法机关邀请人民政协参与协商,人民政协在立法协商的过程中没有主动权,明显处于被动地位。根据《中国人民政治协商会议章程》关于参政议政的规定,人民政协可以主动关注参与地方立法机关的立法协商活动,即对能力范围内涉及政治经济重大发展战略和人民群众根本利益立法活动主动进行研讨,提供平台汇集各方面力量,通过提案等方式主动促进立法协商程序的启动。但是,需要注意的一点是,人民政协发起地方立法协商,不属于地方立法的法定程序,也不应从法律上予以规定。

其二,协商程序。协商程序与观点表达机制密切相关,至少应当包括三个环节。第一,提供立法信息,确定争议焦点。在这个环节中,由立法机关和人民政协向对方提供自己收集、调研和整理的材料,并确定需要协商讨论的重点问题。第二,围绕焦点商谈,形成初步意见。既可以通过座谈会、听证会、研讨会等会议形式进行面对面的商谈,也可以通过文件递送交流进行书面的商谈。如果形成规范性文件草案的,商谈的核心内容就是草案的各个条款。第三,达成协商共识,公布协商成果。协商达成的成果可以通过报纸、电视、网络等媒介由双方共同向社会发布,以体现立法公开原则。

其三,终止程序。人民政协参与地方立法协商通常会有两种结果,一种是通过协商沟通交流,人民政协与地方立法机关就相关争议焦点达成一致,

协商成功。这是各方面所期待的完美结果,集中了各方面的智慧成果,使立法质量和立法水平有所提高。另一种结果是虽然经过反复协商,但是就某些争议点人民政协和立法机关未能达成共识,协商最终以失败告终。为了体现对人民政协立法协商地位的尊重,地方立法机关应在立法草案公示前通知人民政协立法协商的结果,并告知理由,并可以通过对人民政协的意见书面留档等方式进行保留,为以后立法的进一步完善或修改保留原始资料,节约立法成本。

# 第二编

## 区域法治

# 长三角区域规划实施的立法保障研究①

当前,长江三角洲(以下简称"长三角")区域规划的内容日趋明朗,从指导思想原则来看,明确了长三角区域将逐步在壮大东部地区经济实力,推动长江流域快速崛起,带动中西部加快发展,促进全国区域协调发展,引领我国全面参加全球竞争中,发挥核心作用。规划将特别强调:长三角地区应注重提高自主创新能力,保持经济又快又好地发展;转变增长方式,坚持走新型工业化道路;实践区域统筹协调发展,进一步打破行政壁垒;坚持以人为本,促进社会公平。从长三角区域的功能定位来看,长三角区域将成为我国综合实力最强的经济中心,亚太地区重要的国际门户,全球重要的先进制造业基地和我国率先跻身世界级城市群的地区。如此宏大目标的实现需要一个综合的保障体系。改革开放以来,我国无论是奉行"均衡发展战略"还是"非均衡发展战略",从"沿海地区的优先发展"到"西部大开发"以及"振兴东北老工业基地",都是在政策的主导下进行的,没有基本的法治保障。最近几年以来,人们在研究长三角区域规划的问题上更多的也是一种短期的政策研究,经济学界成为舞台的主角,而具有长期规范性作用的法治被真正忽视了。毫无疑问,法治是长三角区域规划实施保障体系的核心。长三角区域规划不是计划的翻版,而是以市场为依托的,建立在长三角区域比较发达的市场机制的大背景下的区域规划,是三省市利益的最大公约数。市场经济是复杂的生产、分配、交换和消费的过程。它需要在稳定、和谐的秩序中进行。没有健全的法律保障,市场经济很难健康运行。

① 本文系浙江省哲学社会科学规划长三角课题"长江三角洲区域规划实施法治保障体系研究"(06HZC310YB)的成果,作者李占荣、唐勇。

没有健全的法制保障,生产、分配、交换以及消费都无法有序进行,法治保障市场经济的健康运行。法治在保障三省市市场经济的健康运行,促进和引导三省市市场经济的健康发展,制约三省市市场经济消极因素方面将发挥不可替代的作用。

## 一、长三角区域规划实施中立法保障的必要性研究

### (一)从长三角区域规划的性质看,它是一种政策,需要有法律作为保障

区域规划是一定地域范围内区域经济和社会发展的战略策划和产业发展与布局的方案设计及其实施对策的总和,是国家总体规划在特定经济区域的战略部署和具体落实,也是政府调控和管理地区经济的重要手段。长三角区域规划是国家"十一五"区域规划试点项目之一,主要考虑的问题是:从国家总体战略出发,明确长三角区域经济社会发展的方向和目标;重点解决区域内各省市普遍关注而单一省市不能很好解决的主要问题;解决好区域内产业布局问题;建立促进区域发展的完整有效的政策措施。其任务主要包括:明确长三角区域的经济社会发展方向;提出长三角区域的率先发展目标;确定长三角区域的重点发展部门和重大建设项目;制定长三角区域产业布局方案。长三角区域下辖的浙江省、江苏省和上海市的《国民经济和社会发展第十一个五年规划纲要》都是先由中国共产党各省(市)委员会举行全体会议,通过制定各省十一五规划的建议,然后在党委的领导下,由省(市)人民政府组织各部门、各市县共同编制,最后由省(市)人民代表大会批准。由此,长三角区域规划及其下辖地区的区域规划都是由执政党制定党的政策,然后通过人民政府组织研究,最后由人民代表大会批准形成针对地方区域事务的国家政策。那么,从长三角区域规划的性质上看,它是一种由党的政策上升而成的国家政策。

从总体上讲,社会主义国家的政策和法律有着密切的关系。党的政策建立在我国客观经济规律和政治形势科学分析的基础上,反映时代的要求,体现全国人民的意志和利益,成为国家制定具体法律的依据。国家政策是

国家活动的基本准则,往往体现在宪法和基本法律之中,成为法律的核心内容和指导原则。而且政策和法律在阶级本质、经济基础、指导思想、社会目标等基本方面是高度一致的。但是作为社会关系调整工具,政策与法律有明显的区别和差距。第一,政策由原则性的规定组成,一般只规定行动的方向而不规定具体的行为准则;法律则以规则为主,不仅限于原则性的规定,更在于确定权利和义务的界限。第二,政策(特别是党的政策)主要依靠宣传教育和党的纪律保证实施,适用的效力和范围有限;法律则是以国家强制力保证实施,其效力及于自然人、组织机构、国家,而且不仅限于国内的主体。第三,政策具有较大的灵活性,往往随着形势的变化而随时调整;法律则具有较高的稳定性,在较长的时间内保持不变。第四,政策通常是以决议、决定、纲领、命令、宣言,乃至通知、口号、纪要等形式表现出来;法律则有其特定的表现形式,即通过宪法、法律、行政法规、地方性法规、自治法规、行政规章、国际条约形成阶位分明、内容完善的有机整体。

与政策相比,法律还具有如下的基本作用:

第一,保障、引导和推进社会主义市场经济。根据马克思主义的观点,法律虽然是由生产方式决定的,但同时又具有一定的独立性。集中表现为法律服务于经济基础,即法律对经济基础的形成、巩固和发展,有重大的积极创建作用。社会主义市场经济也具备市场经济的共性,即市场对资源配置起基础作用,经济活动通过市场来调节。但是市场功能有限,无力解决诸如垄断、外部不经济、社会收入不公、公共物品供应不足等问题。而中国明确提出建立市场经济体制的改革目标始于 1992 年,市场发育尚未成熟,市场功能难以完全发挥。"中国目前乃至今后相当长一个时期都只能是一种欠发达的市场经济,需要国家借助宏观调控来培育、引导和组织市场、维护市场,克服市场不完善带来的消极影响、调节供求关系。"[①]所以,与市场经济发达的西方国家相比,中国的法律(尤其是经济法)具有建立市场经济的独特功能。在宏观领域,或体现为引导促进,法律为市场经济的发展创造条

---

① 国家对市场经济的法律规制课题组:《国家对市场经济的法律规制》,中国法制出版社 2005 年版,第 41 页。

件,提供机遇,通过政府职能的转变,促进其更好地为市场经济服务;或体现为保障协调,法律通过确认维护市场主体的合法权利,打击经济领域的违法活动,保障市场秩序的正常化,同时调整产业结构,优化资源配置,协调各产业部门、各利益集团之间的关系,促进经济协调发展。

第二,保障、引导和推进社会主义民主政治。(1)法律表达政治意志。虽然法律和政策都能够成为政治主体意志的载体,但法律具有政策所不具有的独特的权威性、神圣性,并且具有通过司法程序强制要求全社会遵循的性质。因此,立法机构往往成为各个政治主体表达意志的最好选择。(2)法律调整政治关系。法律通过立法、执法、司法和法律监督整个运行过程,协调统治者与被统治者之间的关系,统治者与同盟者之间的关系,政治领袖与社会民众之间的关系,以避免政策的抽象性质,使政治制度转化为实际的法律化的政治运行。而政策的调整作用只具有单向性,即作用的方向是从统治者指向其他主体,不能得到反馈。(3)法律规范政治行为。政治行为的混乱必然导致社会灾难,因此,在任何时代,理性的统治者都会给政治行为以法律的规制,避免政治行为的无序状态。(4)法律维护政治秩序。政治的有序性是政治得以存在的要求,是政治统治者能够持续统治的基本保证。统治者运用其拥有的国家政权的优势,运用法律的武器来巩固自己的政治秩序,这是政策所不能实现的。(5)法律制约政治运行。法律的公开性使得其具有一定的抑制暴政的功能,法律意识也为抑制暴政提供了精神武器。有了稳定的法律确认,社会主义民主政治就有一个制度性质的基础,防止权力的专断。①

第三,保障、引导和推进对外开放和国际化。以新科技革命和生产的高度社会化为物质条件,国际贸易高度发展为现实基础,国际金融迅速发达为重要推动力,各个国家和地区之间的经济关系逐步走向相互开放、相互依存的新阶段,并且开始向社会文化领域拓展。经济全球化一方面带来了技术扩散效应、示范效应、学习效应以及规模经济效应,我国全面提高对外开放水平,以加速经济社会发展。在这个过程中,国家和地区之间调整相同社会

---

① 卓泽渊:《法政治学》,法律出版社 2005 年版,第 34 页。

关系的法律趋向一致,法律的趋同化既为经济全球化提供路径,也为改革开放的成果提供保护。经济全球化另一方面带来了更大的外部冲击和激烈的国际竞争,人口、资源、环境与可持续发展,通货膨胀与汇率稳定,农业发展与就业扩大等等问题将关系到我国的进一步发展以及抗击外部风险的能力。这些问题的解决是政策所难以应对的,唯有法律能够在平衡城乡利益、区域利益、经济社会利益、国内国际利益的基础上,推动经济社会文化的和谐发展,巩固并扩大对外开放和国际化的成果。

综上所述,政策与法律有着各自的特点和功能。"一种社会关系,究竟是由政策来调整,还是由法律来调整,要以其性质和特点来决定;国家是以政策来治理,还是由法律来治理,要看国家所处的发展阶段和面临的历史任务。"①江泽民同志在党的十五大报告中指出:"依法治国,就是广大人民群众在党的领导下,依照宪法和法律规定,通过各种途径和形式管理国家事务,管理经济文化事业,管理社会事务,保证国家各项工作都依法进行,逐步实现社会主义民主的制度化、法律化,使这种制度和法律不因领导人的改变而改变,不因领导人看法和注意力的改变而改变。"在法治国家里,社会生活的基本方面和主要社会关系均应纳入法律治理的轨道,长三角区域规划所涉及的内容,也应当得到法律的确认和调整。只有走完从党的政策到国家政策,再到国家法律的历程,长三角区域规划实施保障体系才能得以真正建立,法治将成为整个保障体系的核心。

**(二)从发达国家的经验看,西方国家在区域经济与社会发展中重视通过立法进行保障**

从历史的发展角度看,国家对区域经济与社会发展的干预最早起源于英国和美国,这些国家的区域政策实施,重视采用立法的手段,进行规制调控,并且取得了一定的效果。

英国采用立法方式解决的主要是区域萧条问题。1945 年英国颁布《工业布局法》确定开发地区(Development Area,DA),政府干预从提供基础设

---

① 张文显主编:《法理学》,高等教育出版社、北京大学出版社 2003 年版,第 450 页。

施扩展到在开发地区垦荒和建立工厂,还规定在开发区以外的地区超过 10000 平方英尺的建设需要获得建筑开发许可证。1947 年颁布《城镇与乡村规划法》,使经济活动的布局越来越受到地方的约束。1950 年后立法将区域政策的范围从提供工厂和基础设施扩大到直接财政援助。1963 年的"黑尔什姆报告"(Hailsham Report)第一次提出将援助导向受援地区的增长极和增长带。① 英国区域经济的法律调控带有明显的动态特征:一方面表现为在因地制宜的自然条件基础上,从自然资源开发利用发展到财政、税收、许可证等多手段调节;另一方面表现为立法倾斜从纯粹萧条地区,扩张到经济社会发展的增长区域,既重视对发展不足区域的帮助,又给有发展潜力的区域一定制度支持。区域政策的适用范围与区域政策工具都随着宏观经济和区域经济发展而变化。

美国的区域立法着重对落后区域的帮助。1933 年美国通过《田纳西河流域管理法》(TVA Act),批准成立了田纳西河流域管理局(Tennessee Valley Authority),负责领导、组织和管理田纳西河流域的综合开发,以推动这一地区的发展。该法案的宗旨为改善田纳西河的通航能力,控制洪水;重新造林并合理利用沿岸土地;开发工农业;通过建立一个负责经营政府财产的公司来发展国防以及其他目的。通过几十年的综合开发治理,到 1980 年田纳西河流域的人均收入已经从不足全美水平的一半发展到接近全国平均水平。1965 年通过《公共工程和经济开发法》(Public Works and Economic Development Act),该法是约翰逊政府改善贫困地区状况,向贫困宣战的重要立法成果,旨在为贫困地区的公共工程和经济开发提供全面的援助,包括计划的制订与安排、财政与金融支持、相关政府部门的协调与援助形式等方面的内容,以缓解贫困地区长期的失业和就业不足状况,推动这些地区经济和社会的全面发展。依据该法,成立了经济开发管理局。截至 2001 年,该机构资助了 43000 多个项目,投资 170 多亿美元,创造或帮助创造了大约 400 万个工作岗位,启动私人投资 1300 多亿美元。② 美国区域经济的法律

① 张可云:《区域经济政策》,商务印书馆 2005 年版,第 30—32 页。
② 北京大学、北京联合大学西部开发法律法规研究课题组:《美国区域开发立法情况简介》,载 http://www.chinalawyer.org.cn/user/Article/ShowArticle.asp? id=354。

调控也具有其鲜明的特色：借助设立具体的机构来实施区域法律，《田纳西河流域管理法》成立了田纳西河流域管理局，《阿巴拉契亚区域开发法》成立了阿巴拉契亚区域委员会，等等；重视宏观调控和协调发展，立法不仅针对区域的经济问题，还考虑到资源开发、环境保护等多重关系。

近年来，各国的关于区域经济和社会发展法律的调整范围有扩大趋势，特别表现为从传统的解决贫困、发展经济逐步演化为发掘区域优势、利用区域特色综合性规制区域经济社会问题，最具代表性的是美国明尼苏达州的《区域发展法》(Regional Development Act)。[①] 该立法的目的在于促进政府间的合作与协调：第一，解决明尼苏达州城乡区域发展问题，这些问题超出了地域边界，单个政府单元(Government Unit，指一个州、市、县、学区或其他州的政治地域单元)无力制定解决方案而使得跨政府单元管辖范围的协调行动成为必需；为地方政府解决共同的问题提供资金；充分利用地方、州、联邦以及私人计划为城乡区域公民提供帮助。第二，设立区域委员会，来负责该法案的具体实施：制订计划致力于解决区域经济、社会、物质和政府问题；帮助推进地方政府计划的落实。在内容上，该法案包括了区域确定、区域发展委员会的设立、委员会成员的地区分配、委员会主席和工作人员、委员会权力和责任、公民参与和建议等具体事项。该法案的特殊地位在于：第一，区域立法从传统的"扶贫法"过渡为"发展法"，该法的重点不再是对贫困地区或萧条地区提供资金技术支持，而是强调政府之间的合作协调，促进社会经济的持续发展；第二，区域立法从传统的"区内法"过渡为"区间法"，该法调整的区域不再是某级政府管辖下的地域，而提出了"政府单元"概念，解决跨同级政府管辖区域的问题；第三，区域立法从传统的"闭合法"过渡为"开放法"，该法不再针对某个特殊问题进行规定，而是提供了一个统筹性的文本，通过操作程序和权利义务的规定，授权区域发展委员会落实具体事宜，制订各种区域计划。这些立法经验对建立长三角区域规划实施的法治保障体系大有裨益。

---

① Regional Development Act，载 http://www.lpa.state.mn.us/laws/regional462.html # regions。

### (三)从长三角区域的现实状况看,需要有立法协调

20 世纪 90 年代以来,长三角地区通过引进外资、扩大出口、加大基础设施建设,推进市场化,实现了经济快速增长和社会有序发展。上海、江苏、浙江三省市地区生产总值从 1999 年的 17097.7 亿元上升到 2004 年的 34096.5 亿元,历年来地区生产总值比上年的增长幅度均在 10 个百分点以上。2004 年长三角地区实现生产总值 28775 亿元,人均国内生产总值达 35147 元,增幅达 16.8%。但是在经济总体发展的同时,还存在一些限制区域可持续发展的壁垒和障碍。

第一,环境资源与人口因素。长三角区域在持续发展的过程中,环境压力成为阻碍经济社会进一步发展的障碍。从 1999 年到 2004 年,上海市二氧化硫排放量和废气排放量分别增长了 17.4% 和 72.7%;江苏省工业废水排放量增长了 31.0%,工业废气排放量增长了 46.9%,二氧化硫排放量增长了 32.9%;浙江省废水排放量增长了 46.4%,废气排放量增长了 116.9%,二氧化硫排放量增长了 29.5%。长三角区域污染物排放量不但是纵向上出现主要污染物历年递增的趋势,而且在与全国平均水平的横向比较中,环境问题更为突出。例如 2003 年,上海、江苏、浙江三省市的污水排放强度分别为全国平均水平的 62.9 倍、8.5 倍和 5.5 倍,COD 排放强度分别为全国平均水平的 38.5 倍、5.4 倍和 4.0 倍,工业二氧化硫排放强度分别为全国平均水平的 29.1 倍、6.1 倍和 3.7 倍,长三角区域工业废水排放量占全国总排放量的 22.5%。作为长三角区域的核心城市上海,与发达国家的区域核心城市相比,大气污染的总悬浮颗粒物是东京的 5.0 倍、首尔的 2.9 倍、巴黎的 17.6 倍;二氧化硫浓度是东京的 2.9 倍、首尔的 1.2 倍、巴黎的 3.8 倍;二氧化氮浓度是东京的 1.1 倍、首尔的 1.2 倍、柏林的 2.8 倍。太湖平原的地表径流已经难以直接提供生产生活安全用水,杭嘉湖平原和宁绍平原主要河流的水质均为Ⅳ类或Ⅴ类水,属于重度污染;江苏南部、上海和整个浙江地区都处于酸雨的污染区,汽车尾气污染也日益严重;随着 IT 行业、新化工、新医药等高新技术行业的发展,核安全、有机毒物、重金属、电磁辐射将成为新的环境污染源。东部沿海省份在全国属于资源储备匮乏、能源消耗

巨大的地区,长三角区域也面临同样的问题。从 2000 年到 2004 年,上海能源消耗量从 5492.08 万吨标准煤上升至 7266.85 万吨标准煤,电力消耗从 559.42 亿千瓦时上升至 821.40 亿千瓦时。从 1995 年到 2003 年,江苏省的煤炭、原油和燃料油的消费量分别增长了 93％、66％和 63％。从 1995 年到 2004 年,浙江省能源消耗总量增长了 1.2 倍,电力消耗增长了 2.2 倍。从 1996 年到 2004 年,上海、江苏和浙江耕地分别减少了 54.9 千公顷、266.51 千公顷和 18.86 千公顷,相当于现有长三角耕地总面积的 1/20。在人口方面,由于劳动密集型产业一度成为长三角区域的主导产业,外来人口急剧增加,仅上海市每年增加近 50 万,2004 年底上海总人口达到 1742 万人,中心区域人口密度超过 4 万人/千米$^2$。从 1999 年到 2004 年,江苏省和浙江省的人口净增加 220 万和 245 万人。人口的集聚造成人与环境的关系进一步紧张,政府提供的基础设施和公共服务的压力进一步增大,外来人口管理的难度也在不断增加。城市区域中人与土地、空间、资源、环境等矛盾的加剧将成为长三角区域发展不容忽视的障碍。

第二,经济增长方式因素。长三角区域的发展,过去主要依靠投资增加、成本优势,也就是说,是一种粗放型的经济增长方式。随着发展程度的深入、发展速度的加快,促进经济增长的因素也将发生改变,传统优势可能对未来发展造成负面影响。从 2001 年到 2004 年投资对经济增长的平均贡献率,上海市是 47.13％、江苏省是 54.52％、浙江省是 54.81％,也就是说长三角区域过去的经济发展主要依靠投资的增加。外商投资在这个过程中发挥了举足轻重的作用,2004 年上海市、江苏省和浙江省的外商直接投资额分别占全国的 10.4％、14.8％和 9.5％,三省市在外资(包括港澳台资)企业职工人数分别占全部职工人数的 24.6％、16.7％和 14.5％。外商在长三角区域投资的重心是电子信息、生物制药、汽车制造等制造业领域,这些行业已经接近饱和,继续大投资不再可能。2005 年长三角区域吸收外商直接投资的增幅同比回落 12.2 个百分点,其中南京下降 9.2％、杭州下降 3.4％、绍兴下降 13.9％。同时周边的发展中国家针对中国的吸引外资政策,纷纷出台更为优惠的措施,越南、柬埔寨等国家对外资的吸引力大大增加,进一步导致引入中国的外资数量下降。促进长三角经济发展的投资热潮开始回落,新的经济增长点尚不明朗,消费对经济发展的拉动能力还相当不足。长三角在过去10年实现经济持续发展的另一个重要因素是生产成本低于国际市场。近年来,随着国际原油价格的上升,石油制品的价格以每年10个百分点的速度上扬;随着开发用地面积的减少,长三角区域土地交易价格也同步上升;劳动力工资水平也在逐年提高,三省市城镇职工平均工资水平年增长率都在10个百分点以上,具有高学历高技能的高级人才其工资的增幅更为显著,而"民工荒"又标志着非高技术劳动者高工资时代的来临,这样长三角区域的"廉价劳动力"资源优势将转化为高工资人口密集的劣势。促进三省市持续10余年高速发展的两个重要因素,将在长三角区域规划实施期间渐渐丧失促进作用。

第三,产业结构与市场因素。长三角区域由于地理位置、气候环境、自然资源的相似性导致了产业结构的趋同性。特别是在第二产业还是区域经济重要支柱的背景下,各地开发区行业布局、职能布局都相当一致,区域内部恶性竞争加剧,不但阻碍了区域经济发展,而且不利于加入国际化竞争。长三角区域下辖城市中几乎每个县都是一定规模的经济开发区,就长三角企业咨询网提供简介的上海经济开发区达20个之多。而且这些开发区"特色"雷同,以浙江省嘉兴市为例,嘉兴经济开发区以电子信息、精密机械、汽车配件、化纤纺织和食品加工为五大特色产业,县级市嘉善的嘉善经济开发区将电子信息、五金机电作为开发的重点,县级市平湖的平湖经济开发区其投资行业也集中于电子通信、精密机械和电机等产业。产业的趋同分布导致市场的盲目扩建,重复建设,造成区域市场封锁。以轻纺市场为例,位于绍兴的中国轻纺城起步于20世纪80年代中期,经过10余年的发展,已成为目前全国轻纺产品交易中心,市场占地面积40.2万平方米,建筑面积60.5万平方米,营业用房1.2万间,有经营户2万余人,经营纺织面料万余种,2005年成交额为276亿元。近年来新建或在建的轻纺市场还有:位于苏州吴江区盛泽镇的"国际纺织城"占地170亩,预计投资15亿元;位于扬州高邮经济开发区内的"高邮黄氏国际服装商贸"总占地面积560亩,首期投资5亿元;位于苏州吴中区的"中国国际服装城"占地63公顷,总投资约25亿元;位于南通海安的"苏通国际轻纺城"占地2000亩,总投资 12 亿元;位于无锡锡山的"东方国际轻纺城"占地 1200 亩,总投资高达 30 亿元;位于上海杨浦的"国际家纺产业园"总占地面积约 130 亩,总投资逾 20 亿元;位于上海枫泾的"上海服装城",规划用地 500 亩,总投资 5.6 亿元。

第四,地方保护政策因素。在上述三个原因的共同作用下,原材料能源价格上涨,劳动力工资水平提高,产业竞争优势消退,市场活力降低,进而导致各地投资收益率下降,于是本位主义和保护主义开始泛滥。三省市虽然在地理区域上相连接,但在行政规划、配合、协调方面相当有限,各地都从自身利益角度出发,设置区域资源产品流动的壁垒,阻碍了专业化分工改善同构竞争的道路。地方保护主义还体现在招商引资的优惠政策上,各地政府为了引进项目,纷纷制定优惠政策,造成长三角区域政策的恶性竞争。例如上海市闵行区为鼓励外商投资,规定税基在闵行区的外商投资生产型企业,从开始获利年度起,所缴纳的所得税属区地方收入部分三年全额奖励、四年减半奖励。凡注册资金在 1000 万美元以上的新企业,以及合同外资主体为 2002 年后认定的世界 500 强的新企业,从开始获利年度起,上缴的企业所得税属区地方收入部分三年全额奖励、六年减半奖励。江苏昆山经济技术开发区外商投资的产品出口型企业,在规定减免所得税期满后,按 10% 税率征收;先进技术企业按规定减免所得税期满后,可延长三年减半期,减半后税率按 10% 征收;投资规模较大的高新技术企业享受昆山经济技术开发区管委会根据实际情况给予的特殊优惠待遇。浙江嘉兴港区的优惠政策实行"一事一议"制度,即根据项目类型、落户地域以及单位面积投资额进行评估,进而确定优惠程度。外商投资超过 500 万美元的生产性企业的企业所得税,从获利年度起,在执行国家规定的"二免三减半"基础上,再给予适当的优惠;投资额大的企业其增值税按国家规定统一征收,但给予财政奖励;地方性规费一律免收。由此可见,地方优惠措施已经背离了普遍性、统一性、公开性等要求,逐步成为违背市场经济发展要求的违法政策。

上述问题无法通过市场的自动调节来缓解或者解决,也不能单单依靠长三角区域发展规划以及各地的十一五规划等政策性文件来解决,长三角区域发展的现实问题需要通过法律这种具有国家强制力保证实施的规范性文件来解决。

## 二、制定《长江三角洲区域统筹发展法》

### (一)《长江三角洲区域统筹发展法》的形式应当是全国人大及其常委会制定的法律

法的形式讨论的是法是由何种国家机关制定或认可的,具有何种表现形式和效力阶位的问题。在成文法国家,法的形式的确立能够解决诸如区分法与政策等其他社会规范、立法主体在权限范围内产生特定阶位的规范性法律文件、法的形式所表现的效力等级等等现实问题。从立法角度看,法的形式就是确定法律文本应当由哪个立法机关来制定,即确定《长江三角洲区域统筹发展法》的立法权归属问题。

从立法权限划分的角度看,我国现行的立法体制是中央统一领导和一定程度分权的,多级并存、多类结合的立法权限划分体制。[①] 大体上可以区分为中央立法和地方立法两个层面,前者是指特定的中央国家机关,制定和变动效力可以及于全国的规范性文件的活动,后者是指特定的地方国家机关,制定和变动效力不超出本行政区域范围的规范性文件的活动。中央立法的效力可以及于全国,其含义是这些规范性文件具有较高的效力等级,一般在全国范围内有效,但由于规范性文件所规范的事项未必都与全国有关,因而未必都在全国有效,例如全国人大制定的《香港特别行政区基本法》的效力范围不及于全国。地方立法的效力不能超出该规范性文件制定机关所管辖的行政区域。从学理上讲,跨区域的规范性文件的立法权,应当归属于涉及区域的共同上级立法机关。《长江三角洲区域统筹发展法》涉及上海市和浙江省、江苏省的部分地区,显然应当采用中央立法。

这种立法权划分体制的根据,主要是国家的经济、政治、文化、人口、地理等综合因素作用的结果,并通过《宪法》和《立法法》加以固定。《宪法》第

---

① 周旺生:《立法学》,法律出版社 2004 年版,第 144 页。

62 条第 3 款规定了全国人民代表大会"制定和修改刑事、民事、国家机构和其他的基本法律"的职权,第 67 条第 2 款规定了全国人民代表大会常务委员会"制定和修改除应当由全国人民代表大会制定的法律以外的其他法律"的职权。《立法法》第 8 条规定,涉及"基本经济制度以及财政、税收、海关、金融和外贸的基本制度"以及"必须由全国人民代表大会及其常务委员会制定法律的其他事项"只能制定法律。《长江三角洲区域统筹发展法》的调整对象是长三角区域规划实施过程中所发生的社会关系,这种社会关系的调整应当从国家总体战略出发,来解决区域内各省市普遍关注而单一省市不能很好解决的主要问题。这些社会关系符合由全国人大及其常委会制定的法律的调整对象,因而《长江三角洲区域统筹发展法》的形式应当是全国人大及其常委会制定的法律。

**(二)《长江三角洲区域统筹发展法》的立法原则应当包括合法性原则、民主性原则和区域性原则**

《长江三角洲区域统筹发展法》的立法原则是指贯穿于长三角区域立法各个环节的根本性原则,是长三角区域立法指导思想在立法实践中的表现,是长三角区域规划的宗旨在法律上的原则性确立,反映着立法者价值取向和法律意识以及受区域社会经济条件制约的程度。此外,该立法原则不仅仅指导《长江三角洲区域统筹发展法》的立法,而且对整个长三角区域发展法律制定有指导意义。《立法法》在总则中用四个条文确立了中国立法在宏观上的法定基本原则,即遵循宪法的基本原则(宪法原则),依照法定的权限和程序(法治原则),体现人民意志发扬民主(民主原则),从实际出发科学合理规定(科学原则)。就《长江三角洲区域统筹发展法》而言,其立法原则在遵循《立法法》制度性规定的前提下,应当结合实际,确定针对该法律的立法原则。

第一,长三角区域立法的合法性原则。对合法性问题的追问是法学研究的基本命题,立法的合法性因立法从逻辑上先于执法、司法而具有特殊意义。长三角区域立法是长三角区域规划实施法治保障体系的初始环节,其合法性原则要求:(1)长三角区域立法权的合法化。立法权的合法化,反映的是权力受监督的状态，一方面接受人民特别是长三角区域人民的监督，另一方面接受其他国家权力的制约，集中体现为受到《立法法》的制约。(2)长三角区域立法内容的合法化。它表明《长江三角洲区域统筹发展法》的内容首先要符合宪法的规定，遵循长三角区域发展规划的精神，并且能够对长三角区域立法体系起到统筹引导作用，实现法制统一。(3)长三角区域立法程序的合法化。区域立法是一项特殊的立法，涉及区域经济社会利益的分配，因此，只有把立法纳入法定程序之中，才能有效防止各种人治因素、长官意志和地方保护等非法干预，才能使长三角区域立法与国家统一的立法体系相协调，从而实现长三角率先发展和国家经济社会整体发展的平衡。总的来看，立法的合法性原则是一项首要原则，是其他原则贯彻的前提。

第二，长三角区域立法的民主性原则。"民主是一种社会管理体制，在该体制中社会成员大体上能直接或间接地参与或可以参与影响全体成员的决策。"[①]在现代法治国家，民主原则成为国家权力运作过程中的一项普遍原则，与行政权追求效率、司法权追求公平相比，立法权对民主的诉求更为突出。《立法法》第5条规定："立法应当体现人民的意志，发扬社会主义民主，保障人民通过多种途径参与立法活动。"长三角区域立法的民主性原则要求：(1)立法主体的广泛性，从终极意义上看，只有人民才是立法权的真正享有者、行使者。(2)立法内容的人民性，立法以维护人民利益为宗旨，《长江三角洲区域统筹发展法》的制定，是我国区域立法的初步尝试，是根据区域自身发展的特点进行的法律规制，其内容应当符合全国人民的根本利益，而不能只考虑长三角的区域利益。(3)立法程序的人民性，立法决策向社会公开，使公众能够有效参与和监督立法，长三角区域立法尤其要注重立法所反映的意志和利益的客观性，把各方面的矛盾、意见、冲突摆出来，征求多方意见，集思广益，在高度民主的基础上把正确的意见集中起来，使立法能够最大限度地体现人民根本利益。

第三，长三角区域立法的区域性原则。区域性原则是指《长江三角洲区域统筹发展法》应当体现区域利益、解决区域问题、促进区域发展的原则，这

---

① ［美］卡尔·科恩：《论民主》，聂崇信、朱秀贤译，商务印书馆1988年版，第10页。

是区域立法所特有的原则。区域性具体表现为两个不可分割的方面①：（1）区域倾斜，即对选定的地域单元予以利益补助。只有当选定区域受到特殊的国家支持或权利让与时，区域立法才能区别与适用于全国的立法。就长三角区域而言，立法所倾斜的利益并不是资金注入、税收减免、财政补助等直接的利益让与，而是通过立法消减长三角区域发展的障碍，促进长三角区域法治一体化，解决长三角各省市普遍关注而单一省市不能很好解决的问题等间接方法，建立长三角区域规划实施的法治保障机制，实现长三角区域可持续的率先发展。（2）高度集中化。区域规范性文件的制定、实施、监督和评价主要是由中央当局来进行的，地方立法应当以中央立法为依据，接受中央立法的统筹安排。也就是说，长三角区域法律体系的核心《长江三角洲区域统筹发展法》应当采用中央立法。如果以地方为核心，则不利于区域共同利益的维护，区域的共同性将遭到破坏，而且这种立法就不再是区域立法，而蜕变成为地方立法了。

### （三）《长江三角洲区域统筹发展法》的内容应当涉及区域发展政策工具、法律责任等方面

区域发展政策工具，是为了实现区域统筹发展目标而运用的，针对具体问题的解决方法和措施。从立法的角度看，区域发展政策工具就是法律授权各级区域协调管理机构为实现区域发展而实施的特定行为，其本质就是《长江三角洲区域统筹发展法》授予相关机构协调管理权力。在区域经济学理论中，区域政策工具依据其功能可以大致分为奖励政策和控制政策两个大类，前者是政府对其欢迎的区域经济行为给予积极的激励或援助，后者是政府对其不希望的区域经济行为给予限制或惩罚，对于一个特定的区域而言，两类区域发展政策往往同步使用，一正一反共同推动区域向政府预期的方向发展。（1）奖励政策。奖励政策包括拨款、优惠贷款、税收减免等直接援助和基础设施、工业科技园区建设等间接援助。直接援助是政府运用财政资源对区域内符合特定条件的企业和个人的免费资金赠予，或运用行政

---

① 张可云：《区域经济政策》，商务印书馆 2005 年版，第 9—10 页。

权力减免企业和个人的利益负担。在法学的视野下,直接援助意味着政府将国家财产向私人的无偿转移,因而必须有严格的限制,无论是对为国家和社会做出重大贡献的企业和个人给予物质奖励,对年老、疾病或丧失劳动能力的公民给予物质帮助,还是对鼓励行业的贷款优惠和税收减免,都必须符合法定条件并按照法定程序进行。间接援助是区域发展政策工具重点的转移方向,政府通过优化那些不直接改变私人企业生产成本的因素,促进区域经济社会发展,具体表现为交通、通信、水电、燃气、排污、学校、医院等基础设施建设和工业园区、科技园区、集散市场创建。这里需要通过立法防止政府寻租、地方保护主义、产业垄断和重复建设等不利于区域统筹发展的行为。(2)控制政策。控制政策包括直接禁止、许可制度和税费征收等控制措施,其优势在于效果明显,通过颁发许可证或直接禁止取缔就能够精确控制某一经济行为发生与否,而且政府为此支付的成本也相对较低。但是其缺点也相当明显:从微观上看,企业面对严格的控制,或者取消长期的投资计划,或者搬离控制区域;从中观上看,控制政策的制定实施比奖励政策更为容易,政府会滥用控制政策或采取寻租行为许可一部分企业发展的同时限制另一部分企业成长,造成企业对政府政策稳定性和公正性的怀疑;从宏观上看,控制政策使用失当将对区域内部乃至整个国家的市场经济运作造成危害。由此,《长江三角洲区域统筹发展法》对政府制定控制政策的行为应当着重规范,采用听证会、论证会等形式,通过特定的程序来确定政策的出台。

法律责任是由法律事实所引起的对损害予以赔偿、补偿或接受惩罚的特殊义务,从法理上看,包括民事法律责任、刑事法律责任、行政法律责任等种类。《长江三角洲区域统筹发展法》作为一部调整在长三角区域发展过程中所产生的社会关系,从总体上对长三角区域统筹发展进行规制的基本法律,其经济法的性质非常明显。由此可见,关于《长江三角洲区域统筹发展法》的法律责任必须以经济法律责任为重点,辅之以行政法律责任,建立法律责任模型。所谓经济法律责任,是指主体违反了包括《长江三角洲区域统筹发展法》在内的经济法律法规而应当承担的否定性法律后果,区域经济法律法规通过设定权利义务对涉及区域统筹发展的社会关系进行调整规范,违反这些义务将给国家经济调控、区域经济发展或具体的社会组织与个人的经济利益造成危害。国家行政机关、审判机关或国家授权的有关单位对违反经济法律法规的单位和个人依法采取经济制裁措施,包括赔偿经济损失、支付违约金、罚款、没收违法所得、返还财产、冻结存款、查封等具体责任方式。国家审判机关对严重违反经济法并触犯刑法的主体可以依法采取刑事强制措施。经济法律责任能够弥补各种主体因违法而造成的损害,同时通过提供完善的法律威慑机制,防止损害的发生。由于长三角区域规划的实施需要行政机关的主动参与,法律法规必然赋予行政机关一定的权力,以实现国家对长三角区域发展的有效调控,对行政权力的监督控制需要通过设定行政责任来实现。《长江三角洲区域统筹发展法》中必须明确行政主体的具体责任,并与相关的行政复议机制、行政诉讼程序相衔接。

## 三、通过对三省市地方立法文本的修改,以消除其中的障碍和地方立法的冲突

《长江三角洲区域统筹发展法》解决的是中央立法层面对长三角区域经济社会关系的调整,并且以法律的形式出现。《立法法》第 63 条规定:"省、自治区、直辖市的人民代表大会及其常务委员会根据本行政区域的具体情况和实际需要,在不同宪法、法律、行政法规相抵触的前提下,可以制定地方性法规。较大的市的人民代表大会及其常务委员会根据本市的具体情况和实际需要,在不同宪法、法律、行政法规和本省、自治区的地方性法规相抵触的前提下,可以制定地方性法规,报省、自治区的人民代表大会常务委员会批准后施行。"第 73 条规定:"省、自治区、直辖市和较大的市的人民政府,可以根据法律、行政法规和本省、自治区、直辖市的地方性法规,制定规章。"在长三角区域内,享有地方立法权力的地区有浙江省、江苏省、上海市、杭州市、宁波市、南京市、无锡市、苏州市、徐州市等九个,这些地区都制定了针对本地区的规范性文件。据不完全统计,长三角区域现在共有地方性法规近900 件,其中浙江省(包括省会城市和较大的市)现行有效的地方性法规和法规性决定共有 318 件,江苏省(包括省会城市和较大的市)现行有效的地方性法规和法规性决定共有 363 件,上海市现行有效的地方性法规和法规

性决定共有 205 件,政府规章的数量则更多。这些规范性文件需要逐步整理修改,以消除其中的障碍和冲突。

**(一)长三角区域立法协调机制必须符合各省市的共同利益,划定立法协调的范围,建立交叉备案制度**

长三角区域立法协调机构必须能够代表区域内部各省市的利益,并且具有民主性和权威性。如果立法协调机构不能代表长三角区域省市的共同利益,那么其协调的成果必然不会得到区域内所有社会主体的承认和信服,协调也不了了之,甚至变成一部分省市侵害另一部分省市利益的平台。协调的本质就是利益博弈和主体妥协,主体之所以能够做出妥协和让步,关键在于立法协调机构有一定的权威性和共同性,其背后的合法性依据就是民主性。有学者提出成立"长三角立法协作会",由长三角区域各省、市的人大负责人、人大代表和政府代表组成。由各地的人大负责人组成理事会,其职能应包括:与中央立法机构紧密联系,推动改善长三角区域协作发展的法制环境;与区域内各地方立法机构紧密联系,共同制定长三角区域地方法制建设战略框架;并就理事会认为的任何重大问题提出立法协议,以其制定的"法案"作为各省、市相应立法的"蓝本";等等。为进一步提高该机构的立法质量和工作效率,建议设立两个附属部门。其一为长三角区域立法咨询机构,它可由长三角地区的法学院、社科院及相关学术单位构成,主要职能是以合同形式承担长三角区域立法协作会提出的课题、议案,为地方立法提供专家咨询意见。其二为长三角区域立法信息网站,它将由长三角立法协作会授权,网上发布长三角区域地方立法协作会的各项重要信息,包括各省市的立法动态、立法草案及最后通过的区域性法规、研究成果及长三角区域立法中的重大事项讨论。①

长三角区域立法协调机构协调的范围必须得到划定。我国行政区划考虑了经济建设的需要,既照顾地理环境,又照顾自然资源和经济发展状况,使行政区划与经济区划、国土规划协调统一,参照历史状况、人口状况、风俗

---

① 宣文俊:《关于长江三角洲地区经济发展中的法律问题思考》,载经济法网 http://www. cel. cn/show. asp? c_id=128&c_upid=8&c_grade=2&a_id=8579。

习惯等客观因素，并且兼顾行政管理效率和地方自主权的实现。长三角区域下辖的三个省级行政区划的划分有其背后的客观合理性，那么各行政区划的地方规范性文件之间的差异性也是一种合理和必然的现象。《宪法》第3条确立中央和地方的国家机构职权的划分遵循在中央的统一领导下，充分发挥地方的主动性、积极性的原则。如果立法协调机构把三省市的立法差异完全抹杀的话，其协调的成果必然无法得到全面有效的实施，而且也没有必要讨论"长三角区域"这个概念，建立一个跨苏浙沪的省级行政区划似乎更为便利。协调的范围可以从主动和被动两个角度界定，从主动角度看，立法协调机构协调的范围规定为涉及长三角区域各省市共同利益的事项，而非仅涉及个别省市利益的事项，比如土地等不动产、环境资源等事宜。从被动角度看，有必要建立协调机制的启动程序，如赋予人民代表大会及其常务委员会、人民政府、利益相关的经济组织和其他社会组织立法协调启动的资格，通过自下而上的方式进行立法协调活动。

为了防止地方性法规和地方政府规章与上位阶的规范性法律文件相冲突，《立法法》第89条规定"省、自治区、直辖市的人民代表大会及其常务委员会制定的地方性法规，报全国人民代表大会常务委员会和国务院备案；较大的市的人民代表大会及其常务委员会制定的地方性法规，由省、自治区的人民代表大会常务委员会报全国人民代表大会常务委员会和国务院备案；地方政府规章应当同时报本级人民代表大会常务委员会备案；较大的市的人民政府制定的规章应当同时报省、自治区的人民代表大会常务委员会和人民政府备案"。同样，为了防止长三角区域下辖省市的规范性文件出现同级之间的冲突，也可以引入同级交叉备案制度，即任何省市的地方性法规和规章向其他两省市的省级人大常委会进行备案，当其他两省市的省级人大常委会发现该立法有可能损害本省利益时，就可以提交立法协调机构进行审查，启动立法协调机制。省会城市和较大的市的地方规范性文件必须由上级人大常委会备案，也可以通过上级向其他两省市的省级人大常委会备案，避免城市之间交流的不便。申言之，省级人大常委会是交叉备案体系的枢纽，无论省级还是市级的规范性文件都通过省级人大常委会实现省际备案。

### (二)国有土地相关立法的协调——三省市地方立法协调举例之一

在国有土地租赁方面,有《浙江省国有土地租赁暂行办法》《江苏省国有土地租赁办法》和《上海市国有土地租赁暂行办法》等三个地方政府规章。

这些规范性文件的修改协调大致可以包括以下几个方面:第一,在租赁种类划分上,江苏立法将租赁期限在 5 年以下的规定为短期租赁,超过 5 年则为长期租赁;而上海和浙江立法没有进行此种划分。在实际操作中,用于修建临时建筑物的土地,一般不超过 5 年,采用短期租赁,一般按年度或季度支付租金;而需要进行地上建筑物、构筑物建设后长期使用的土地,实行长期租赁,具体租赁期限由租赁合同约定,并且在合同中必须约定土地租金支付时间、租金调整的时间间隔和调整方式等内容。由此可见,区分短期租赁和长期租赁还是有一定意义的。第二,在租金最低标准上,上海立法规定商业、旅游、娱乐、金融、服务业等项目使用的土地和承租人为境外的自然人、法人或者其他组织租赁土地的租金以租赁地块标定地价的贴现作为最低标准,租赁地块标定地价的贴现标准,由市房地局会同市物价、市财政等有关部门确定;浙江立法规定租赁土地租金的最低标准由市、县国土资源行政主管部门根据当地基准地价,结合用地性质、租赁期限、地块区位等因素制定,报同级人民政府批准。租金的最低标准经批准后,应报上一级国土资源行政主管部门备案;江苏立法对租赁最低标准未做规定。在立法协调时,可以采纳上海的租金最低标准确定方法和浙江的批准备案制度。第三,在协议方式租赁上,浙江立法规定出租人应当在租赁合同签订前 15 日将租赁土地的坐落、面积、使用条件、租金、租赁方式等情况向社会公告,协议租赁合同签订后 15 日内,出租人应当将租赁合同的主要内容再向社会公告,并将租赁合同文本、公告情况及有关情况的说明,向上一级国土资源行政主管部门和行政监察部门备案;江苏和上海立法均无此项规定。从政府信息公开和接受社会监督的角度看,公告制度有助于提高行政行为的透明度,防止暗箱操作和腐败发生,因此这项规定也应当在长三角区域推广。第四,在承租人的违约责任上,上海立法规定承租人逾期 2 年未支付租金的,出租人有权解除租赁合同,并可以请求违约赔偿;浙江立法规定承租人逾期 1 年未支付租金的,出租人可以解除租赁合同,并请求违约赔偿;江苏立法未涉及此项内容。长三角城市土地资源相对匮乏,土地租赁价格也比较高,并且随着市场供求状况进行调整,所以,无论从平衡出租人和承租人利益的角度出发,还是从提高资源利用效率的角度出发,将出租人解除租赁合同的条件规定为承租人逾期1年未支付租金,则更为合理。

在国有土地使用权出让方面,有《浙江省城镇国有土地使用权出让和转让实施办法》《江苏省城镇国有土地使用权出让和转让实施办法》和《上海市土地使用权出让办法》等三个地方政府规章。

这些规范性文件的修改协调大致可以包括以下几个方面:第一,在法律调整对象的整体上,浙江和江苏的立法均涉及国有土地使用权的出让、转让、出租、抵押等内容;上海立法仅涉及出让这一项。从立法资源的有限性和查阅的便利性,以及社会关系的相关性角度看,国有土地使用权的出让、转让、出租和抵押是能够合并于同一个规范性法律文件的。第二,在土地使用权出让的方式上,三地立法都确认了协议、招标、拍卖这三种基本方式,上海立法强调用于商业、旅游、娱乐和豪华住宅项目的土地使用权出让,应当通过招标、拍卖方式进行。这项规定有利于土地资源的有效保护和合理利用,对控制高利润行业的投资和稳定区域房地产价格亦有一定作用,可以在长三角区域进行推广。第三,在土地使用权出让的审批权限上,江苏和上海的立法只原则性地规定为县级以上人民政府,浙江立法具体规定为出让耕地(包括园地、养殖水塘)3亩以下,非耕地10亩以下,由县(市)人民政府批准,报省、市(地)土地管理部门备案;出让耕地3—5亩,非耕地10—20亩,由地级市人民政府批准,报省土地管理部门备案;出让耕地5—1000亩,非耕地20—2000亩,由省土地管理部门审核,报省人民政府批准;出让耕地1000亩以上,非耕地2000亩以上,由省人民政府审核,报国务院批准。无论是国情还是区域特点,耕地资源的短缺和商品房违规侵占耕地的矛盾在现阶段尤为突出,对耕地出让审批权限的明确设定实属必需,而且需要从严把握。第四,在定金额度上,浙江立法规定为土地使用权出让金总额的20%作为履行合同的定金;江苏立法规定为15%;上海立法未做明确规定。三个立法均未与上位法相抵触,而且定金的确定可以依据当地的交易习惯,不必强求一致,但由于合同标的的特殊性,立法可以确定适合当地经济发展水平的定金额度,相对而言,上海立法有必要做出更为明确的规定。第五,在出让土地使用权的续期上,浙江立法规定土地使用者需要续期的,应在土地使用权期满前 180 天向土地管理部门提出续期申请;江苏立法规定为在期满前 6 个月向土地管理部门申请;上海立法规定至迟于届满前 1 年申请续期;此外,《杭州市国有土地使用权出让实施办法》规定需要续期的,应在土地使用权期满前 180 天内向市土地管理局申请续期;《绍兴市国有土地使用权出让合同管理暂行规定》规定为 1 年。参照其他省份的地方立法,北京、河北、安徽为 6 个月,山东为 180 天。虽然中央立法未对此做出限制,但可以考虑将长三角区域统一为 6 个月或者 180 天,当然,绍兴的"暂行规定"有悖于浙江立法,必须修改。

### (三)环境保护相关立法的协调——三省市地方立法协调举例之一

以"环境保护条例"为规范性文件名称的地方立法有《上海市环境保护条例》和《江苏省环境保护条例》。这两个规范性文件在调整对象和调整手段上大致相同,其差异主要体现在法律责任的具体规定上。上海立法从横向出发,对不同违法行为分门别类进行规定,如排污单位在限期治理期间污染物排放不符合限期治理决定中规定的排放要求的,限产或者停产,可以并处一万元以上十万元以下的罚款;建设项目未经批准主体工程擅自带负荷运行的,责令停止试生产或者试运行,可以并处一万元以上十万元以下的罚款;环境监测专业机构未按环境监测技术规范进行监测,造成监测数据失实的,责令改正,可以处五千元以上五万元以下的罚款;环境监测专业机构弄虚作假,伪造数据的,处五万元以上二十万元以下的罚款;等等。江苏立法从纵向出发,以行政主管部门为标准进行规定,如县级环境保护行政主管部门可以决定处以一万元以下的罚款,超过一万元的,须经上级环境保护行政主管部门批准;设区的市环境保护行政主管部门可以决定五万元以下的罚款,超过五万元的,须报省环境保护行政主管部门批准;省环境保护行政主管部门可以决定二十万元以下的罚款,超过二十万元的,报省人民政府批准。从立法的科学性角度看,上海的立法方式更加明确,而且富有现实操作性,所以在立法修改协调过程中,上海的模式可以在区域内推广。

在饮食娱乐服务企业环境保护方面,有《杭州市服务行业环境保护管理办法》《宁波市饮食娱乐服务企业环境保护管理办法》和《南京市饮食娱乐服务企业环境保护管理办法》等立法文件。这些规范性文件的修改协调大致可以包括以下几个方面:第一,在罚款力度上,杭州立法的罚款底线设定在100元(在室外设置并使用产生高噪声污染音响设备的),顶线设定在100000元(新开办服务项目未建成需配套建设的环境保护设施,擅自投入营业的);宁波立法的罚款底线设定在200元(饮食娱乐服务企业拒绝环境保护现场执法检查的,或在检查中弄虚作假的),顶线设定在30000元(限期治理的排污单位逾期未完成治理任务的);南京立法的罚款底线设定在300元(被检查的饮食娱乐服务企业拒绝检查和弄虚作假的),顶线设定在100000元(经限期治理逾期未完成治理任务,造成危害后果的)。由此可见,三个城市的罚款力度以及对应内容存在较大差异。企业的投资以盈利为最高标准,势必规避立法上的责任认定,将污染严重的企业迁移至规定较宽的区域。同时,企业还存在一个环境保护成本与罚款支出之间的博弈,当罚款额度过低时,法律的威慑调整作用便不复存在。所以,在立法协调过程中有必要根据实际情况调整罚款力度。第二,在法律责任承担主体方面,杭州和宁波立法规定了环境保护部门、其他行政主管部门的工作人员滥用职权、徇私舞弊、玩忽职守的,应当承担相应的行政责任和刑事责任。南京立法只涉及行政相对人的法律责任,对行政主体未做出规定。现代法治强调依法行政,环境保护涉及的是社会公共利益,无论行政主体还是行政相对人,都应当对环境保护承担特定的义务,任何一方违反法定义务都必须承担责任。

此外,浙江省制定《浙江省海洋环境保护条例》,以保护海洋资源,改善海洋环境,防治污染损害,维护生态平衡,保障人体健康,促进经济和社会的可持续发展,调整管辖海域内从事航行、勘探、开发、生产、旅游、科学研究及其他活动。江苏省制定《江苏省农业生态环境保护条例》,以保护和改善农业生态环境,合理开发利用农业资源,实现农业可持续发展,提高农产品质量,保障人体健康。这些地方立法所规定的内容同样适用于整个长三角区域,也可以考虑在区域内推广实施。

# 长三角区域规划实施的执法保障体系研究①

## 一、区域管理机构设置必要性研究

### (一)从市场机制不足上看,需要有专门机构负责弥补

区域经济的运行机制无非包括市场和政府两个方面。在市场经济条件下,市场在资源配置中发挥基础性作用,通过价格和竞争机制推动资源配置的最优化。然而,市场机制所固有的唯利性、盲目性和滞后性促使政府机制的介入。在市场经济发展不完善的环境下,市场失灵表现得更加严重和突出,需要有政府机构通过行政执法方式来弥补。政府干预经济的作用领域涉及维护竞争,提供公共产品,利用货币财政政策调控宏观经济环境,调节收入再分配,界定维护产权,等等。

长三角区域规划是长三角区域经济在一段时期内运行的方案,在区域立法体系建立的基础上,需要一定的政府机构进行实施和评价,建立执法保障体系,确保区域规划的实现。第一,政府机构通过执法手段调节资源配置。政府行政行为能够克服市场机制的盲目性,使资源配置更符合最大多数人利益的要求;能够引导资本、劳动力和技术进行区际流动,提高资源利用效率;能够理顺空间开发的顺序,实现有计划有步骤的发展态势。第二,政府机构通过执法手段调整区域产业结构。政府行为能够根据不同区域的地理位置、资源条件、资本供应和劳动力使用等具体状况,安排产业布局,避

---

① 本文系浙江省哲学社会科学规划长三角课题"长江三角洲区域规划实施法治保障体系研究"(06HZC310YB)的成果,作者李占荣、唐勇。

免重复建设和恶性竞争。第三,政府机构通过执法手段促进区域合作。政府行为能够扩大区域经济合作,实现区域之间优势互补,实现区域经济外向型发展,防止区域之间差距不断扩大。第四,政府机构能够通过执法手段实现社会发展。政府行为在加快区域社会发展和振兴文化教育方面能够实现市场机制所不能实现的目标。

### (二)从区域发展要求上看,需要有专门机构保障实施

《中华人民共和国国民经济和社会发展第十一个五年规划纲要》将"促进区域协调发展"作为单独一篇,确立"坚持实施推进西部大开发,振兴东北地区等老工业基地,促进中部地区崛起,鼓励东部地区率先发展的区域发展总体战略,健全区域协调互动机制,形成合理的区域发展格局"的区域发展总体规划。

《长江三角洲地区区域规划纲要(送审稿)》将长三角区域功能定位为:我国综合实力最强的经济中心,亚太地区重要的国际门户,全球重要的先进制造业基地和我国率先跻身世界级城市群的地区。长三角区域发展指导思想为:长三角地区将逐步在壮大东部地区经济实力,推动长江流域快速崛起,带动中西部加快发展,促进全国区域协调发展,引领我国在全面参加全球竞争中发挥核心作用。

无论是国家总体发展战略,还是长三角区域的区域发展战略,都包含两个方面内容:其一,长三角区域的率先发展,即率先提高自主创新能力,率先实现经济结构优化升级和增长方式转变,率先完善社会主义市场经济体制;其二,全国各个区域的协调发展,即通过健全市场机制、合作机制、互助机制、扶持机制等区域协调互动机制,形成主体功能定位清晰,东中西良性互动,公共服务和人民生活水平差距趋向缩小的区域协调发展格局。长三角区域发展目标的双重性决定了需要有中央一级的专门机构为核心来保障实施,而不能仅仅依靠长三角区域内部各单位自行落实。

### (三)从地方保护防止上看,需要有专门机构消除壁垒

地方保护是长三角区域发展的阻碍因素。第一,地方保护表现在区域

贸易方面,对本地产品市场设置进入壁垒,包括行政干预壁垒(如文件纪要)、费率壁垒(如治安费、卫生费)、技术壁垒(如产品标准)等;第二,地方保护表现在区域投资方面,对本地资本市场设置流动障碍,包括限制优势企业对外投资,通过串标排挤外地企业参与工程建设,限制外地企业重组本地公司等;第三,地方保护表现在劳动力流动方面,实行优惠政策吸引人才流入,设置障碍拖延阻止人才流出。

一般而言,地方政府机构主要考虑的是提高辖区内经济发展状况,而中央政府机构需要从全国整体发展的全局角度来考虑长三角区域执法对国家各个区域的影响,因而,以地方政府机构为核心的执法保障体系往往局限于辖区内的经济发展和社会进步,而以中央政府机构为核心的执法保障体系不仅有利于促进长三角区域的率先发展,还着眼于区域间的协调发展。长三角区域是一个以跨省级行政区的地市为基本空间单元的区域,因而省级和地市级的执法机构都由于地方利益的驱使而难以作为整个区域的协调核心,这已然成为公论。若成立一个浙江、江苏和上海三省市的联合执法机构,依然有可能将"省市地方保护主义"升格为"长三角区域地方保护主义",即使能够实现三省市的执法协调,也难以实现国家区域发展的总体战略。因此,消除地方保护的种种壁垒,需要有中央一级的专门机构为核心来处理执法问题。

### (四)从职权职责落实上看,需要有专门机构主持工作

为了能够对国民经济各个方面、各个环节进行针对性管理,政府部门的设置也日益细化。这种细致的政府职能分工,一方面能够落实各个部门的管理对象,加强对经济运作的监管,但另一方面也造成了多头管理、权力交叉和权限冲突,各个部门相互掣肘、权责模糊。在长三角区域突出表现为土地管理上下级政府之间的管理冲突,城市规划与土地利用总体规划之间的沟通障碍,职业资格认定的区域差异,行政复议管辖权的权限冲突,等等。

在中央政府一级,虽然很多国务院部委、直属机构、办事机构都涉及区域问题的解决,也都享有一定的资源,但在具体操作上,往往是有利益的事有人管,没利益的事无人管。因此,长三角区域问题的解决需要设置统一的

最高区域协调管理机构,作为一个中央政府机构不仅仅服务于长三角区域,也处理珠江三角洲地区和京津冀环渤海地区的协调发展问题,随着实践的深入、经验的积累,该机构最终形成"区域管理委员会",集中处理国家区域管理制度、落后地区发展政策(如西部大开发)、膨胀区域发展政策(如东部城市的过度拥挤)、萧条区域发展政策(东北老工业基地振兴)、区域经济合作政策、区域政策研究评估等问题。

## 二、区域管理机构模式选择研究

区域管理机构的设置直接影响区域规划的有效实施和区域法律法规的切实执行,在市场经济和区域管理发达的国家,其中央政府都有专门的机构负责区域政策的制定和实施。各国的区域管理机构在结构设置方面可以归纳为三种模式,即分立的职能部门模式、专门的职能部门模式和联合的职能部门模式。[①]

分立的职能部门模式是指区域政策决策权分散于中央政府的各个部门,各部门不仅有权对本部门管辖范围内的区域事务进行决策,而且还有权单独实施区域政策项目。中国当前的区域管理机构就采用了这种模式,其中:国家发展和改革委员会的职责包含研究分析区域经济和城镇发展情况,提出区域经济协调发展等战略规划,提出城镇化重大政策措施,指导地区经济协作工作;建设部的职责包含研究拟定城市发展战略及城市、村镇规划的方针、政策和规章制度,组织编制和监督实施城市和村镇体系规划,制定城市建设和市政公用事业的发展战略、中长期规划、改革措施和方案;劳动和社会保障部的职责包括制定劳动力开发就业、劳动力跨地区有序流动的政策措施并组织实施;国土资源部(今属自然资源部)的职责包括组织编制和实施国土规划、土地利用总体规划,参与报国务院审批的城市总体规划的审核,指导基准地价、标定地价评测,确认土地使用权价格;农业农村部的职责包括组织农业资源区划、生态农业,大宗农产品区域间流动工作;水利部的职责包括组织有关国民经济总体规划、城市规划及重大项目的水资源和防

---

① 参见张可云:《区域经济政策》,商务印书馆 2005 年版,第 104—119 页。

洪的论证工作,组织建设和管理具有控制性的跨省的重要水利工程;国家环境保护总局的职责包括指导和协调解决各地方、跨地区、跨流域的重大环境问题,协调省际环境污染纠纷,组织发布重点城市和流域环境质量状况,等等。分立的职能部门模式在一定程度上能够调动相关部门参与区域执法的积极性,但其缺点十分突出。第一,由于各个部门的资源利益和政策目标各不相同,当指向同一区域对象时,往往会出现政策冲突;第二,分立的职能部门之间缺乏必要的沟通与协调,因此有可能造成区域项目的重复建设,浪费公共资源,增加政府运作成本;第三,区域或地方争取资源的成本大。区域或地方政府在实施区域规划的过程中,往往需要花费大量的人力、物力和财力争取各个部门的区域开发项目,并且地方开发项目的实施也需要得到各个部门的批准和评估,进而导致地方政府的低效率。

专门的职能部门模式是指区域执法由特定的中央政府机构来负责实施,单一制国家一般采用这种模式。法国中央政府负责区域发展的机构是国土规划与区域行动委员会,这是一个涉及多个政府部门、直接隶属于总理的独立机构,拥有独立的资金,在区域政策工具和区域发展战略选择上有决策权。国土规划与区域行动委员会自从1963年设立以来,集中负责法国实施国民经济计划的区域方面事务,其主要职能是引导和协调其他机构的区域工作,在20世纪70年代解决困难地区高失业问题,20世纪80年代协调中央和地方区域发展权力,20世纪90年代制定《区域规划与发展政策法》等工作中发挥了积极作用。就我国而言,可以考虑在国务院设置一个独立的部委级区域管理委员会,将国家发展和改革委员会下属的地区经济司作为核心,并入西部地区开发领导小组办公室、国务院扶贫开发领导小组等相关机构,并集中现有的各种分散于各个部门的区域政策资源。专门的职能部门模式其优点显而易见:第一,专门的职能部门能够实现区域地方与中央的直接协调,在区域开发问题上,地方与中央的联系简单明晰,一个机构全面囊括各种问题;第二,专门的职能部门能够实现各个部门之间的协调,在处理区域性事务的过程中,各个中央行政执法部门都接受区域管理机构的统一调配,部门与部门之间如果出现摩擦和冲突,就由区域管理机构负责协商裁定;第三,便于职权职责落实到位,防止部门之间相互掣肘、相互推诿,如果区域管理机构协调不力或者怠于协调,那么由区域管理机构承担相应法律责任,如果落实到具体部门执法不力,那么直接追究具体部门的法律责任。当然,专门职能部门模式要求国家在处理区域事务问题上有丰富的经验和熟练的政策工具,职能部门工作人员具有相当高的执法水平和协调应变能力。

联合的职能部门模式是指区域行政由中央政府内的几个部门联合运作的制度模式,通常介入区域事务的部门有负责经济发展、环境、劳动力与社会问题等方面的政府部门,这种模式以英国最为典型。英国模式的区域行政机构从横向和纵向两个方面设立。在横向方面,根据地理位置划分为九个区域,每个区域设立一个政府办公室;在纵向方面,分别有副首相办公室、贸易与工业部、教育与技术部、交通运输部、环境食品与乡村事务部、内务部、文化媒体与体育部、卫健委和就业退休保障部等九个部门负责区域行政事务。九个政府办公室协调九个中央政府部门的区域行动,形成区域事务的中央核心,并联合地方政府、区域开发机构及其他机构,实现中央政府的区域发展目标。就我国而言,可以考虑成立一个跨部委的区域管理委员会,该委员会是国务院领导下的一个常设性区域行政事务领导小组,其成员由相关部委负责管辖范围内区域工作的代表组成,设计为"一套班子,两块牌子"的机构模式。中央各部委的区域资源使用必须征求区域管理委员会的意见,地方开展的涉及多个区域的重大项目也必须征得区域管理委员会的同意。联合职能部门模式虽然不及专门的职能部门模式简洁明晰,但也有其现实操作优势。第一,联合职能部门模式基本上不会改变我国现行的中央政府部委设置,在人事安排、编制确定上没有设计障碍;第二,联合职能部门模式作为分立职能部门模式和专门职能部门模式折中的方案,既能够在一定程度上确保各部委之间的统一协商,也能够实现具体部门在处理管辖事务时的连贯性;第三,我国市场经济发展并不完善,而且处于政府指导型的发展模式,对区域经济社会宏观调控水平不高,联合职能部门模式能够保持中央政府机构设置的稳定性,降低政治体制改革的风险。

综上分析,分立的职能部门模式已经不利于区域经济发展和区域规划的有效实施;从长远角度看,专门职能部门在解决区域问题中能够更公正有效地发挥作用;就目前改革的可行性角度看,联合职能部门能够缓解中央区域问题解决机构缺失的现状。无论采取何种模式,《长江三角洲区域统筹发展法》应该对区域协调管理机构的设置有所安排。

## 三、区域管理机构职权职责研究

作为一个处理区域行政事务的中央机构,区域管理机构将是区域执法的协调机构,其基本职能应当设计为:完善区域协调和分工机制,整合地区优势资源,形成区域发展合力,提高区域一体化水平。具体而言,区域管理机构的职权职责包括以下内容:

第一,提出区域经济发展与区域关系协调的政策建议并报请国务院与中央立法机构审批。区域管理机构无论是专门职能部门模式还是联合职能部门模式,集中了中央政府处理区域问题的全部资源和信息,其职能在于调查区域发展的现实基础、环境条件和预期前景,获取各个区域有关经济、社会、文教、资源等各个方面的信息资料;对区域信息进行分析整理,确定地区经济发展的优势和劣势,形成对区域经济现状的宏观把握,并在此基础上设计区域发展目标,进行专家论证,征求地方意见;草拟区域发展方案,编制区域发展规划,制定区域协调办法;将区域发展和区域协作的政策报请国务院,成为国家统筹国民经济的重要依据,报请中央立法机构,将区域问题处理政策上升为国家法律法规,协助中央立法工作。这个职能在行政法上可以归纳为抽象行政行为,即通过制定行政法规等规范性文件的方式,实现国家区域性事务的引导和管理。

第二,具体负责区域划分工作。新中国成立初期设计的东北、华北、华东、中南、西南和西北六个大经济协作区的区域划分模式已经不能满足当前区域发展的需要。《中华人民共和国国民经济和社会发展第十一个五年规划纲要》所界定的"西部大开发""振兴东北地区等老工业基地""促进中部地区崛起""鼓励东部地区率先发展""支持革命老区、民族地区和边疆地区发展",也只是一个宏观的划分,在现实操作中仍需要深入细致划分区域。区域执法发达国家,对区域划分工作相当重视。以美国为例,自1977年首次确定经济分析和区域政策基本区域框架以来,经历了1983年、1993年和

2004 年三次调整，最终形成基本空间单位（Elementary Spatial Units, ESUs）—大都市区（Metropolitan Areas, MA）—成分经济地区（Component Economic Area, CEA）—经济地区（Economic Area, EA）—区域经济地区组合（Regional Economic Area Groupings, REAGs）等多层次区域划分结构。① 区域管理机构应当根据不同需要，按照地区的地理位置、收入水平、资源丰度、产业分布、流动人口、文化传统、民族因素等指标，以同质性和功能性为标准，确定不同层次的区域划分。这个职能行使的成果应当通过制定类似于"国家标准"的规范性文件表现出来，为中央和地方各级政府在处理区域性问题时提供参考依据。

第三，统一管理专门基金并监督中央的区域资源的使用方向。拨款作为中央政府运用财政资源向特定区域转移资金的方式是最常见的区域经济政策工具，我国当前的拨款事宜由各个不同部委负责实施。区域管理机构设立后，区域发展拨款的决策权集于该机构，可以设立专门基金用于直接拨款和优惠贷款，并且所有优惠措施应当完全披露和公开，提高透明度，防止因区域管理机构垄断资源而造成腐败。中央的区域资源的分配和使用，还涉及建设基础设施和创建工业与科技开发园区等间接援助方式，这种方式很难将纯粹的区域性行政行为和其他政府行为区分开来，而且很多混合型园区既涉及区域优势产业的生产，也涉及高新技术产业的孵化，甚至囊括高教园区，包括企业、居民、学校等各种社会主体都将参与建设。因此区域管理机构不应当直接囊括间接援助的决策权，而是从区域发展的角度监督国家的区域资源配置方式。这个职能在行政法上可以归纳为具体行政行为，即通过直接作用于行政相对人的方式，实现国家区域性事务的监督和管理。

第四，与地方政府合作协调不同地区利益主体间关系并约束地方政府行为。地方政府在区域性事务的执法上，主要从事于管辖地区的环境改善以吸引投资、发展经济，其具体行为包括增加公共物品数量（如道路设施建设、通信设施建设等）、提高公共服务质量（如社区安全保障、审批程序简化

---

① 参见张可云：《区域经济政策》，商务印书馆 2005 年版，第 166—172 页。

等)、改变税费水平(如建立保税区、降低外企税率等)、管制具体行业(如限制特定行业规模、升降准入门槛等)。于是,在社会经济优越地区,地方政府开始排挤高污染、高投入产业,提高企业居民落户门槛;在大量失业和财政拮据地区,地方政府往往鼓励投资进入,并发展资源密集型或劳动力密集型企业。这种做法虽然符合区域发展目标,但同时导致地方政府间恶性竞争,几乎每个地方政府都在对外招商引资过程中承诺给予最优惠税收待遇,并且导致区域内部各个地区之间以及区域之间发展不平衡。高污染、高能耗产业在宏观上由东部沿海地区向中西部内陆地区转移,在中观上由核心城市向非核心城市转移,在微观上由城市向郊区和农村转移。这种转移在表面上能够促进欠发达地区的经济发展,但实际上是一种发达地区对欠发达地区的掠夺式破坏式发展。区域管理机构应当站在全国统筹、协调发展的高度,发现地方政府区域性执法的问题,约束地方政府行为。

此外,由于《长江三角洲地区区域规划纲要(送审稿)》的内容主要涉及打破行政壁垒、优化产业结构、城镇体系建设、重大基础设施协调与建设、交通、能源、区域内资源配置和生态环境保护方案、差别化土地政策等内容,[①]这也是区域协调机构执法工作的职权职责。

## 四、长江三角洲各省市地方执法研究

长江三角洲区域规划实施执法保障体系的基层环节在于省市地方政府的执法。在实际操作中,中央政府区域协调机构需要通过省市地方政府的配合才能实现其区域经济目标,而且期望众多区域就资源和权利再分配达成一致是不可能的。那么,这就赋予地方政府在处理区域事务上相当大的自主权。区域执法权力下放模式的优越性在于:第一,增强灵活性,提高官员接触民众与获取信息的机会,使其对于区域内各种变化能够迅速做出反应。第二,发挥创造性。在区域内部一线工作的官员能够根据区域内具体情况,因地制宜,因时制宜,对区域执法活动在法律的框架下做出创新。第

---

① 参见国家发展改革委地区司副司长陈宣庆在"第六次沪苏浙经济合作与发展座谈会"上的讲话。

三,富有效率性。区域执法中央地方分权的内在逻辑是按照职、权、责相统一的原则,对承担一定职能的地方各级执法机关赋予相应的权力,并建立相应的责任监督机制,从而充分调动地方政府的能动性,实现区域经济社会发展的目标。[1] 从区域规划实施角度观之,长江三角洲各省市执法的内容应当包括以下几个方面:

### (一)界定产权,规范市场主体

产权是以财产为基础的若干权能的集合,其基础和核心是所有权。产权改革是经济体制改革和政治体制改革的核心内容之一。浙江省、江苏省和上海市的《国民经济和社会发展第十一个五年规划纲要》都涉及深化国企国资改革和建立现代产权制度等内容。由此可见,地方政府职能之一就是通过界定产权,规范市场主体。在公司设立或者国有企业改革时,地方政府鼓励支持跨地域、跨所有制的相互参股,不对资本设置地区性障碍;在企业公司经营运作时,各种参股资本均受到平等对待,允许股东进行跨地区的转让股份出资;在企业公司终止清算时,各种参股资本也应当按照比例分配,不对外地股东进行歧视对待。民营经济的蓬勃发展是长江三角洲在所有制上的一大特色,因而政府界定产权的职能还应当包括对民营经济的依法规制。当前行政机关滥用行政权力侵犯民营企业的产权的现象还很严重,突出表现为政府圈地敛权,对民营资本进行征收和征用的恣意。政府干涉民营经济必须满足三个条件,即为公共利益之需要,而不是政府部门利益;严格执行法律规定并按照相关程序执法;给予适当补偿,考虑到长三角区域地方政府财政能力较强,在征收和征用私人财产时,应当逐步由适当补偿发展为充分补偿。

### (二)提供服务,构建市场平台

一般认为,提供公共物品是政府存在的经济基础,随着经济发展和生活水平的提高,人们对公共物品的种类和质量的要求也日益提高,并且公共物

---

[1]　参见石佑启:《论公共行政与行政法学范式转换》,北京大学出版社 2003 年版,第 73—74 页。

品越丰富,市场运行越顺畅。从改革开放的经验来看,中国的市场经济是政府主导型发展模式。随着改革的深入,政府对市场的作用应当从"全能型管理"过渡到"服务型管理",即市场能够自动调节的就由市场发挥作用,而政府只是通过提供公共物品来构建市场平台。政府执法在构建市场平台方面的主要目标在于消除市场藩篱,冲破行政壁垒。由于政府服务不足而产生的市场一体化障碍在长三角区域是个突出问题,例如在金融业,三省市金融机构都可以通过信贷登记咨询系统收集本地企业资信状况,但跨省信息收集体系并未建立;金融监管垂直管理造成资本跨行政区划流动性不足,浙江民营企业渴求资金,而上海银行业存在巨额的存贷差;票据市场准入、业务、监管规范尚未对接,处于半割裂状态;等等。因此,政府执法应当讲求创新,针对有区域特殊性的问题,进行变通,并且可以通过中央政府区域管理机构的授权制定区域性规范,促进区域经济共同发展。上海作为长三角区域的核心城市,应当牵头建立以上海为中心,杭州、宁波、苏州、南京为第二层次,其余城市为第三层次的区域统一市场体系。地方政府要积极实现和完善资本、货币、外汇、期货、黄金和产权市场区域均衡发展;协调各地国有土地使用和房地产交易市场,优化供给结构,保持适度规模,保持房地产价格基本稳定;完善人才市场建设,建立开放灵活的人才流动机制,开放地区之间人力资源区域合作交流。

**(三)规制交易,维护市场秩序**

各地政府在健全统一开放市场的基础上,应当加强执法力度,遏制地方保护主义,杜绝行政垄断,打击不正当竞争,实现竞争有序的市场体系。具体包括以下内容:第一,建立长三角区域打击偷逃骗税的执法联动机制,防止企业或个人利用区域之间的政策管理漏洞实施偷漏税收行为。第二,加大食品药品安全等重点领域监管力度,综合整治无证无照经营等行为,遏制劣质食品假药的区域流动。第三,开展保护知识产权集中执法活动,组建长三角区域知识产权联席办公会议,建立知识产权联合执法机制,加强区域知识产权统筹管理,实现信息沟通、资源共享、协助调查取证,展开联合打假,降低打假成本,提高打假效率,实行相互间案件快速移送,并监督依法办案,杜绝地方保护主义。第四,加强乡镇卫生院和城市社区卫生服务机构建设,推广农村社区责任医生制度,推行社区卫生服务机构与医院分级治疗、双向转诊制度,深化公立医疗机构运行机制改革,完善药品集中招标采购制度,规范医疗服务市场秩序。第五,加强诚信体系建设,进一步完善区域性社会信用信息采集、加工和信用产品使用等环节的执法制度以及失信惩戒、信用监督等制度,健全个人和企业联合征信平台。

### (四)保护环境,纠正市场失灵

市场失灵在长三角区域集中表现为环境污染,由于工业发展、人口激增等因素,环太湖、京杭大运河沿岸以及长江出海口的环境状况日趋恶化。长三角区域率先发展还应当包含可持续发展能力的增强、生态环境的改善、人与自然的和谐等内涵,因此,三省市的区域执法必须涉及环境执法内容。具体包括以下部分:第一,建立区域污染联防机制,联合开展环保专项行动,逐步建立和完善跨界污染应急预案以及磋商机制;第二,由于城市之间距离接近,任何城市在发展可以影响环境质量的产业时,必须考虑到彼邻城市的环境利益,各地环境保护职能部门通过联合监控网络对区域内污染物排放进行监控,有效防止污染源的扩散;第三,按照《长江三角洲地区区域规划纲要(送审稿)》提出的"引导发展沿湖(太湖)生态服务带"要求,坚持生态优先原则,合力保护太湖水环境,新建规划、扩建污水处理厂,以削减流域内城镇生活污染物总量,在保护太湖湖区生态服务功能的前提下,适度发展旅游观光、休闲度假、会展、研发等服务业和特色生态农业,严格控制用地开发规模和强度,突出开发理念创新和空间布局优化,建立长三角区域旅游休闲带和区域性会展研发基地;第四,京杭大运河、长江、钱塘江等干支流沿岸城市应当加强河道流域污染控制工作,分河段分地域进行政府责任落实,保证执法的有效到位;第五,三省市地方政府应当完善海洋灾害共同防御体系,组建东海大型浮标监测系统,形成赤潮监测及海产品安全保障网络,尽可能减小赤潮对海洋环境的损害,合作开展海洋环境监测体系建设,实现监测数据资源共享。

# 长三角区域规划实施的司法保障体系研究[①]

长三角区域作为国内第一个编制区域规划的地区，对于我国区域性经济社会问题的解决具有示范意义，其在司法保障体系方面的制度创新同样意义深远。长三角区域应当在司法机构、法官制度和审判活动三个方面进行改革，使司法独立原则得以张扬。

## 一、专门独立的司法机构研究

长三角区域各省市的法院机构暴露出中国法院系统在机构设置上的通病，直接危害司法独立的实现：第一，司法机构设置地方化，法院设置完全对应于行政区划，任何一级法院都对应于同级的政府机构，不具有超然独立的品格，例如"上海市高级人民法院"容易被理解为"上海市的法院""为上海服务的法院"，三省市各地方法院莫不如此。第二，法院运作经费地方化，法院运作的开支依赖于地方财政，因为"就人类天性之一般情况而言，对某人的生活有控制权，就等于对其意志有控制权"[②]。"无财产即无人格"的箴言同样适用于法院系统，司法独立的经济基础彻底瓦解。第三，政法委员会制度地方化，政法委在协调公检法三者之间的矛盾时，容易表现为地方党委为实现地方发展而干预司法独立，牺牲当事人合法利益。

长三角区域规划的有效实施必然要求三省市进行司法机构改革，建立一套专门独立的法院系统，作为试点而为中国司法体制的改革提供经验。

---

① 本文系浙江省哲学社会科学规划长三角课题"长江三角洲区域规划实施法治保障体系研究"（06HZC310YB）的成果，作者李占荣、唐勇。

② ［美］汉密尔顿、杰伊、麦迪逊：《联邦党人文集》，程逢如等译，商务印书馆 1980 年版，第396 页。

为实现区域法治保障的一体化,有两种模式和思路可供选择:

其一,中央主导型司法机构设置模式。这种模式强调司法权在长三角区域的集中化,将浙江、江苏和上海三省市划为一个司法区,设立跨省市(特指作为直辖市的上海市,下同)的特别法院,可以命名为"最高人民法院长江三角洲分院"或"长江三角洲特别法庭",作为审判长三角区域跨省市民商事纠纷和刑事案件的司法机构,其地位与三省市高级人民法院平行,专门审理跨三省市的重大一审案件和上诉案件。在管辖权限上可以做如下安排:如果争议双方当事人所在地在同一省市,按照现行管辖方式处理。如果争议双方当事人所在地跨省市,其一审管辖权归属于被告所在地的中级人民法院,二审管辖权归属于长江三角洲特别法院;如果争议双方当事人所在地跨省市,并且案情复杂,诉讼标的金额巨大,在当地影响强烈的案件,其一审管辖权归属于长江三角洲特别法院,二审管辖权归属于最高人民法院。

其二,地方自治型司法机构设置模式。这种模式强调发挥地方自治能力,且不改变法院设置现状,由三省市的高级人民法院联合成立"回避式特别法庭",专门审理跨省市的重大一审案件和上诉案件。在管辖权限上可以做如下安排:如果争议双方当事人所在地在同一省市,按照现行管辖方式处理。如果争议双方当事人所在地跨省市,其一审管辖权归属于被告所在地的中级人民法院,二审管辖权归属于"回避式特别法庭",具体的运作方式是:争议双方当事人所在地分别属于江苏省和浙江省时,则由上海市高级人民法院组织特别法庭并实施审判。争议双方当事人所在地分别属于上海市和浙江省时,则由江苏省高级人民法院组织特别法庭并实施审判。争议双方当事人所在地分别属于江苏省和上海市时,则由浙江省高级人民法院组织特别法庭并实施审判。如果争议双方当事人所在地跨省市,并且案情复杂,诉讼标的金额巨大,在当地影响强烈的案件,其一审管辖权归属于"回避式特别法庭",二审管辖权归属于最高人民法院;如果争议多方当事人所在地分别处于浙江、江苏和上海,可以考虑由三省市各派法官组成特别法庭,进行审判。

在司法机关经费保障方面,各级人民法院的经费应当单列,由最高人民法院统一管理,经费预算报财政部列入国家预算,再报请全国人大审查批准,由最高人民法院逐级下拨。最高人民法院有编制全国法院系统经费预算,监督检查各级地方法院经费使用情况,以及向社会公布的职权。地方法院运作经费的直接拨付,能够消解地方司法系统与地方党政机关之间的"利益脐带"联系,消除地方政府对司法系统的经济命脉的直接掌控。由地方预算改革为中央预算,势必会加重中央财政负担,可以考虑将一种数额相当的地方税改为中央税,或将法院收取的诉讼费上缴国库。这样,在司法权的行使上可以免受地方行政牵制,进而在机构上可保持司法的独立性。[①]

长三角区域专门独立的司法机构建设,还涉及政法委员会改革问题。政法委设立的本旨在于党对公检法三个机构的协调,政法委书记一般是常委会委员,由公安局局长担任。政法委员会常常由委员会集体负责制异化为首长负责制,特别是在重大案件的处理过程中,党委和政府通过政法委员会直接干预法院审判活动。跨区域经济案件的司法地方保护主义往往通过政法委员会的活动而实现,并且由公安局局长直接领导法院院长开展工作。长江三角洲区域规划的编制是国家的战略决策,这为三省市法制建设尤其是司法制度的创新提供了良好的机遇。借此契机,长三角三省市下辖司法机关可以尝试进行各级政法委员会的改革,以维护司法机构独立运作,并为涉外性司法审判提供能为国际社会认可接受的法院机构制度。

## 二、职业同质的法官制度研究

在长江三角洲区域规划实施的司法保障体系中,影响司法独立实现的第二个因素是法官职业大众化,具体表现为以下几个方面:第一,业务素质和学历普遍偏低,国家的法官队伍建设向来偏重政治素质建设而轻视业务素质建设。第二,法官管理方式偏重科层制,国家长期以来将法院认定为与公安、检察并列的国家机器,法官身份公务员化倾向严重。第三,法官行为模式缺乏职业特性,法官既被上级派遣从事社会综合治理、普法宣传等司法外活动,又被社会要求赋予平民化要求,出于亲民而直接和当事人座谈,做思想工作。对此,长三角区域法官制度的系统改革主要可以从三个方面入手。

---

① 参见谭世贵:《司法独立问题研究》,法律出版社 2004 年版,第 110 页。

### (一)遴选制度改革

遴选制度改革是提升法官队伍整体素质,培养职业同质法官队伍的基础。在司法体制完备的国家,法官的最低学历都被限定为高等学校法学专业本科毕业,这既是司法裁判过程需要专门的法律知识和独特的法律思维的需要,也是实现法官、公诉人和律师进行同一平台对话的保障。长三角区域是我国高等教育最发达的区域,高等院校及其设立的法学院系颇具规模,而且较大城市的高校都有法学硕士和博士学位的授予权,三省市国家统一司法考试通过率也在全国处于领先地位,这就为高学历的法官队伍提供了潜在人才资源。因此,在长三角区域各级法院可以率先规定法官队伍的进入门槛为高等院校法学专业毕业的本科生。

现行的法官晋升制度是参照公务员晋升制度,即主要参考工作年限从法院内部按照"书记员—助理审判员—审判员"的方式选任,这使下级法院法官失去进入上级法院的机会,也使得上级法院法官的业务素质未必高于下级法院。最具代表性的是上海市浦东新区人民法院,全院在编人员 350 人中本科以上学历者占 309 人,其中法学博士 1 人,法学硕士 37 人,单就学历角度看,本科学历人数比例高于相当部分城市的中级人民法院。所以,长三角区域各级法院应当废除从党政机关平级调任法院领导的做法,而是在制度上设计从下级法院选拔品德优秀、能力突出和经验丰富的法官直接上调上级法院,对具有法学硕士或博士学位的,通过司法考试,并积累事务经验,也可以直接进入中级或高级法院担任法官。

### (二)保障制度改革

长三角区域属于中国市场经济最发达的区域之一,居民可支配收入居于全国前列,经济效益观念深入人心。如果一味强调业务素质和职业操守,而不给予相应的物质报酬,无疑会对司法独立的稳定性造成负面压力。而且当审判权的直接行使者不能通过正当收入满足体面生活时,难免产生腐败的动机,进而导致司法权的寻租。因此,《司法独立世界宣言》和大多数国家都在法院组织法甚至在宪法中规定法官的薪金保障制度。长三角区域法官虽然鲜有工资拖欠,但不能同辖区律师的平均收入水平相比。从法官队伍进入律师界的比比皆是,而从律师界进入法官队伍的鲜有发生,由此亦可以看出法官物质保障的不足。法官的高薪制改革势在必行。

法官的保障制度改革还包括身份保障制度建设。身份保障制度关系到法官的职业安全感,也影响司法独立的实现,如果说薪金保障制度着重法官当前利益保护的话,身份保障制度就是对法官长远利益的保护。职务稳定是法官职业的一大特色,多数国家实行法官终身制,即使采用任期制的,其任期也长达十年,并且可以连任。各国一般还规定,法官在任职期间,除因有违法或品行不端行为受到弹劾,或因身心障碍不能执行职务外,不得违反其意志予以免职、改变职务、调动工作、停止职务。考虑到长三角区域法官素质相对全国水平要高,并且如果能够完善遴选制度,把好法官队伍进入门槛的话,在三省市可以率先实现法官的终身制。

### (三)责任制度改革

法官责任制度改革的首要措施就是取消法官错案责任追究制度。这项制度设立目的在于通过敦促法官审判勤勉敬业,以期提高审判质量,但在现实操作中却出现了逆向选择。例如,法官之间产生类似于行政机关的科层结构,法院院长、庭长就可以借此制度干涉法官办案,甚至以此打击异己;法官自身也会出于错案追究的压力,动辄请示院长、庭长征求意见或报请上级法院批复,这样既失去了法官审判的独立性,也侵害了当事人上诉的权利,还使得未参与审理的法官直接判案,违背司法基本原理。此外,错案的认定标准也难以认定,毕竟法官不是"自动售货机",自由裁量权的存在允许不同法官对同一案件在法律限度内做出不同判决。

在法官责任制度改革的过程中,必须树立法官之间相互独立的理念,因为,"法官除了法律就没有别的上司。法官的责任是当法律运用到个别场合时,根据他对法律的诚挚理解来解释法律"①。法官错案责任追究制度的撤销可以在长江三角洲区域率先试点,并且通过建立法官惩戒制度来规范法

---

① 《马克思恩格斯全集(第一卷)》,人民出版社 1956 年版,第 76 页。

官责任。在此问题上,学界已有相当成熟的改革方案。第一,撤销各级人民法院内设的监察机构,在省级人民代表大会常务委员会设立法官惩戒委员会。第二,具体规定法官应受惩戒的事由,并且明确法官在法律允许的范围内根据自己的判断行使自由裁量权而做出判决,即使该判决被上诉审改判或发回重审,不应受惩罚。第三,省高级人民法院发现下级法院法官有贪污、渎职等违法行为,各级人民法院自律委员会经调查核实法官有贪污、渎职等违法行为,以及包括当事人在内的公民发现法官有贪污、渎职等违法行为,可以向法官惩戒委员会提出惩戒请求。[①]

## 三、程序公正的审判活动研究

复杂的体制原因导致法院成为当地的利益相关者,竭力维护该地区利益,司法的独立性和公正性受到了挑战。长三角区域规划实施中将产生大量跨省市的法律纠纷,现有司法体制尽管可以从表象上解决这些问题,但是司法判决结果的公正与效益却不一定能够实现。地方保护主义倾向,不但表现为判决执行难上,还表现在地方政府及其官员直接干预司法审判过程,严重影响司法的公正和效率。因此,司法独立的建设除了在建制上确立法院和法官的独立地位外,还应当包括审判活动的程序公正,主要在于处理执政党、权力机关以及媒体舆论与司法的关系。

### (一)党的领导方式改革

党的领导权与法院审判权的紧张关系,是司法独立改革的敏感话题,无论是正确梳理两者关系,明确划定党组织与法院权限,还是设计出一套合理有效的改革方案,都非易事。但是,审判活动公正性的程序要求绕不开党对司法活动领导方式的改革问题。

首先,党的领导方式是政治领导。党对法院系统的领导是通过政策领导和组织领导来实现的,而不是由党委直接介入具体的审判业务活动,更不是通过"打电话""批条子"等私下方式明示或暗示法官裁判。其次,党的领

---

① 参见谭世贵:《司法独立问题研究》,法律出版社 2004 年版,第 203—205 页。

导方式是集体领导。党的执政能力提高当然包括对司法系统领导能力的提高,但是这种提高不是党委书记权力的提高,更不是赋予党委成员特殊权力,而是要求党委作为一个整体在市场经济和民主法制建设上集体领导水平的提高。再次,党的领导要注重具体方式。如 2004 年初上海出台新政策,为民工追讨欠薪开辟"绿色通道",即凡是劳动者投诉举报的欠薪案件一经查实,不必再等法院判决后才可以追讨欠款,而是由上海市劳动保障局直接从欠薪保障金中提款兑付。党协调社会矛盾的方式不是直接干预司法,更不是要求法院先判后审,而是通过设计行政救济机制,来弥补司法审判活动在处理具体社会问题时的不足。

### (二)人大监督方式改革

个案监督是人大监督上的突出问题,在很多情况下,地方人大常委会对个案的集体监督权往往流于形式,甚至异化为一种个人行为,变成人大代表的个人监督。复杂案件的当事人双方都找人大代表反映情况,希望人大代表出面直接干预案件审理,最终形成人大代表分别代表双方当事人给法院和法官施加压力,出现人大代表权力博弈的闹剧,既影响法院系统的正常工作,又破坏司法独立和法院权威。应当认为,人大常委会对案情复杂、群众反应强烈、判决明显不公的个案进行依法监督,能够纠正冤假错案,维护法律尊严。但是审判活动是一种需要多年的法律知识积累、法律文化熏陶和法律适用实践才能从事的专业活动,而审判活动的严格程序性是公平正义实现的保障,无论是时间精力、业务素质,还是职业经验,人大代表都没有能力对案件的是非曲直进行判断。因此,应当从制度上确立,人大个案监督最终通过法院来实现,审判活动的主持者、案件的审理者和裁判的做出者都应当是独立的法官。

### (三)媒体影响方式改革

媒体及其带动的舆论对长三角区域规划的依法实施有正面的积极意义,但其负面作用表现为"媒体审判",即新闻媒体在报道消息、评判是非时,对任何审判前或审判中的案件,并未出于客观公正立场进行披露,而是以明示或暗示的方式对被告人的法律责任进行确定,进而制造舆论,影响判决结果。特别是在市场经济竞争环境下,媒体为争取读者,追逐经济利益,故意歪曲夸大事实,制造新闻卖点,有意无意为公正审判制造压力。

实现公众知情权、被告人获得公正审判权和法院正常行使审判权三者之间的平衡,是媒体对审判活动影响方式改革的要旨所在。第一,在长三角区域各级法院率先建立专门的司法发言人和记者招待会制度,对辖区影响较大的案件进行必要的信息公开;第二,禁止媒体对侦察、起诉和审理阶段的案件发表具有倾向性的报道,确立媒体侵权责任;第三,媒体报道不得带有人身攻击或人格侮辱,不得故意捏造事实,以维护司法人员和当事人的人格尊严;第四,强化审判人员对媒体干扰的抵制能力,能够尽量排斥媒体舆论影响。

# 长三角区域海洋经济发展的法治保障立法研究[①]

人类意识到海洋的重要性最早从"三分陆地七分水"开始,这是从量上对海洋最直观的认识。海洋约占地球总面积的70%,其蕴藏的丰富的资源和财富是人类难以想象的,这巨大的谜一样的财富与人类的生存以及社会的发展有着密切的联系。随着科技的发展进步,陆地资源的日益匮乏,社会经济环境等压力的增大,海洋成了人类新的生存和发展空间,在各方面都突破了"七分水"原本所具有的分量。对此,国际海洋理事会执行董事长提出了"海洋经济=全球经济"这一新观点,这是对海洋至于经济,至于社会重要性的再认识和进一步强调。海洋活动不是单一、彼此分离的,而是一个统一的整体。一方面,各种海洋活动本身互相联系,密不可分;另一方面,海洋活动与其他各种活动也是相互作用、相互影响的。古希腊海洋学家蒂米斯·托克利与美国著名的军事理论家马汉都曾说过:"谁控制了海洋,谁就控制了世界。"因此可以说,谁主宰了海洋经济,谁也就掐住了世界经济的咽喉,掌握了世界经济前进的舵盘。

资源的日益匮乏,再加上此起彼伏的金融危机,世界各国纷纷开始将目光投向海洋,向海洋寻求新的经济复苏之道,一些海洋大国将"海洋战略"上升为"国家战略"。我国是一个陆地大国,同时也拥有辽阔的海域,其中蕴藏着数量以及价值可观的海洋资源。开发海洋,发展区域性海洋经济已经被提上日程。珠三角、渤海湾、山东半岛、长三角等区域海洋经济规划先后通过,并相继开始实施落实。

---

① 作者李占荣、兰婷婷、王红芳。

## 一、海洋经济概念范畴研究

知其然,方知其所以然。沃尔特·奥肯曾说:"在建立一幅经济世界的科学图像方面,定义扮演着重要的角色。"在研究海洋经济法律保障之前明确界定"海洋经济"的范畴意义重大。

"海洋经济"一词最早始于经济学领域。经济学家于光远和许涤新,在1978年全国哲学社科规划会议上首次使用这一概念,提倡建立海洋经济新学科,此后引发了一轮巨大的海洋经济研究热潮。[①] 目前在经济学界,关于海洋经济的表述主要有以下几种:其一,杨金森在1984年的论文中提出的"海洋经济是以海洋为活动场所和以海洋资源为开发对象的各种经济活动的总和"[②]。其二,徐质斌在其2000年出版的《建设海洋经济强国方略》中提出:"海洋经济是活动场所、资源依托、销售或服务对象、区位选择和初级产品原料对海洋有特定依存关系的各种经济的总称。"[③]其三,国家海洋局在2000年生效的国家行业标准《海洋经济统计分类与代码》中从海洋产业角度界定了海洋经济:"海洋产业是涉海性人类经济活动。"涉海性产业主要包括五个方面:第一,直接从海洋中获取产品的生产和服务;第二,直接从海洋中获取产品的一次性加工生产和服务;第三,直接应用于海洋和海洋开发活动的产品的生产和服务;第四,利用海水或海洋空间作为生产过程基本要素所进行的生产和服务;第五,与海洋密切相关的科学研究、教育、社会服务和管理。[④] 在以往对海洋经济的定义的基础上,再结合实践中关于海洋的经济活动,可重新定义。海洋经济是单一或综合利用海洋资源,充分发挥海洋经济价值,对海洋所进行的相关经济活动,包括开发与管理、改造与扩建以及与外界经济主体的交易等。海洋经济是包括生产、交换、分配和消费等环节的再生产过程。[⑤]

---

[①] 张开城、徐质斌主编:《海洋文化与海洋文化产业研究》,海洋出版社2008年版,第388页。

[②] 杨金森:《发展海洋经济必须实行统筹兼顾的方针》,载张海峰主编《中国海洋经济研究》,海洋出版社1984年版。

[③] 徐质斌:《建设海洋经济强国方略》,泰山出版社2000年版,第47—49页。

[④] 国家海洋局:《海洋经济统计分类与代码 HY/T 052—1999(S)》。

[⑤] 郑贵斌:《蓝色战略与蓝色经济区》,经济管理出版社2010年版,第16页。

## 二、《联合国海洋法公约》及其对海洋经济相关规定

### (一)《联合国海洋法公约》的形成及海洋经济规定

《联合国海洋法公约》(以下简称《公约》)不仅是一部解决世界各国海洋领土权及相关权利之争的"海上宪法",更是一部指导开发海洋,管理海洋经济的调控之法。作为一部全面调整世界海洋关系的基本法,其具有普遍性,为各沿海国家维护海洋权利,合理开发利用海洋提供了有力的法律依据。《公约》是经联合国先后召开了三次联合国会议后形成的一系列规定的总称,因此,《公约》对海洋经济的相关规定也具有阶段性,富有时代特征。第一次联合国海洋会议于 1958 年 2 月召开,由于前期经过了多次报告讨论,各国关注的是国家在海上的领土权,因此会上有关组织承认了沿海国对大陆架的管辖权,重申了传统的捕鱼和航行自由,并将相关的会议事项以公约的形式予以确定,成文为《领海与毗邻区公约》《大陆架公约》《捕鱼与养护公海生物资源公约》和《公海公约》,此外还通过了一项议定书,《有关强制解决争端任意性议定书》。这些规定是对海洋开发和海洋经济管理最早的规范性文件。第二次海洋法会议紧接第一次会议于 1958 年 12 月召开,因此其议题也没有脱离海洋领土权限,会上针对解决领海宽度和捕鱼范围这一问题进行了讨论,虽并未达成任何实质性决议,但却从另一侧面反映出海洋开发与海洋权益之争问题的尖锐性。由于前两次海洋法会议没有解决根本性问题,因此第三次会议从 1973 年 12 月 3 日开始至 1982 年 12 月 10 日结束,历时 9 年,举行了 11 期 16 次会议,对海洋诸多问题进行了系统的大规模讨论,并且最终表决通过了以《公约》为主体的一系列规定。至此,形成的一系列公约,使得海洋管理相对完善,其宗旨在于反对海洋霸权,倡导海洋的公共性,海洋开发的合理合法,海洋经济的可持续性。

### (二)公约对海洋经济发展的影响

《公约》自 1994 年生效以来,对海洋经济相关制度、国际社会以及一些国家的海洋经济政策都产生了巨大影响。

第一，改变了世界海洋经济的地理格局。《公约》明确规定了 12 海里的领海和 24 海里的毗连区；设立了专属经济区制度，该制度扩大了沿海国家海洋管理区域；规定公海对所有国家开放并限于和平目的的公海自由原则，并且指出国际海地区域及其资源是人类共同的财产。公约还突破传统海域观念，特别是大陆架和专属经济区制度突破了"领海之外即公海"的海洋法规则，被认为是"两个革命性的概念"。[①] 这些新规定使得海洋开发在《公约》允许的范围内显得更自由，更有序，也更具有灵活性。一方面各国受《公约》的约束，避免了少数海洋大国垄断海洋，加深各国海洋开发的合作，使得海洋真正成为人类共同财产；另一方面，各国可以在《公约》赋予的权限内重新划定自己的管理海域，确定开发海洋的新规划。

第二，改变各国海洋空间价值观，催生新的法律制度。人类对海洋战略地位及其空间价值的认识，是一个不断深化的过程。这个过程随着海洋研究、开发和保护事业的发展而不断深化和发展。[②] 鱼盐之利和舟楫之便是人类对海洋价值最初的认识，之后随着各国交流的加深，海洋的交通通道作用也被沿海各国关注，并且基于此人类发现了新大陆，开辟了新航线。在战争年代，海洋是庇护所，是战场，是仓库。在和平发展的经济年代，世界开始面临资源危机，于是海洋又成了经济发展的新舞台。人类对海洋的空间价值观伴随着海洋开发的同时逐渐深入，在从海洋中获取资源财富的基础上，不断形成新的认识。如今，《公约》作为海洋基本法率先对海洋空间及开发做出规定，各沿海国亦积极制定并实施新的国家海洋战略，颁布新海洋法律，在新的海洋价值观的领导下开发海洋，利用海洋，发展海洋经济。

第三，海洋资源开发与管理日趋完善。海洋是人类社会未来发展的资源库，世界性的海洋资源开发已经无法避免，海洋经济逐渐成为国际经济的重要支柱之一。然而曾经对陆地资源的过度开发所留下的惨痛教训告诉人类，纵使海洋是个"聚宝盆"，也需要维护和合理使用。《公约》所起的作用是对海洋宝藏的分配制定规则，目的在于维护海洋开发利用的秩

---

① 联合国新闻部：《〈联合国海洋法公约〉评价》，海洋出版社 1986 年版，第 34 页。
② 慕亚平、郑艳：《〈海洋法公约〉生效后的新形势和我国面临的问题与挑战》，载《法学评论》1999 年第 3 期，第 53—60 页。

序。尤其是继《公约》生效后以《生物多样性公约》为核心的一系列促进海洋经济可持续发展的决议、协定等的制定,对海洋经济的健康有序发展起到了巨大的作用。

## 三、海洋经济的发展与实践

时至今日,我国海洋经济发展试点工作已经如火如荼展开,逐渐从重内陆开始向海洋看齐。"实施海洋开发"和"发展海洋产业"的概念和要求先后在党的十六大、十七大被重点提出。2003 年,我国首部《全国海洋经济发展规划纲要》印发。2006 年,《中华人民共和国国民经济和社会发展第十一个五年规划纲要》发布,其中设立专章部署海洋经济等相关工作。2006 年,在中央经济工作会议上,胡锦涛总书记又进一步明确指出:"在做好陆地规划的同时,要增强海洋意识,做好海洋规划,完善体制机制,加强各项基础工作,从政策和资金上扶持海洋经济发展。"这一系列重大部署与决策为我国海洋经济的发展指出了方向,提供了前所未有的良好机遇和强大动力。位于黄渤海地区的山东、临于东海的浙江以及近南海的广东成为试点先驱,在海洋经济发展领域率先领跑。2008 年,《珠江三角洲地区改革发展规划纲要(2008—2020 年)》经国务院审议通过。2011 年1 月,国务院正式批复《山东半岛蓝色经济区发展规划》。同年 3 月,《浙江海洋经济发展示范区规划》也予以批复通过。

这一系列海洋经济发展政策规划的提出以及落实,既推进了海洋经济的相关立法工作,也要求我国应尽快完善海洋经济法律保障体系。我国的海洋经济立法实践工作严格来说可追溯至中华人民共和国成立,在此之前几乎谈不上法制建设。中华人民共和国成立 70 多年以来,我国在海洋经济法制上取得了一定的成就,但同时也面临着相当大的挑战。

### (一)海洋法制的萌芽阶段

我国海洋法制始于 1949 年中华人民共和国成立,此后到 1978 年是我国海洋法制的萌芽阶段。在这一阶段,我国海洋立法数量甚微,没有一部纯粹意义上的海洋立法,且层次较低,较为重要的规定即为《关于领海的声明》,该声明第一次界定了我国的领海范围,为以后我国海洋开发与管理海域做了初步划分。此外相关海洋法法规有 1954 年《海港管理暂行条例》、1955 年《关于渤海、黄海及东海机轮拖网渔业禁渔区的命令》、1961 年《进出口船舶联合检查通则》、1964 年《外国籍非军用船舶通过琼州海峡管理规则》、1974 年《防止海水污染暂行规定》和 1977 年《中国国境卫生检疫条例实施规则》等。

### (二)海洋法制的发展阶段

在经历了中华人民共和国成立初期的法制探索阶段,1979 年到 1990 年是我国海洋法制的发展阶段。改革开放之后,我国海洋立法开始呈现层次性,立法数量增多,立法层次上升。在海洋资源开发管理方面,主要制定了以下文件:《渔政管理工作暂行条例》(1979 年)、《关于对在我沿海进行石油勘探的外国籍工程船舶、船员及随船人员的管理办法》(1979 年)、《关于划定南海区和福建沿海机动渔船底拖网禁渔区线的意见》(1980 年)、《渔港监督管理规则(试行)》(1980 年)、《关于东、黄海水产资源保护的几项暂行规定》(1981 年)、《对外合作开采海洋石油资源条例》(1982 年)、《渔业法》(1986 年)。在航行安全方面,主要制定了《国际航行船舶试行电讯卫生检疫规定和对外国籍船舶管理规定》(1979 年)、《海上交通安全法》(1983 年)。海洋环境保护法律体系在这一时期初步形成,主要有 1982 年《海洋环境保护法》、1983 年《防止船舶污染海域管理条例》、1983 年《海洋石油勘探开发环境保护管理条例》、1985 年《海洋倾废管理条例》、1989 年《防止拆船污染环境管理条例》、1990 年《防止陆源污染物污染损害海洋环境管理条例》和《防止海岸工程建设项目污染损害海洋环境管理条例》等。

### (三)海洋法制的形成阶段

1994 年《公约》生效,1996 年全国人大批准《公约》,1991 年至 2009 年这九年,前半段是酝酿与准备,后半段则是对接与适应阶段。我国批准《公约》之后,在海洋法律制定与修改上开始全面与国际,尤其是《公约》与国际习惯法等相关法律文件接轨,海洋法律体系基本框架初具规模。

首先,在海洋基本法制定方面,1992年我国制定了《领海及毗连区法》,之后1998年制定了《专属经济区和大陆架法》,该两项规定划定了我国海洋开发管理的领域,被视为我国海洋基本法的重要组成部分,至此我国海洋法治的基本框架形成,为国家制定其他海洋相关法律提供了基础。[①]

其次,海洋其他方面立法也逐渐完善:海域使用管理方面,2001年制定颁布了《海域使用管理法》(简称《海域法》),建立了中国海域使用制度,这对规范海域的开发利用、保护海洋投资者利益、健全海洋综合管理提供了法律支持。

海上交通安全管理上,1983通过并颁布了《海上交通安全法》,对加强海上管理、保护海洋设置、保障生命安全具有重大意义。在渔业资源管理上,1986年通过了《渔业法》,并于2000年和2004年分别对其进行修正。加强了对渔业资源的开发、利用、保护以及发展,确保了渔业生产者经济利益最大化,促进了海洋渔业经济大发展。在海洋环境保护上,1982年《海洋环境保护法》制定,1999年修订,2000年4月1日起新的《海洋环境保护法》施行。另外,国务院于2007年9月25日发布了《关于修改〈中华人民共和国防治海岸工程建设项目污染损害海洋环境管理条例〉的决定》及《防治海洋工程建设项目污染海洋环境管理条例》等配套规定。这一系列规定,使得开发海洋的同时能保护海洋资源和环境,维护海洋的生态平衡,确保海洋经济能得以可持续。

### (四)海洋法制的完善阶段

2010年是"十一五"规划的最后一年,也是为"十二五"规划奠定基础的一年。自2010年至之后的一个漫长阶段,海洋经济的发展主要着眼于发展区域海洋经济一体化,开发可利用岛屿,充分利用有利的地势以及丰富的海洋资源。2009年12月26日,全国人大通过了《中华人民共和国海岛保护法》,将海岛管理各项工作纳入法制化、科学化、规范化的轨道。[②] 同时还涉

---

① 《领海及毗连区法》第3条、第4条和第5条;《专属经济区和大陆架法》第2条。
② 孙志辉:《在新的历史起点上推动海洋事业实现跨越式发展》,《中国海洋发展报告(2010年)》,第4页。

及无人居住岛屿的开发与管理权限问题。至此,具有中国特色的海洋法律体系已经基本形成。① 2011 年 9 月 21 日,《国务院关于修改〈中华人民共和国对外开采海洋石油资源条例〉的决定》予以通过。此次修改进一步规范了海洋资源的开发与利用,是依法治海的一种体现。2011 年 12 月,国家发展和改革委员会、国家海洋局联合发布了《围填海计划管理办法》,该办法的出台也为科学合理拓展海洋空间,进行相关的开发提供了法律依据。总之,在这一时期,我国法治社会建设如火如荼,从而也带动了海洋经济的法治管理。

## 四、比较与借鉴:长三角区域海洋经济法治的厚积与薄发

### (一)长三角区域的海洋经济立法实践

所谓长三角区域是指浙江、江苏和上海三个地区,这三地分别临近东海、黄海部分海域。虽然两海域空间相连,三地在海洋资源方面既存在着互补性也存在着差异性。具体来说上海位于长江口岸,具有优越的港口资源,再加上其发达的经济,其海洋科技实力以及经济基础是其他两地所不及的;浙江外临大海,坐拥钱塘江畔,岛屿、旅游、近海及延伸渔业和港口资源相当丰富,如:嘉兴位于钱塘江湾,拥有丰富的港口资源;宁波海域面积宽广,海岸线漫长,拥有众多优良港湾,紧邻舟山渔场,渔业资源丰富,同时,拥有众多岛屿,滨海旅游资源丰富。另外,宁波作为长三角城市群的重要枢纽城市,经济、科技实力雄厚;舟山拥有众多岛屿和港口资源,舟山还有众多的滨海旅游资源,普陀山等都是著名的旅游景区,舟山渔场也是我国四大渔场之一,渔业资源极为丰富;台州大陆岸线漫长,具有开发、建设港口的优良条件;温州海域辽阔,港口众多,滨海旅游资源丰富。江苏省拥有沿海和长江岸线资源,渔业、滩涂、浅海、养殖和旅游资源极为丰富,有相应发展的沿海城市,如:连云港已经成为重要的港口,管辖范围内拥有海州渔场和国家级

---

① 《中国海洋事业发展迅速 海洋法律体系已初步形成》,http://www.china.com.cn/news/2010-06/08/content_20206923.htm,访问时间 2012 年 2 月 10 日。

风景名胜区;盐城海岸线漫长,滩涂、浅海资源丰富;南通与上海隔江相望,位于长江入海口,具有沿江沿海双重优势,且拥有广袤滩涂资源,境内有洋口、吕四深水港,吕四渔场是我国四大渔场之一。① 基于三地的差异性,其在海洋经济立法上亦会有所区别。港口资源的开发利用以及海洋渔业方面是各地都较为重视也是大力发展的,相应的在这方面的立法也较为完善。由于浙江具有丰富的岛屿资源,因此在这方面浙江制定了相当多的地方法规,以便进行管理。

我国的政治、经济以及社会环境决定了海洋渔业在海洋经济发展中的重要地位。我国于 1986 年制定了第一部《中华人民共和国海洋渔业法》(以下简称《渔业法》),随着国内外形势的变化,2000 年对 1986 年的渔业法进行了修改,从而加强了对渔业资源的保护、开发和合理利用。在《渔业法》的基础上,江苏省根据本省的实际情况于 2002 年制定实施了《江苏省渔业管理条例》,且在 2010 年和 2012 年对其进行了修改。2005 年浙江省也制定了适合于本省的《浙江省渔业管理条例》,2006 年予以实施。虽然上海没有制定渔业管理条例等法规,但其早在 1985 年就制定了《上海市水产养殖保护规定》,分别在 1988 年、1989 年和 1997 年进行了阶段性修订。在渔业管理方面,除了《江苏省渔业管理条例》,江苏省还颁布了江苏省海洋与渔业局《关于贯彻实施农业部〈完善水域滩涂养殖证制度试行方案〉意见》(2002年)、《关于加强、完善鳗鱼苗资源和产销管理的规定》(1990 年)、《关于加强东沙滩涂渔业管理的通知》(2000 年)等规定;浙江省制定颁布实施了《浙江省渔业捕捞许可法》(2009 年)、《浙江省水产种苗管理办法》(2001 年颁布,2005 年修改)、《浙江省水产资源管理条例》、《浙江省重要经济价值的野生水产种苗调运管理暂行办法》等,在地方如《宁波市渔业安全生产规定》(2007 年)、《杭州市渔业资源保护和管理办法》(2000 年)等;上海市水产办公室下发了《关于 2011 年长江口中华鲟增值放流活动的批复》,市政府颁布实施了《上海市长江口中华鲟自然保护区管理办法》(2005 年)。

在海洋海域使用方面,《中华人民共和国海域使用管理法》(以下简称

---

① 寿建敏、王荣华:《长三角海洋经济发展的问题和潜力探析》,载《生态经济》2011 年第 4 期。

《海域使用管理法》)既是一部与海洋经济发展密切相关的行政法,也是一部与海洋经济发展密不可分的经济法。它为加强海域管理,合理开发利用海洋空间资源,实现海洋经济的可持续发展提供了强有力的法律保障。① 在《海域使用管理法》的基础上,上海市制定了《上海市海域使用管理办法》,江苏省颁布了《江苏省海域使用管理条例》,浙江省也通过了《浙江省海域使用管理办法》。另外,各地亦纷纷制定与海域管理相关的其他法规以及规范性文件,如上海市的《关于加强内河水域安全管理的通告》(2010 年),江苏省的《江苏省海岸带管理条例》、《江苏省人民政府办公厅转发省海洋与渔业局等部门关于推进海域使用权抵押贷款工作意见的通知》、《江苏省政府办公厅转发省海洋与渔业局关于全省大比例尺海洋功能区划工作实施方案的通知》(苏政办发〔2001〕11 号)、《江苏省渔业港口和渔业船舶管理条例》等,浙江省宁波市的《宁波市河道采砂管理规定》(1998 年修正)。值得一提的是,浙江省除了关注港口等海域的管理使用,还制定了一系列关于海岛开发利用方面的法律法规,如《宁波市无居民岛屿管理条例》《宁波市韭山列岛海洋生态自然保护区条例》《浙江省南麂列岛国家级海洋自然保护区管理条例》等。

　　海域资源与海洋环境是海洋开发的两大重要方面,是社会可持续发展的重要条件,在利用海域的同时也应当重视海洋环境的保护。中国海洋环境保护法制建设从 19 世纪 80 年代开始,现行的《海洋环境保护法》于 1982年制定,1999 年修订并于 2000 年开始实施。在海洋环境保护方面,长三角区域两省一市分别根据《海洋环境保护法》制定了以下法规:江苏省的《江苏省海洋环境保护条例》(2007 年)和《江苏省排放水污染物许可证管理办法》(2011 年);浙江省的《浙江省海洋环境保护条例》(2004 年)。

　　总之,长三角区域在各自的海洋经济法规的保障下海洋经济取得了举世瞩目的成就,已成为全球第六大都市圈。它以占全国 1/50 的土地,1/10的人口,创造了全国近 1/5 的国内总产值,近 1/4 的财政收入和进出口额,是我国乃至全世界经济发展最具活力的地区之一。但是由于地域立法的差

---

① 韩立民、陈艳:《海域使用管理的理论与实践》,中国海洋大学出版社 2006 年版,第 136 页。

异以及缺乏区域一体化的法治保障体系,使得长三角区域经济一体化程度落后,区域间合作不紧密,尚未形成区域间的优势互补和分工协作的良好局面。①

### (二)比较与借鉴:长三角区域海洋经济法治的厚积薄发

我国虽然是世界上最早进行海洋管理的国家之一,但真正的海洋立法尤其是海洋经济立法却起步较晚,较之世界其他国家也相对落后。目前,我国海洋经济立法进程缓慢,缺乏宪法依据和立法高起点,且我国海洋经济立法缺乏海洋特色。

(1)增加宪法依据,提高立法层次。

将"发展海洋经济"入宪,为海洋经济发展提供宪法依据,有利于提高海洋经济的立法层次。作为海洋大国,宪法中关于海洋的规定甚少,仅第9条规定:"矿藏、水流、森林、山岭、草原、荒地、滩涂等自然资源,都属于国家所有。""矿藏"可以理解为包括海洋蕴含的矿产资源,"滩涂"亦可包括海岸以及沿海滩涂等区域,但该规定只是将海洋资源归属权做了模糊规定,并未确定海洋在国家发展中的重要地位。这与其说是立法的缺陷,不如说是历来对海洋在国家发展中的不重视,对海洋相关法律在整个法律体系中的不重视。宪法是一国的根本大法,是国家制定一切法律的根据和指导,当海洋、海洋经济缺乏《宪法》作为母法的支持时,其落后、地位低的局面也就无法避免,纵使之后制定了《海洋环境保护法》《海洋港口管理法》《渔业法》等法律制度,这一体系缺陷依旧无法弥补。因此,在大力提倡海洋经济的今时今日,在宪法中增添"海洋经济"的需求已经十分迫切了。

(2)制定基本法,完善海洋经济法律体系。

一般的法律部门,其法律体系结构都包括四个层次:国家根本法(宪法)—基本法—专门法规(国家性和地方性)—其他单项法规。② 在层次分明,结构完整,且具有统一性的法律体系下,相关事务也较容易管理,法律也

---

① 2011—2015 年长三角经济区产业投资环境分析及前景预测报告。
② 许维安:《我国海洋法体系的缺陷与对策》,载《海洋开发与管理》2008 年第 1 期。

更能得到有效的执行。目前，我国海洋法律体系既没有《宪法》作为根本法，也没有指定有效的基本法，这便使得我国海洋法缺乏完整的结构，显得"头重脚轻根底浅"。放眼世界各国立法实践，随着《公约》实践的深入，海洋开发管理也随之发生了战略性的变化，越来越多的国家开始将海洋经济战略上升到国家制度层面，并制定了相关的基本法。加拿大是最早制定和颁布其国家海洋基本法的国家，于1996年颁布，次年实施，该法也被称之为加拿大的"海洋宪章"，使加拿大成为世界上第一个开始具有综合性海洋治理的国家。之后，美国于2000年制定通过了《海洋法》，设立了海洋政策委员会，强化对海洋的综合管理，进一步规范海洋开发秩序，科学引导海洋经济的发展。日本是一个典型的岛国，在制定海洋基本法方面自是不甘落后的，"二战"之后就开始积极着手制定一系列海洋法规政策，于2007年通过了《日本海洋基本法》。该基本法加强了日本在海洋开发利用上与世界各国的交流与合作，也使得原本不完备的海洋管理体制得到改善，更是强化了日本在海洋活动方面的权利，使日本在海洋开发利用方面的权益大大增加。澳大利亚作为拥有最多海洋相关法律法规的国家，除制定了海洋基本法之外，海洋的相关管理直接规定在其本国宪法之中，如规定在开发近海海域发生法律适用冲突时则适用《宪法》第109条，以联邦法为准。[1]

（3）强化海洋经济法律的"海洋性"功能。

在立法内容上，充分顾全海洋经济各大类，促进海洋经济全面有序发展。海洋经济主要包括海洋渔业、海洋交通运输业、海洋船舶工业、海盐业、海洋油气业、滨海旅游业等。要想确保海洋经济各个分支都能健康发展，有必要健全完善相关立法。在这方面，不少沿海发达国家的经验都值得我国借鉴。在渔业管理方面，美国在1976年宣布建立200海里渔业保护区之时就制定了《渔业保护和管理法》，此外还有《珍贵稀有生物品种保护条例》《海洋哺乳动物保护条例》；1973年颁布了《海洋保护、研究和禁渔区条例》《濒临绝种生物条例》；1980年颁布了《美国水产养殖条例》和《美国渔业促进法》等。加拿大关于海洋渔业开发主要制定有《渔业法》《沿海渔业保护法》

---

① 薛桂芳编著：《〈联合国海洋法公约〉与国家实践》，海洋出版社2011年版，第131页。

《领海与渔区法》《大西洋渔业管理规定》《太平洋渔业管理规定》等。日本则颁布了诸如 1951 年的《水产资源保护》、1949 年的《渔业法》、1996 年的《海洋资源与管理法》《专属经济区渔业管辖权法》《养护和管理海洋生物资源法》等。海洋经济开发的其他方面,美国还制定有《深水港法》《深海底硬质矿物资源法》《海洋保护区法》《海洋哺乳动物法》《石油污染法》《海洋热能转化法》《清洁水法》和《濒危物种法》等。加拿大有《海洋倾废法》《加拿大航海法》《防止油类污染法》等。日本由于地少水多,其经济发展大多依赖于海洋,因此日本对海洋经济既注重开发也注重保护,并且制定了关于海域领土权利的《日本领海和毗连区法》《专属经济区以及大陆架法》《关于渔业水域的临时措施法》等,关于海洋环境则有《环境基本法》《环境影响评价法》等,其中《环境基本法》确定了日本海洋环境的基本原则和立场,明确了对海洋环境保护的责任。

经济立法之目的在于管理和协调,而一部法律要完成此目的,一定程度上要求其制定过程必是为所管对象量身定制的。从总量上讲,我国拥有丰富的陆地资源,因此长久以来对陆地资源管理的法律法规已相当完善,但我国又是海洋资源大国,鉴于海洋资源与陆地资源不管是从开发还是从保护上有着本质区别,因此有必要另立专门海洋资源管理之法律,以确保制定的都是能得以实施的良法。此所举仅是海洋经济相关立法诸多方面的一个掠影,海洋经济法治仍旧任重而道远。

(4)促进地区间海洋经济立法协调。

因地制宜,地方立法既要有所区别也要彼此统一。因各地在海洋经济开发上,环境及经济基础迥异,因此在制定相关地方规范性文件时亦应当有所区别,进行因地制宜。但在实行地方立法时也要避免地方立法中的地方保护主义,目前我国长三角地区就存在类似的立法差异。

如在海域管理方面,关于海洋功能区划公布时间,苏浙沪就有相当大的差异,浙江省的规定为批准之日起 60 日,江苏省则为 20 个工作日,上海市则对此没有规定;在编制海域使用论证报告书涉及的用海面积亦有所差别;在海域使用申请审批方面,由于用还申请根据使用面积不同,其审批的单位也不同,针对此种差异,各地在级别划分上也是具有较大的地区差异。从审批到批准使用期限再到真正能够使用的面积,都各有不同,如此对各地的海洋经济申请使用人不能不说是一种不公平,既是一种区域经济合作的障碍,也不利于海洋资源的协调管理。众所周知,海洋是一种流动的资源,其本质属性即要求不同地区不同区域间的协作。除以上所列三项,浙江、江苏和上海地区对违背各地海域管理的处罚也大相径庭。

在渔业管理方面,我们列举以下条例规定即可看出其中不同:《江苏省渔业管理条例》《宁波市象山港口海洋环境和渔业资源保护条例》,以及《上海市水产养殖保护规定》。首先,在渔政检查人员工作资格认定方面,江苏省以及山东省皆做了规定,而浙江省宁波市规定中却呈现出空白局面;其次,在相关水域养殖权转让方面,江苏省规定在一定条件下可以转让,上海市一刀切不得转让。

# 长三角区域海洋环境保护的法治保障研究①

长三角区域包括的两省一市,即浙江省、江苏省、上海市,地理条件优越,经济发展潜力巨大。近年来,一体化发展战略对有效消除两省一市之间的行政与制度隔阂,统筹各地资源,整合产区布局、基础建设以及环境的保护工作起到了巨大的推动作用。目前长三角区域已成为我国经济发展最为迅速的地区之一。其中,海洋经济的发展尤为迅速,并已成为长三角区域经济发展的重要增长极。而海洋经济的特性又使得对海域的开发、利用与保护不能简单地按照行政区划予以割裂。本研究立足于这一客观需要,着眼于长三角区域海洋生态环境与资源保护的法治保障,梳理两省一市间地方性法规、规章之间的立法冲突与执法协调。

## 一、长三角区域海洋环境保护法治保障立法冲突与执法协调现状

海洋的流域特性是海洋环境保护立法工作必须考虑的一个重点,也是一个难点。一个海域就是一个独立而完整的生态系统,因此对海域的开发、利用与保护必须从全局出发,综合性地进行治理。但由于现行的行政管理体制,对同一海域的治理,往往由多个行政区域共同进行。同时,《中华人民共和国海洋环境保护法》为了兼顾不同海域的具体情况,具有很高的概括性与指导性。但这样的立法方式也对地方层面的海洋环境保护立法工作造成了影响。

长三角区域的海洋生态环境与资源保护立法工作早已展开。《浙江省海洋环境保护条例》《江苏省海洋环境保护条例》均已出台。《上海市海洋环

---

① 作者李占荣、兰婷婷、王红芳。

境保护办法》也已纳入"十二五"时期上海市海洋环境保护与管理法规与规划体系的构建计划中。此外,两省一市均有一系列配套的海洋生态环境与资源保护方面的规范性文件,从立法层面对长三角区域海洋环境的维护及长三角区域海洋经济的发展予以保障。海洋环境保护总体立法上的空白与欠缺使得这三个行政区域间的相关规范性文件无论是在立法权限上还是在立法文件的内容、效力上都存在大量冲突。

作为我国海洋领域第一部法律的《海洋环境保护法》共有10章。其内容主要包括海洋生态环境保护的监管机制及措施、陆源污染防治、海岸工程与海洋工程建设项目污染防治、船舶污染防治、海洋倾废污染防治以及相关法律责任等。考虑到沪苏浙三地相关海洋环境保护规范性文件多是在《海洋环境保护法》及其相关配套法规、规章的基础上,根据自身行政区域的具体情况进一步细化和补充,制定而成的切实可行的规范和标准,故本研究将从陆源污染防治、海岸工程与海洋工程建设项目污染防治、船舶污染防治、海洋倾废污染防治四个方面梳理沪苏浙三地海洋环境保护的立法冲突与执法协调的现状。

### (一)陆源污染防治

陆源污染是当今海洋生态环境与资源遭到威胁的最主要原因。长三角区域经济发达,人口密集,大量的工业废水与生活污水无可避免地持续对近岸海域造成有害影响。海洋的自净能力已不足以消解这些陆源污染造成的损害。日益严峻的现实要求上海、江苏、浙江协商制定共同防治陆源污染的措施。但目前,沪苏浙三地具有"水"属性的环境保护合作多集中于太湖流域,涉及海洋的陆源污染防治仍各自为政,既没有形成一个协调的体系,也没有很好地借鉴彼此的经验。

1.污染物排放总量控制计划

上海市污染物排放总量控制计划由市环境保护局拟定,报上海市人民政府批准后组织实施。[①] 江苏省重点海域污染物排放总量控制制度由江苏

---

① 参见《上海市环境保护条例》第14条。

省人民政府制定;沿岸直接入海排污口和入海河口上溯 30 千米范围内污染物排放总量控制制度由环境保护行政主管部门制定。[①] 浙江省重点海域污染物排放总量控制制度由浙江省人民政府制定。[②]

2. 入海排污口的点源控制

目前,仅有江苏省采取了列举式规定的方法,在《海洋环境保护法》及《防治陆源污染物污染损害海洋环境管理条例》对入海排污口禁止性规定的基础上增设了若干类不得设置入海排污口的海域。上海、浙江多参照《海洋环境保护法》等有关法律、法规规定执行,并未做出特别规定。

3. 入海河流及岸滩管理

对于入海河流及岸滩的管理是为了避免陆源污染间接地流入海洋。为使入海河口的水质处于良好状态,沪苏浙三地从不同的方面进行着努力。《上海市水环境功能区划(2011 年修订版)》规定:"长江口、杭州湾沿岸设置的排污口,污水排放必须达到排放标准。日排放量在 10 万 $m^3$ 以上的排污口,污水应经处理后达标排放,且应控制排污混合区的范围(面积一般应小于 $1.5 km^2$)。"《江苏省海洋环境保护条例》第 14 条规定:"……海洋行政主管部门应当加强对沿岸直接入海的排污口附近海域以及入海河口断面水质的监测和监视……海洋行政主管部门发现直接入海的排污口附近海域以及入海河口断面水质有异常变化时,应当及时通报环境保护行政主管部门。环境保护行政主管部门应当会同有关部门进行调查,并依法予以处理。"《浙江省跨行政区域河流交接断面水质监测和保护办法》第 4 条第 2 款规定:"沿海地区县级以上人民政府应当加强对入海河流的水质监测和保护,确保入海河流水质符合国家和省规定的有关功能区标准。"

此外,《海洋环境保护法》对污染物的入海渠道控制还包括了对大气污染的防治,但在苏浙沪有关海洋环境保护的规范性文件均未予以规范。

### (二)海岸、海洋工程建设项目污染防治

无论是海岸工程建设项目还是海洋工程建设项目,都极易对海洋环境

---

① 参见《江苏省海洋环境保护条例》第 24 条。
② 参见《浙江省海洋环境保护条例》第 23 条。

造成极大影响。为了防治和减轻海岸、海洋工程建设项目污染对海洋环境的损害,维护海洋生态平衡,保护海洋资源,海岸、海洋工程建设项目的单位须在建设项目的可行性研究阶段编制环境影响报告书,未经审查批准的,建设项目不得继续。

两省一市对环境影响报告书的一般审批流程规定并不一致。《上海市环境保护条例》第18条规定,由环保部门对环境影响评价文件进行审查并依法做出审批决定,海洋部门依照有关法律、法规规定对环境污染防治实施监督管理。[①] 在此基础上,《上海市关于申请海洋工程建设项目环境影响评价核准许可公开办事指南(暂行)》中明确了海洋工程建设项目环境影响评价核准许可由上海市海洋局决定。[②]《江苏省海洋环境保护条例》规定海岸工程建设项目的环境影响报告书经海洋行政主管部门提出审核意见后,报环境保护行政主管部门审查批准;海洋工程建设项目的环境影响报告书由海洋行政主管部门核准并报环境保护行政主管部门备案,接受环境保护行政主管部门监督。[③]《浙江省海洋环境保护条例》第34条则规定海洋工程建设项目的海洋环境影响报告书应当报海洋行政主管部门提出审核意见,并由海洋行政主管部门转报环境保护行政主管部门批准,报海洋行政主管部门核准并由海洋行政主管部门转报环境保护行政主管部门备案;而海岸工程建设项目环境影响报告书则由海洋行政主管部门进行审核。[④]

具体到两省一市下辖各区、县,由于行政机关设置不同,海岸、海洋工程建设项目环境影响评价文件的办事流程也有所差异。近年来,各地纷纷努力建设"服务型政府",可在当地政府网站等处获悉。

### (三)船舶污染防治

上海市虽未曾制定完成《上海市海洋环境保护办法》,但在1980年7月

---

① 参见《上海市环境保护条例》第7条、第18条。
② 参见《上海市关于申请海洋工程建设项目环境影响评价核准许可公开办事指南(暂行)》。
③ 参见《江苏省海洋环境保护条例》第31条;《中华人民共和国海洋环境保护法》第43条、第47条。
④ 参见《浙江省海洋环境保护条例》第34条。

1日、1996 年 5 月 27 日分别发布了《防止上海港水域污染暂行办法》《上海港防止船舶污染水域管理办法》。江苏省有关海洋环境生态保护的法律规范中涉及船舶污染防治法治保障的条文并不多,仅第 34、35 条规定了港内作业或港内停泊 30 日以上的船舶的污水排放以及船舶海难事故的污染防治。浙江省则在《浙江省海洋环境保护条例》第 27 条至第 30 条对船舶污染的防治进行了规范。船舶污染防治差异表如表 1 所示:

**表 1　船舶污染防治差异表**

| | | 上海市 | 江苏省 | 浙江省 |
|---|---|---|---|---|
| 铅封制度适用船舶 | | 在上海港进行港内作业;防污染设备无法正常运行;黄浦江上游水域停泊超过 30 日以上;其他可能严重污染水域的船舶 | 在沿海港口进行港内作业;在港内停泊 30 日以上的船舶 | |
| 污染物来自有疫情的港口 | 处理方式 | 应申请卫生检疫部门或卫生防疫部门进行卫生处理 | | 应申请有关部门进行卫生处理;未经卫生处理的污染物,接收单位不得接收 |
| | 接收单位接收未经卫生处理的污染物的 | | | 责令立即进行卫生处理,消除可能产生的危害,并处 10000 元以上 50000 元以下的罚款 |
| 围油栏 | 应设置的情形 | 码头经营者从事散装油类或者液态化学品装卸作业的 | 从事散装油类和有毒液体装卸、运输等工作,可能造成油类严重污染的 | |
| | 应设未设的 | 责令限期改正并处 200 元以上 1000 元以下的罚款 | 拒不改正的,责令停止作业,并处 2000 元以上 10000 元以下的罚款 | |

表 1 所示并不是苏浙沪二省一市船舶污染防治立法上所有的冲突。之所以选择这三类情况制表分析,是考虑到在长三角区域内,至少两个行政区域对其在国家立法规范、保障的基础上做了进一步的细化和补充。图表能够更清晰地展示它们之间的区别所在,以便于分析长三角区域船舶污染防治地方立法的差异。

从表 1 中可以看出,尽管沪苏浙三地都试图规范船舶污染,但对具体的事项规范并不统一。在上海市、浙江省发生接收单位接收未经卫生处理的来自有疫情港口的污染物以及应设围油栏未设的情形都为明文禁止,但江苏省却未提及,且上海市、浙江省对同一违法事项的惩处方式、力度也并不一致。

### (四)海洋倾废污染防治

海洋倾废与陆源污染物排放不同,虽然严格来说污染源仍来自陆地,但由于其主要是通过海上活动有意倾弃,所以一般把它归之于来自海上的污染。向海洋倾倒废弃物,其严重后果短期内几乎难以被察觉。但海洋倾废行为对海洋生态环境、海洋资源的损害的威胁却绝不可被忽视。如图1所示,上海市沿海倾倒量最大,浙江省次之,江苏省最少。长三角区域倾倒区分布密集,使用程度高,海洋倾废的各项参考系数居高不下。由于在规划倾倒区时涉及的不合理以及沿海经济的迅猛发展,沪苏浙三地都存在不适宜倾倒的情况。

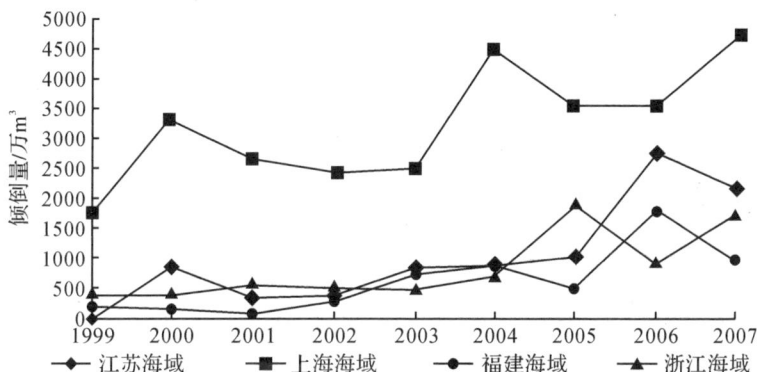

**图 1　1999—2007 年东海区各海域倾倒量[①]**

倾倒区条件不同,沪苏浙三地海洋倾倒情况也有所差异。考虑到海洋倾废与当地经济活动间的关系,各地的倾废物、倾废方式也各有其特点,由此,三地海洋倾废管理亦有所区别。

--------

① 图1摘自《国家海洋局东海分局·东海海洋倾废管理公报(1999—2010)》。国家海洋局东海分局是国家海洋局管理东海海监队伍的国家海洋行政主管部门,管辖北起江苏连云港南至福建东山的南黄海和东海海域,负有组织实施国家海洋局下达的专项调查、科学考察任务的职责。为使社会各界和广大公众了解海洋倾废状况,关心、爱护海洋生态环境,合理利用海洋资源,促进社会经济发展,国家海洋局东海分局依法对东海区海洋倾倒活动实施全面监督管理,并编制管理公报。其对于长三角区域海洋环境保护有着重要的参考价值。

## 二、存在的问题及其原因

长三角区域海洋环境法治保障的问题主要集中于区域协调方面。作为三个不同的行政区域,如何更好地综合治理同一片海域,是一个世界级的难题。单以环境因素为法治保障前提的做法并不适合我国现行的行政体制与环境、资源保护管理体系。1995年,国务院曾颁布了《淮河流域水污染防治暂行条例》。但这样一部以单一河流水污染治理为主要内容的法规并没有取得良好的成效。2004年,淮河流域水污染状况严重反弹,流域约60%为劣五类水质。

在探索流域环境保护、管理最佳道路的过程中,不免会出现各类问题与失败。但正是通过不断地总结各类问题,分析其产生的原因才能更好、更快地构建环境保护法治保障体系。

### (一)存在的问题

上述立法冲突与执法协调只是长三角区域海洋环境法治保障的一角缩影,但具有长三角区域海洋环境保护现有法治保障中存在问题的许多共性,对其的分析,有助于我们发现现有长三角区域海洋环境法治保障工作所应予以重视的缺陷。

#### 1.地方立法主体位阶错杂

长三角区域存在多个地方立法主体。立法主体的位阶会影响到其所立法规、规章的效力位阶。根据《中华人民共和国立法法》的规定,上海市、江苏省、浙江省人大常委会制定的地方性法规的效力位阶高于其本级和下级地方政府规章;省政府规章与地方性法规冲突,由省级人大常委会处理;但考虑到长三角区域经济活动彼此紧密连接,各类活动往往存在跨区域发展趋势。再加之环境污染侵害范围广、不易控的特性,同一事项的处理容易发生法规适用冲突。考虑到长三角区域涵盖沪苏浙三地,冲突法规、规章的立法主体位阶相同的情况也并不鲜见。

地方政府、人大常委会在制定法规、规章的时候,必然将本地经济的发展纳为一个重要的考虑因素。环境保护工作在短期内必然会导致经济发展速度的减缓,为了追求自身利益最大化,便十分有可能陷入博弈论中的"囚徒困境",但脱离本地经济发展水平与当地实际情况制定的法规、规章又难以取得良好的社会效果。两种因素相加便导致了因地方立法主体位阶错杂导致的法规冲突问题愈加严重。

### 2.规范、标准不统一

各项环境保护规范、标准的制定必须考虑到国家立法、当地实际情况与客观规律。基于这三点考量的立法文件才能在保证法制统一的同时,兼顾地方具体实际,增加法规、规章的可操作性,实现更好、更长久的社会效果。但环境保护的特殊性要求沪苏浙三地的立法必须达到超越其个体行政区域的统一方能达到维护长三角海洋环境的目标。

以船舶污染防治为例,上海市、江苏省、浙江省对铅封制度适用船舶、污染物来自有疫情港口、围油栏的使用等情况的规范并不相同,对违反规范的惩处力度、方式也并不相同。这样的情况也出现在海洋倾废,引进未经批准的海洋动植物物种危害海洋生态环境,擅自改变海岛地形、岸滩及海岛周围海域生态环境的规范、标准中。规范、标准的不同不利于法制的统一,同时也会使得资金与人力从高标准的地区向低标准的地区转移。市场主体会根据三地规范、标准的差异有选择性地流动,但对海洋环境造成的影响却是全局性的,这样的结果不但不能达到海洋环境法治的目的,还会对地方经济发展造成消极影响。

### 3.保障体系尚未完善

"十一五"期间上海市建立了船舶污染防治监督管理制度和船舶溢油监控体系;制定了《上海市海域使用管理办法》《上海市金山三岛海洋生态自然保护区管理办法》;[①]江苏省陆源排海特征污染物在线检测系统投入运行;创新海域使用权物权制度,在全国率先出台《关于推进海域使用权抵押贷款工作的意见》和《海域使用权抵押登记暂行办法》;完成省、市两级海域动态监

---

① 参见上海市《"十二五"规划纲要解读——第二十一讲 促进海洋经济发展和海洋环境保护与管理》。

视监测系统建设。① 浙江省制定了《浙江省海洋环境保护条例》《浙江省海洋功能区划》《浙江省海洋生态环境保护与建设规划》《浙江省碧海生态建设行动计划》《浙江省海洋特别保护区管理暂行办法》等规范性文件；实施了《浙江省涉海环境监测观测网络运行管理办法》。②

三地海洋环境保护工作在"十一五"期间取得了巨大的成就，但就保障体系而言，尚未建构完成。上海市尚未完成《上海市海洋环境保护办法》《海域使用金征缴管理条例》《上海市无居民岛保护与利用规定》等地方性法规的立法工作。江苏省、浙江省现有海洋环境保护的规范性文件也不足以应对海洋环境保护工作中遇到的问题。执法工作的法律基础尚未完善，执法工作也便难以达到协调。目前，三地海洋生态赔(补)偿规范散见于规范性文件中，在各自行政区域内亦未曾得到系统的梳理。

### (二)症结所在

在提炼出长三角区域海洋环境保护法制保障中存在的三个具有普遍性的问题后，通过对这三个主要问题的进一步分析，可以从中探寻到导致其所产生的原因，为深入探索如何更好地解决问题，保护长三角区域海洋环境提供理论基础。

### 1.囚徒困境

假设有两名囚犯，他们共同犯有一罪，正在不同的与外界隔绝的房间内接受审讯。由于缺乏证据，如果二人均不认罪，则二人将被判处短期的徒刑(简称为A)；但若仅只一人认罪，则认罪者可立即获得释放，另一人将被判处长期的徒刑(简称为B)；若两人皆认罪，则二人都将被判处刑期时间多于A但少于B的徒刑(简称为C)。由于两名罪犯彼此之间无法达成协商，故他们面临一个选择的困境：如果认罪，则有可能被当即释放，亦有可能被判处徒刑C；如果拒绝认罪，则有可能被判处徒刑B。这便是囚徒困境。从个人利益最大化的角度出发，选择认罪最为适宜，但这也便放弃了无罪释放的

---

① 参见《江苏省"十二五"海洋经济发展规划》。
② 参见《浙江省海洋环境保护"十二五"规划》。

可能。同时，由于两名囚犯都从这一角度出发，结果往往是二人都被判处徒刑 C。

长三角区域海洋环境保护法治保障中的立法冲突不少便是因为"囚徒困境"而导致的。三地人民政府在制定本行政区域内海洋环境保护的规范性文件时，都会考虑到当地的实际情况，在保护环境的同时，尽可能不影响到或减少对当地经济发展的影响。行政区域由人为的行政区划所区分开，但一片区域内的环境却是难以割裂的。三地立法过程中为了保护地方利益，尽管知晓长三角区域内其他行政区域海洋环境保护的规范性文件，由于立法主体、时间并不统一，同样会出现"囚徒困境"，试图追求其个人利益最大化的行为造成了个人利益受损的结果。

### 2.行政区域对管理的影响

行政区域对海洋环境保护管理工作的影响并不仅仅在于导致因三地地方政府地方保护主义心态而产生的"囚徒困境"。我国现有行政体制与历史传统决定了，各行政区域间虽然存在着越来越频繁的交流，但各地的经济、文化、科学、教育、卫生事业的发展，特别是基础设施的建设很难跨越行政区域的限制。

2003 年，长三角环境安全与生态修复研究中心成立；2004 年，推进长三角海洋生态环境保护与建设合作协议签订。这些都为长三角区域海洋环境保护提供了有力的法治保障。但随着长三角区域海洋经济发展速度的加快，区域内地方立法的冲突与执法工作的不协调逐步展现。长三角区域的联合是基于自然区位、经济发展内在联系等要素而形成的，其本身并不具有实体行政主体地位，只能通过各个针对性的计划，联合机构对跨行政区域事项进行统筹管理。

### 3.经济发展速度对海洋环境具有影响作用

长三角区域经济发展速度居全国前列，各类海洋经济活动频繁。经济得到充分发展的同时，随着长三角海域经济活动的增长，长三角海域的海洋环境也受到了日益严重的侵害，这迫使沪苏浙三地人民政府及各海洋环境保护相关部门为应对经济发展对海洋环境保护造成的压力，纷纷根据本行政区域内海洋环境保护的需要出台新的规范性文件或针对性地调整海洋环境保护执法工作的方式、标准。以海洋倾废为例,上海市是长三角区域经济最为发达,海洋活动最为频繁的行政区域,其海洋倾废各项具体指标所占比例也最大。但由于倾废区规划的不科学,上海市、浙江省的倾废区都有接近饱和状态的状况存在,并开始影响海洋经济发展的秩序。为避免倾倒废弃物过多地超过海洋的自净能力,三地各级人民政府根据自身情况,规范入海废弃物总量、类型,强化倾废监控。由于经济发展的情况影响倾倒物的数量、类别,区域实际情况决定倾废区的规划范围、能力范围,三地出台的规范性文件或执法监督方式、标准必然有所差异。

4.海洋环境保护意识欠缺

我国大陆濒临的海域区位条件优越,海岸线绵长,海域辽阔,海洋资源丰富,然而历史遗留的"重陆轻海"思想使得整个中华民族的海洋意识、海洋观念薄弱,滞后于时代的发展要求。即便是权威书籍对中国国土面积的表述,在很长一段时间内都只是"960万平方千米"。浩瀚的海洋领土被忽视至此,足以说明国人对海洋认识的缺乏。

在这样的社会意识环境中,人们对海洋的认识仅仅局限于一个取之不尽、用之不竭的资源宝库。海洋开放对技术的要求以及开发的成本与风险又使得人们对海洋充满了畏惧。在这类观念的引导下,海洋环境保护意识往往比较薄弱,大多数人欠缺科学的用海、护海的观念、知识,即便随着近年来海洋经济的蓬勃发展,各类海洋生态环境与资源保护的法律、法规相继出台,但如何将海洋的开发利用与海洋环境的保护协调起来,仍需对其进行规范引导,尚不能依靠国民的自觉来消缓立法、执法过程中的冲突、缺漏,促进法治保障的良好运行。这样也提高了客观实际对长三角区域海洋环境保护立法空白与冲突、执法协调的要求。

## 三、对策与建议

海洋环境问题之所以越来越受到重视,一方面是由于其直接影响到了海洋经济的可持续性;另一方面则是因为其对沿海地区居民乃至内陆居民的身体健康、生活环境质量都具有广泛而持久的影响,故而海洋环境保护法治保障绝不能有丝毫懈怠。无论是海洋生态环境保护,还是海洋资源保护都必须依循其构建,以其为基础、保障,方能在法制社会的今天取得良好的实效。针对上述海洋环境保护法治保障存在的问题,提出建议如下:

### (一)完善现有海洋环境保护法治保障体系,借鉴国外成功先例

加强海洋环境保护法规、规章和规划体系建设,使海洋环境保护有法可依。在法律、法规的基础上,全面贯彻落实国家海洋战略,推进地方立法工作。建立、完善海洋环境影响评价制度,海洋环境规划与海洋环境标准体系,提高长三角区域海洋环境保护的宣传力度、监督力度和执法力度。

1973年,英国议会通过的水法,针对供水和水污染问题,以流域为管理分区,超越行政区划,有相应的水务局全面统筹管理,取得了良好成效。美国的水法也是以水环境要素作为其立法逻辑,同时在经过多年对水环境质量的治理后,其得到了显著提高。我国《淮河流域水污染防治暂行条例》虽然没有取得良好成效,但其已具备了流域管理的理念,其立法及实施经验值得在"十二五"期间,在海洋环境保护法治保障建设中予以重视。

需要特别注意的是,在借鉴国外成功先例时,必须考虑我国行政体制与管理传统。同时,环境保护工作必然与诸多因素紧密联系,难以分割处理,如海洋环境保护往往会涉及大气污染防治,沿海与浅海养殖规范等。单纯从环境要素出发,对海洋环境保护予以法治保障,无法与其他法律、法规做到流畅衔接,在海洋环境保护工作管理机关的主体地位、职责范围、管理方式等方面亦会出现不少问题。

### (二)增加公民海洋意识,实时公布海洋环境信息

我国虽早有郑和七下西洋之举,但对海洋的利用在很长一段时间内仅局限于简单、小规模的渔业。蓝色圈地运动的兴起使我国政府逐渐意识到海洋领土的重要性,但国民对此的认识还滞后在过去的观念中,故而长三角区域两省一市各级地方政府应广泛利用各种媒介,大力宣传海洋知识、海洋环境保护知识,使沿海地区居民能够树立起正确的海洋国土观、海洋价值

观、海洋经济可持续发展观念,为长三角区域海洋经济发展营造重视海洋生态环境与资源保护的良好氛围。

海洋环境保护的法治保障要得到良好的运行,立法、执法、守法三个方面绝不能存在"短板现象"。增强公民的海洋意识,使沿海居民能够充分认识海洋的价值、海洋环境保护的意义,自觉、主动地加入海洋环境保护的行列中,方能保证海洋环境保护的法治保障体系运转流畅、完善。

实时公布海洋环境信息,一方面能够提醒沿海居民注意保护海洋环境,增强海洋意识;另一方面也是对海洋环境保护立法、执法工作的监督,将使更多的参与者加入重大海洋经济活动的决策过程中,为海洋环境保护的法治保障体系建设献计献策、查漏补缺。

### (三)建立长三角区域海洋经济协调管理机关,统筹规划海洋环境保护事宜

基于对海洋环境保护的重视,沪苏浙三地已陆续开展联合执法行动,彼此之间加强了信息交流。国内不少学者都提出了应建立长三角区域海洋环境保护协调管理机关,以统筹长三角区域的海洋环境保护工作与法治保障体系建设。

但长三角区域并不具有行政或法律意义上的主体地位,沪苏浙三地间的合作、交流没有一个稳定的平台与渠道,缺乏统一的具有影响力的核心领导。在这样的情况下,单一的区域环境协调管理机关要发挥起其创设目的的作用具有相当大的难度。海洋环境保护工作本身就涉及诸多要素,而海洋经济又包括了对海洋的开发、利用与保护,涉及多个部门、区域。这样错综复杂的关系必然无法全然依赖区域环境协调管理机关进行统筹规划。

建立长三角区域海洋经济协调管理机关,统筹规划长三角区域海洋经济的相关事宜。将政府资源、信息、工作重心、政策倾向都集中在这一个机关上,使三地的合作在一个指挥棒下得到协调,能提高长三角区域海洋经济发展的效率。将海洋环境保护作为其中的一个部门,能够流畅办事程序,削减不必要的流转与沟通,消弭与其他机构间的摩擦,集中精力进行长三角区域的海洋环境保护工作。

# 长三角区域海洋资源开发利用的法治保障研究[①]

长三角区域辐射江苏省东南部、上海市和浙江省东北部,是由长江与钱塘江在入海口冲积而成的三角洲,东临大海。这一区域是我国经济实力最强的地区之一。但是,近年来由于耕地锐减、工业污染加重等原因,长三角区域陆地资源已显出捉襟见肘之态,在沉重的人口压力前愈发显出供不应求之势。于此形势下,若不未雨绸缪,早做应对之策,则未来巨大的资源供求危机不难想见。而在解决此隐患的众多设想中,海洋资源开发利用的议题显然尤为重要。2011 年 2 月,国务院正式批复《浙江海洋经济发展示范规划》,标志着浙江海洋经济发展示范区建设上升为国家战略。发展海洋经济,开发利用海洋资源成为长三角区域未来经济繁荣的金钥匙。

长三角区域海岸线 7910 千米,仅舟山群岛海岛数量就达 1390 个。区内舟山渔场临近长江入海口,是我国最大的渔场,水产资源丰富,共有鱼类365 种。在得天独厚的优势下,长三角区域开发、利用海洋资源是该地区解决陆地资源危机,实现长足发展的不二选择。海洋资源的发掘、利用自古有之,只是开发广度与深度受当时生产力水平所限,与现今不可同日而语。即便当前,如何更科学、更合理地开发利用海洋资源的讨论仍不过时。反思过去,不难发现只有建立健全长三角区域海洋资源开发利用法律制度,才可能保障科学、合理地开发利用长三角区域海洋资源,实现区域经济的长远发展。

长三角区域海洋资源有自身优势与特点,其开发利用应因地制宜地展开,不可简单套用其他地区模式。相应地,涉及这一地区的行政法规、部门

---

① 作者李占荣、兰婷婷、王红芳。

规章以及地方性法规、规章要根据实际情况量身定制。事实上,这一区域两省一市的地方性法规、规章存在不协调、难以统一的情况。

# 一、经济法视野下的海洋资源开发利用

## (一)长三角区域海洋资源开发利用

1.长三角区域海洋范围及其法律地位

《联合国海洋公约》(以下简称《公约》)将全球海洋划分为领海、毗连区、专属经济区、群岛水域、大陆架、公海,以及国际海底区域等拥有不同法律地位的海域。这看似繁杂的分类背后,是公法赋予各海域特定的法律地位,更是设定了沿海国在开发使用不同海域时的权利和义务。

根据该公约,领海是指从领海基线起不超过12海里的一带水域。领海及其上空、海床和底土属于沿海国的主权管辖范围内。[①] 大陆架是陆地的自然延伸并且被海水覆盖的部分。沿海国对其大陆架的资源具有主权权利及相应的管辖权。但是它并非沿海国的领土,沿海国对其不具有领土的完整主权。[②] 即使如此,在不违反《公约》的情况下,可以比照对领土的管辖方式来开发利用大陆架。

专属经济区是领海以外并邻接领海的一个区域,同时其宽度为从领海基线量起不超过200海里。专属经济区不是沿海国领土组成部分,但是沿海国对其拥有一定的主权权利和重要管辖权。[③] 与其类似的是毗连区,既非领海,也非公海,沿海国主权权利和管辖权与专属经济区亦存在差异。

在收集整理资料和反复思索的基础上,笔者认为长三角区域海洋地理范围可以认定为:与长三角区域的陆地疆界相对应的,自海岸线以外至专属经济区与公海临界线之间的广大海域。这片广大的海域则囊括了领海、毗

---

① 《联合国海洋法公约》第2部分第1节第2条,http://www.law-lib.com/law/law_view.asp?id=96408&page=2。

② 薛桂芳编著:《〈联合国海洋法公约〉与国家实践》,海洋出版社2011年版,第15—16页。

③ 《联合国海洋法公约》第五部分第55、56条,http://www.law-lib.com/law/law_view.asp?id=96408&page=2。

连区、专属经济区、大陆架和群岛水域,又由于不同海域的法律地位不同,所以在国际法上,长三角海域的法律地位呈现出分类共存的状态。(海域既是地理学上的概念,又是法律上的概念,故此,有地理学上的海域和主权意义上的海域之分。此处,海域是地理学意义上的概念。①)

主权意义上的海域,是指沿海国对其拥有主权的海域。根据沿海国是否拥有完全主权,可以将主权上的海域区分为完全主权海域与不完全主权海域。《海域使用管理法》第2条规定,海域指内水、领海的水面、水体、海床和底土。《国家海域使用暂行规定》第2条规定:海域包括我国内海、领海的水面、水体、海床和底土。显然,国内立法未将不完全主权海域纳入其规制范围。从这个意义上讲,长三角海域,是指长三角沿岸内水,及与其陆地疆界相对应的,自海岸线以外的领海(东海)的水面、水体、海床和底土。承接长三角海域在国际法上的分类不同及法律地位差异,带来我国作为沿海国权利义务的不同。综合整理认为,内水、领海是我国领土的一部分,涵盖在我国国家主权管辖权之下;对长三角海域以下大陆架,我国拥有不完整的主权;毗连区、专属经济区,《公约》则赋予我国有限的主权权利和重要管辖权。进而,在不违背《公约》规定的前提下,我国有权依法制定国内法,对开发利用毗连区、专属经济区、大陆架海域的行为及产生的社会关系进行科学、统一的规制、调整。

此外,岛屿作为我国领土的一部分,《公约》视其为"其他陆地领土",岛屿的领海、大陆架、毗连区和专属经济区适用以上分析。

2. 长三角区域海洋资源开发利用

"开发""利用",从汉语使用习惯上分析,前者有"开采、发掘"等意思,后者有"利于、使用"等意思。而法学语境下,"开发""利用"更多的是作为一种事实行为、状态或事件而存在,并且不排除存在违法犯罪情景,因而在此语境下,"开发""利用"是作为中性词出现的。继而,从宽泛语义上讲,海洋资源开发利用大致可以表述为:在一定的技术和经济条件下,人类通过发现、勘探和开采等一系列活动,使得海洋资源的潜在价值转化成实用价值,满足

---

① 谭柏平:《海洋资源保护法律制度研究》,法律出版社2008年版,第2页。

人类自身的生产和生活需求(事实上,科学界定海洋资源开发利用,需要进行对海洋资源的再认识。但是限于笔者的研究重点,不再赘述。[①])。

长三角区域海洋资源开发利用中,一个重要的内容是如何开发利用海洋资源,即选择怎样的方式开发利用海洋资源,才能使得经济效益与社会效益得到最大限度的发挥。相较于之前无序、无度的开发利用模式,可持续发展的理念在海洋资源开发利用中显得尤为重要。海洋资源可持续开发利用,是指既要保障海洋经济发展,又要做到科学合理地开发利用海洋资源,提高海洋资源的开发利用水平以及能力。通过强化海洋环境保护、改善海洋生态环境,在维护海洋资源生态系统的良性循环基础之上,最终形成一个科学合理的海洋资源开发体系。[②]

3.法调整海洋资源开发利用的必然性

(1)法调整海洋资源开发利用的必要性。

丰富的渔业资源、众多的海岛、广阔的海域应通过科学、合理开发利用来实现其社会效益、经济效益。长三角区域在前期粗放型海洋资源开发利用中,高污染、高资源耗费问题留给我们的前车之鉴,值得我们深思。从根源上讲,无序、无度开发利用是由于没有科学稳定的政策导向、完善统一的法律体制。继而,长三角区域开发利用海洋资源过程中需要人才、科技的保证,更需要完善、配套、统一的调整。这也是由于在一个法治社会,一项重大社会事件成功解决的关键依据是法理念的支持和法律法规的指导。因而本着依法治国理念,海洋资源的开发、利用(笔者认为,保护是开发利用的应有之义,开发利用应在合理使用、积极保护的前提下开展的。也只有如此,才可能保障海洋资源开发利用的可持续性)需要法理念的支持和法律法规的指导。

开发利用长三角区域海洋资源必须考虑节能、环保等可持续发展因素。现实中,经济人追求的短期经济效益最大化往往与社会效益背道而驰。从

---

① 潘佃献:《简谈海洋资源的开发利用》,海洋资源可以分为海水资源、海洋化学资源、海底矿产资源、海洋能、海洋生物资源、海洋空间资源、海洋旅游资源。

② 李开孟:《我国海洋资源的开发及可持续利用》,载《中国投资》2009 年第 1 期。

以往的经验可知,在社会效益与经济效益的抉择中,经济人个体只求一时经济利益,不考虑抑或仅仅只凭一己之力难以兼顾社会效益,因而法律应站在社会整体、民族未来发展的高度,科学统筹、规划海洋资源开发利用,寻求科学、合理开发利用,达到开发利用与保护相结合的局面。

(2)经济法调整海洋资源开发利用的可行性。

法作为调整人们行为的规范,具有平等性、连续性、稳定性,以及高效率的特性。近年来,长三角区域海水养殖业、滨海旅游业等行业日渐繁荣。各省市在开发、利用海洋资源的摸索过程中,相关原则、思路、政策日趋成熟。在此基础上,以立法形式将科学、合理的机制固定下来,保障其长期有效地实施下去,这是调整人们开发利用海洋资源行为的最好方式之一。

法规定了权利和义务。开发利用长三角区域海洋资源,并依法取得收入,应属公民、团体及政府行使法律赋予其的合法权利。同时,"权利与义务相等"原则,要求公民、团体及政府享受权利必须建立在依法履行义务之上。适度开发、合理利用、依法保护长三角区域海洋资源,即长三角区域海洋资源开发效益享受者的法定义务。

法由国家制定或认可,具有普遍约束力。法由不同等级或类别的立法机关以及法律授权组织制定,具有不同表现形式,法律地位或法律效力亦有差异。长三角区域两省一市的地方性法规、规章效力级别雷同,一旦发生冲突易出现当事人无所适从的窘境。在这个意义上讲,制定适用于这一区域的行政法规或部门规章,避免这一状况发生,将有利于这一区域日常经济活动往来的顺利开展。

### (二)海洋资源开发利用的经济法根基

1.宪政理念下海洋资源开发利用

法治是指"一种应当通过国家宪政安排使之得以实现的政治理想"[①],这一观点得到了普遍推崇。从这个意义上讲,法治实质上就是宪法之治、宪政

---

① 邓正来主编:《布莱克维尔政治学百科全书》,中国政法大学出版社 1992 年版,第 675 页。

之治。[①] 关于宪政的定义,中外学者众说纷纭。部分学者从民主、法治、人权的关系上界定宪政。例如,"宪政是以实行民主政治和法治为原则,以保障人民的权力和公民的权利为目的,创制宪法(立宪)、实施宪法(行宪)和维护宪法(护宪)、发展宪法(修宪)的政治行为的动作过程"[②]。"宪政是国家依据一部分充分体现现代文明的宪法进行,以实现一系列民主原则与制度为主要内容,以厉行法治为基本保证,以充分实现最广泛的人权为目的的一种政治制度。根据这一定义,宪政这一概念包含三个基本要素,即民主、法治、人权。民主是宪政的基础,法治是它的主要条件,人权保障则是宪政的目的。"[③]宪政,应当为市场经济的健康发展保驾护航,既确认和保障自由、平等的市场秩序及市场个体合法权益,又限制政治权力。防止政治权力滥用,确立宪法、法律权威,是经济运行乃至社会整个良性发展的关键。

一方面,将海洋资源开发利用纳入宪法、法律调整范围之中,确认、保障各方主体依法享有权益,并限制调控、监管主体的权力。这是宪政理念在指引当下社会发展中理应起到的作用;而另一方面,现有宪法条文对海洋资源权属未明确规定,公民与国家之间的权益分配也难以准确界定。在建设法治国家的过程中,应在宪法中明确海洋资源权属,为依法开发利用海洋资源提出法律保障。

### 2.社会本位理念

尽管国内经济法学界对经济法概念、体系等方面的问题存在分歧,但是社会本位作为经济法的基本理念已成为通说。社会本位,是以社会整体为中心和起点,要求在个人、社会间重新分配权利的一种法律思想。它坚持权利本位,将社会视为目的而非手段,主要关注社会作为一个整体时所代表的权利——社会公共权利或者社会权利,而非个人权利。[④] 社会本位理念牵动着一个重要概念——社会公共权利。然而学界对这一概念并未形成统一的认知,作为社会公共权利的主体,"社会"作何解释显得必要而不好掌控。

---

① 何士青:《宪政基础研究》,华中科技大学出版社 2009 年版,第 71 页。
② 郭道晖:《宪政简论》,载《法学杂志》1993 年第 5 期。
③ 李步云:《宪法比较研究》,法律出版社 1998 年版,第 3 页。
④ 薛克鹏:《论经济法的社会本位理念及其实现》,载《现代法学》2006 年第 6 期。

"社会",是指一个受自身规律支配,具有独立于其构成要素的实质意志的有机体,它包括现代人和未来各个时代人在内的人类整体。[①] 社会公共权利,符合社会整体的长期利益要求,高于个人或者短期利益诉求,建立在理性的价值取舍基础上。可以说,社会公共权利的设立目标之一就是保障社会利益。社会利益的一般表现可归结为:处于特定区域、时期享有共同的物质生活及精神生活的社会全体成员的普遍、长远利益,例如劳动者利益、消费者利益以及人类环境利益等等。

社会本位理念诠释了经济法学以社会为本的价值核心,它区别于以国家或市民个体为中心的价值取向。结合前述对海洋资源开发利用的界定,海洋资源开发利用不仅寻求经济效益的实现,而且良好的社会效益也不可缺少。海洋资源开发利用的科学与否,必将影响到社会整体利益、长远利益的实现与否。由此,海洋资源开发利用属于经济法规制范畴。运用经济法的概念、原则、规范能够保障海洋资源开发利用中社会整体、长远利益的实现。

社会本位,以及法益目标决定经济管理权与宏观调控权的公共性。具体而言,"对经济管理关系,以及个体利益冲突关系进行管理、调控的经济权限是社会公意的体现","经济管理和调节权限的宗旨具有公共性"。[②] 这些"公共性"的主张,与社会公共权利的关联体现在:其各自的主张都建立在"社会普遍认同"的基础之上。

3. 国家协调说

国家协调说认为,经济法是调整在国家协调的本国经济运行过程中发生的经济关系的法律规范的总称。[③] 从这一定义中,可以明确经济法的调整对象是国家协调的本国经济运行过程中发生的经济关系。由此,经济法规范的是一国主权范围内的特定经济关系。该特定经济关系,并非市民个体之间、社会组织之间或者市民个体和社会组织之间相互产生的经济关系,而

---

① 吕忠梅、廖华:《论社会利益及其法律调控》,载《郑州大学学报》2003 年第 1 期。

② 郭富青:《经济法的社会本位与法益保护结构》,载《经济法网》,2012 年 4 月 18 日,http://www.cel. cn/show. asp? c_id=98&c_upid=97&c_grade=3&a_id=13460。

③ 杨紫烜主编:《经济法》,北京大学出版社、高等教育出版社 2010 年版,第 20 页。

是国家协调本国经济运行过程中发生的经济关系,也使得经济法有别于国际经济法。

"自由是做法律许可的一切事情的权利;如果一个公民能够做法律所禁止的事情,他就不再有自由了,因为其他的人也同样会有这种权利。"①既然如此,那么就个体而言,其在法律维度内依法行事又何须服从宏观调控权所带来的限制?这是因为相较于社会生活的良秩而言,市场经济存在漏洞;相较于社会的持续发展而言,市民个体的行为有破坏性。海洋资源开发利用中不乏存在市场经济无法自善、个体无法自律的情况,法律规范的存在显得尤为重要。

在我国经济法学界,资源经济法的概念也早已被提出来。资源经济法是指"由国家制定或者认可的,体现国家意志,用以调整人们在对资源的所有和使用权属、开发利用、保护和管理等活动中的所产生的各种社会经济关系,即资源经济关系的法律规范的总和"②。在世界经济法下的特别世界经济法中,赫然将"渔业领域的国际卡特尔""渔场协定""海床底土采矿""石油、天然气""海运贸易""海洋运输"列入探讨内容之列。③可见,经济法对海洋资源开发利用的规制是有例可循的。

## 二、渔业资源规制

### (一)长三角区域海洋渔业资源开发利用现状及主要问题

1. 长三角区域海洋渔业资源开发利用现状

过度捕捞、海洋生命支持系统破坏等因素,使近年来我国海洋渔业资源衰竭,长三角区域渔业资源亦面临此问题。即便长三角区域海洋渔业资源丰富,但是经过几十年的开发利用,相关问题也呈现出来,如因过度捕捞使得海洋鱼群减少,海洋环境保护意识不强导致海水污染,等等。小黄鱼是东

---

① [法]孟德斯鸠:《论法的精神》,商务印书馆 1987 年版,第 156 页。
② 陈德敏、张孝烈:《资源经济法学》,重庆大学出版社 2005 年版,第 9 页。
③ [德]沃尔夫冈·费肯杰:《经济法(第一卷)》,中国民主法制出版社 2010 年版。

海重要底层鱼类,以近几十年来小黄鱼渔获量为例,1959 年的调查结果表明,小黄鱼是生物量最高的种类之一,在当时春、夏、秋三季平均每网渔获量达 51 千克,1983 年降至 4.9 千克,1999 年则只有 0.36 千克。[①]　显然,海洋渔业资源的锐减,使如何科学合理开发利用海洋渔业资源变得更为紧迫。

2. 长三角海洋渔业资源开发利用存在的主要问题

海洋渔业资源在数量、质量上的急剧下降,与人口增长、环境污染等有着直接原因。而根本原因则是人们的开发利用理念问题——"重掘取、轻保护""只看当下需求、不想后人权益"等。可持续发展观认为,当前的发展应在不牺牲后人生存环境的前提下进行,满足今人的需求,也要保障后人的利益,因而,科学合理地开发利用海洋渔业资源应本着可持续发展的理念,做到开发利用与保护相结合。显然,近年来对长三角区域海洋渔业资源的开发利用,在一定程度上违背、抑或是未严格遵循可持续发展的模式。无序、无度地开发利用方式,是当前海洋渔业资源开发利用的主要问题。

如何解决这一问题,科技的支持、危机意识的加强等等,都是必不可少的要素。而法学理念的探索,法律法规的制定、完善、实施,对促成一个法治化国家完成一项具体的职责所产生的影响或许更大。

### (二)长三角区域海洋渔业资源开发利用法治及其完善

1. 长三角区域海洋渔业资源开发利用法治现状

就法律法规层面而言,涉及海洋渔业资源规制的大致有《渔业法》《海洋环境保护法》《水产资源繁殖保护条例》等,并且上述法律法规基本上涵盖了以下四个方面的内容:渔业资源保护和管理规范;渔业水域生态环境保护与管理规范;水生野生动物保护与管理规范;海洋渔业资源养护及管理的国际合作执法规范。[②]　加之其他法律中的配套法律规范,可以说我国海洋渔业资源法律体系已初步形成,基本实现了开发、利用海洋渔业资源以及对其管理做到依法行事的目标。而海洋渔业资源规制法律体系的调整范围较大,涵

---

① 钦佩、左平、何祯祥编著:《海滨系统生态学》,化学工业出版社 2004 年版。

② 李良才:《我国海洋渔业资源养护与管理的法律对策》,载《河北渔业》2009 年第 11 期。

盖了海洋渔业资源、渔业捕捞、水产养殖、水产品质量安全、渔业水域环境保护、水生野生动物以及相关涉外渔业等,因此,健全海洋渔业资源法律体系任重道远。

从地方性规定层面来讲,长三角区域两省一市关于海洋渔业规制的地方性法规、规章主要有:《江苏省渔业管理条例》《浙江省渔业管理条例》《浙江省渔港渔业船舶管理条例》《宁波市象山港海洋环境和渔业资源保护条例》《宁波市渔业安全生产规定》。除此之外,上海市场近几年来主要地方性规定有:《上海市水产养殖保护规定》《上海市鳗苗资源管理办法》等相关海洋渔业资源立法。然而,规范性文件只是法治的一个方面,司法、执法等的情况及带来的经济效果需要考察,这也是法治的重要方面。

2. 长三区域海洋渔业资源开发利用法治建设不足

从经济法专业视角出发思考海洋渔业资源问题产生的原因在于以下三点:首先,上述解决问题的这部分法律法规缺失;其次,即便现有法律法规也有待完善之外,在执法过程中,一个相同的情况,各省市的具体做法迥然不同;再次,长三角区域的地域范畴涉及两省一市,地方性法规、规章又未必能够做到协调统一,不利于区域内开发利用海洋资源统一、有序开展。由此,立法的缺失将不利于这一区域海洋渔业资源开发利用的可持续发展。

同时,地方立法、执法混乱,则不符合区域经济一体化所倡导的平等、通畅的原则。例如,在鳗苗捕渔期规定上,宁波市象山港与上海市存在较大差异;在渔政检查人员工作资格规定方面,江苏省、上海市与宁波市象山港存在差异;在国有水域和滩涂养殖使用权的转让问题上,二省一市的做法亦不统一。①

3. 完善长三角区域海洋渔业资源开发利用法治建设

笔者一再坚持的一个观点是,长三角区域海洋资源的保护和开发利用是不可分开的。因前期无序、过度开发,长三角区域海洋环境受到了一定程度的污染。根据 2010 年中国海洋环境质量公报,东海劣四类水质区域面积

---

① 易凌:《长三角海洋法规差异冲突与协调研究》,载《法治研究》2010 年第 12 期。

为 30380 平方千米,主要海水环境污染区域集中在长江口、杭州湾以及部分大中城市近岸海域,其中杭州湾北岸沉积物中的石油类含量超标,生态系统被评定为不健康。位于上海的长江入海口生态系统处于亚健康状况。[①] 由此,言开发利用海洋资源,须先做好养护工程。法律赋予权利的同时,义务的分配也不可缺少。因而,海洋渔业资源养护的法律规制,是现阶段开发利用海洋渔业资源法治建设的重要内容。

(1)明确界定海洋渔业资源的财产权。

只有在清晰的产权基础上,才可能将个人财产权构建起来的私法秩序发挥其"民间法"应有的效果。[②] 再次修订《渔业法》应明确渔业财产权,并以此概念为核心,构建海洋渔业资源的所有权权属结构。而捕捞配额的权利化,将使得产权明晰的海洋渔业资源养护取得实效。

(2)建立海洋渔业资源恢复法律制度。

海洋渔业资源恢复法律制度,是指由调整特定海洋渔业资源恢复的社会关系的一系列法律规范所组成的相对完整的规则系统。[③] 海洋渔业资源恢复法律制度,建立在生态学基础之上,充分考虑尊重及体现物物相关律、相生相克律、能流物得律、负载定额律、协调稳定律、时空有宜律等生态学规律。

(3)制定可适用于这一区域的部门规章。

长三角地区海洋资源有其自身的优势与特点,其开发利用应因地制宜地展开,难以套用其他地区的开发模式。相应地,涉及这一地区的地方性法规、规章要根据实际情况量身定制。然而,二省一市在各自行政区域内实施的地方性法规、规章以及相关政策文件,难免出现规定不一、做法迥异的情况。由此,行政法规、部门规章层面出台相关文件,尤其是以部门规章方式,可以较好地改变这一状况。

---

① 《2010 年中国海洋环境质量公报》,http://news.qq.com/a/20110708/000410.htm。

② 周立波:《渔业财产权与海洋渔业资源养护制度的构建》,载《中国渔业经济》2011 年第 1 期。

③ 田其云、马英杰、时军、董跃:《海洋渔业资源恢复法律制度研究——兼论浙江海洋渔业资源恢复法制建设》,海洋出版社 2010 年版,第 64 页。

## 三、海岛开发规制

### (一)岛屿法律规制

《公约》第 121 条明确规定:"岛屿是四面环水并在高潮时高于水面的自然形成的陆地区域。"岛屿作为我国领土的一部分,《公约》视其为"其他陆地领土"。然而,岛屿作为我国国土一部分的界定不受质疑,但是在《国土管理法》中却未见关于岛屿的相关、具体规定,这对岛屿法律地位的威信构建略显不利。此外,《海岛保护法》第 4 条规定:"无居民海岛属于国家所有,国务院代表国家行使无居民海岛所有权。"总体而言,我国对岛屿法律地位在国内法上的界定有待健全。

《公约》第 46 条规定,群岛是指"一群岛屿的若干部分、相连的水域和其他自然地形,彼此密切相关,以致这种岛屿、水域和其他自然地形在本质上构成一个地理、经济和政治的实体,或在历史上已被视为这种实体"。《公约》专门对群岛加以界定,从中不难看出,法律对群岛相较于个体的岛屿的态度是有差异的。群岛,指若干岛屿组成,细究这一区域范围,将发现群岛包括一定的水域,相关的自然地形,并且这一实体是有一定文体、政治传承因素的有机体。在此,《公约》将群岛与岛屿相区分,赋予群岛更多的重视及关注。然而,国内立法并未对群岛给予相应的关注。如《海岛保护法》,以"海岛"一词贯穿全文,未对群岛作为一个自成一体的有机存在,进行独自审视。

### (二)长三角区域海岛开发的法律规制及其完善

完善长三角区域海岛开发的法治建设,既要从宪法、法律入手,又要关注该区域内地方性立法冲突与协调问题。除此之外,司法、执法的实际状况,以及在这一领域涉及的法治意识问题等等,都是完善长三角区域海岛开发利用法治建设要考察的内容。

1. 制定关于海岛开发、利用与保护的综合性法律

海岛开发利用,主要是围绕生物、矿产、盐业、土地、旅游、港口等资源展开的。但是,目前我国尚没有制定关于海岛资源开发、利用与保护于一体的

法律。虽然,我国已制定并颁布了《海岛保护法》,但是科学合理开发利用海岛资源是一个庞大的工程,需要由一个统一、完善的法律予以指导。在实践中,海岛资源开发利用主要适用于《土地管理法》《渔业法》《矿产资源法》《港口法》《海域使用管理法》等法律。此外,在这些法律基础上,相关法规、规章及地方性法规、规章也是现阶段海洋资源开发利用时应遵循的。但是,"下位法不能抵触上位法"的立法原则,使得效力低于法律的法规、规章以及地方性法规、规章,只能在现有法律框架内活动,不利于海岛开发利用法律制度的修补、完善。

2.建立群岛整体开发的法律意识

如前所述,群岛无论是地理学意义上的范畴,还是作为一个集历史、文化、经济、政治于一体的有机实体,都是作为一个整体区别于岛屿。笔者认为,法律应将群岛作为一个独立的个体来看待,即给予群岛异于岛屿的法律地位。这也是群岛整体开发利用的现实需求。以长三角区域内舟山群岛为例,舟山群岛境内海域面积 22000 平方千米,陆域面积达 1372 平方千米,自然资源丰富,自唐朝建制以来,留有众多人文、历史旅游资源。法律应赋予舟山群岛在开发中独立的法律主体地位。这可表现为法律的明确规定,或相关法规、规章的制定与实施。在此,由省级人民政府制定涉及舟山群岛整体开发的法规、规章,有助于发挥舟山群岛海洋特色,使经济效益、社会效益组合达到最优。

3.加强地方性立法、执法实践

长三角区域海岛数量集中,且多集中于浙江省内。地方性立法差异与冲突不明显,由此,不存在过多注意冲突协调问题。而地方性立法、执法实践的缺管,是造成这一现象的原因之一。加强地方性立法、执法水平,不断总结经验,改进现有法律机制,则显得尤为重要。

## 四、海域使用规制

### (一)海域使用权

海域使用,即人类对海域的利用。总结人类对海域的利用方式,主要有渔业用海、工矿用海、交通运输用海、旅游娱乐用海、排污倾倒用海、海底工程用海、围海造地用海以及特殊用海八项内容。① 学界对海域使用的定义莫衷一是。有学者认为,海域使用是指自然人、法人或者其他非法人组织依法对特定海域所进行的排他性占有使用的活动。② 也有观点指出,海域使用是"单位或个人依法取得对国家所有的特定海域排他性使用权"③。

学界对海域使用权的性质问题曾经一度争执不休。2007 年新物权法出台肯定了其用益物权的属性,终止了这一争议。④ 海域有偿使用制度建立,相关问题随之而来。海域使用权登记、抵押,海域环境保护的法律规制,以及《海域使用管理法》完善问题,是现阶段海域使用法制规制新的热点。

### (二)长三角区域海域使用法律规制现状及其完善

1. 树立海域保护法律意识,并将其作为《海域管理法》主线

当前海域使用环境现状令人担忧,不科学的开发利用,保护意识的缺失,以及法律义务分配不当等因素,致使长三角区域海域环境受到严重破坏。根据 2010 年中国海洋环境质量公报,浙江嵊泗、杭州湾、三门湾其环境质量已不能满足海域使用要求。⑤ 未来开发利用海域,必须建立在一个良好的海域环境基础之上。显然,海域使用环境的恶化,将影响未来长三角区域海域效益的发挥。由此,树立海域保护法律意识,加强长三角海域环境保护刻不容缓。

然而,现行《海域管理法》未重视对海域环境的保护,全文涉及海域环境保护的条款只有三个。⑥ 有学者认为,现有《海域管理法》坚持的一个主线是规范用海秩序,然而,仅有这一条主线难以达到其立法目的——"促进海域的合理开发和可持续利用"。重视海域环境保护,是《海域管理法》应有之义,也应将其作为主线。⑦

---

① 参见《2003 年海域使用管理公报》,国家海洋局 2004 年 2 月发布。

② 李永军:《海域使用权概述》,中国政法大学出版社 2005 年版,第 30 页。

③ 李永军:《海域使用权研究》,中国政法大学出版社 2006 年版,第 35—37 页。

④ 参见《中华人民共和国物权法》第 122 条。

⑤ 《2010 年中国海洋环境质量公报》,http://news.qq.com/a/20110708/000410.htm。

⑥ 参见《中华人民共和国海域管理法》第 11 条第 3 款、第 24 条、第 29 条。

⑦ 周珂:《〈海域使用管理法〉与〈海岛保护法〉〈物权法〉的立法配合》,载《中国海洋报》。http://www.fjof.gov.cn/_kjgc/thly/hygl/article.html? id=51269.

2.消除地方立法中的冲突,统一区域立法

浙江省、上海市与江苏省先后出台《海域使用管理条例(办法)》。然而,研究、对比之后,二省一市的具体做法仍有不统一之处,例如,海洋功能区划公布时间、编制海域使用论证报告书规定的用海项目方面、海域使用申请审批规定方面、临时海域使用方面、行政处罚方面、设施拆除规定方面、招标及拍案方面等,二省一市的地方立法及实际操作都存在一定的差异。事实上,由于本位主义、地方利益法制化倾向、政府考绩制度不完善等原因,长三角区域海域使用的地方性立法规范存在差异冲突。①

在解决这一问题时,有学者指出,二省一市转变理念,强化区域认同,是建立健全长三角区域海洋资源开发利用法治建设的先导。② 坚持公共利益,消除地方主义,强化长三角区域一体化认同感,是消除地方立法冲突的根本方法。

---

① 易凌:《长三角海洋法规差异冲突与协调研究》,载《法治研究》2010年第12期。
② 黄一涛:《基于府际治理的长三角流域环境有效治理研究》,载《中共杭州市委党校学报》2008年第1期。

# 长三角区域海洋经济的金融支持法治保障研究①

海洋经济具有共享性、综合性、协调性等特点,该特点决定了发展海洋经济应坚持"统筹海陆、整合集群、实现集约、保证持续、改革创新"等基本原则。② 发展海洋经济是当前我国加快转变经济发展方式、实现全国区域协调发展、维护国家海洋权益的现实需要。作为社会主义市场经济的国家,我国发展海洋经济需要社会主义法治保障。

## 一、长三角区域海洋经济的金融支持立法必然性

### (一)立法的必要性

首先,现行规定需要统一,长三角区域金融市场的现实状况要求立法协调。改革开放以来我国高度重视金融立法工作,制定了一系列金融法律,初步建立了金融法律体系,但是现有金融立法难以满足现代金融发展与创新的需要,特别是经过美国金融危机和欧洲债务危机冲击后,我国金融法律体系亟待向金融法治体系迈进。完善金融立法是继续深入推动金融市场改革的前提,是贯彻落实科学发展观的具体表现,同时也是实现金融服务实体经济、实现社会稳定发展的需要。③ 长三角区域,尤其是上海,应当依靠国家政策优势,通过先行先试建设符合国际金融中心标准的法律体系。如,2009年4月,国务院发布《关于推进上海加快发展现代服务业和先进制造业建设

---

① 本文作者李占荣、兰婷婷、王红芳。
② 参见于志刚:《海洋经济》,海洋出版社 2009 年版,第 12 页。
③ 参见吴弘:《上海国际金融中心建设的法制环境》,北京大学出版社 2010 年版,第 71 页。

国际金融中心和国际航运中心的意见》；2012 年 1 月，国家发展改革委发布《"十二五"时期上海国际金融中心建设规划》。在依靠国家政策扶持的基础上，上海应协调长三角区域内各地金融立法，建设统一的长三角金融贸易区，衔接海峡西岸经济区，进而实现同香港国际金融中心的分工与协调，通过加强与东京、纽约、伦敦、法兰克福、迪拜等国际金融中心的交流与合作，搭建国际金融市场"7×24"全天候交易网络平台，以上海作为人民币国际结算中心，保障人民币国际化的顺利实现。

其次，金融支持立法既是市场的外在要求，也是政府转型的内在要求。金融支持以兼顾经济公平与经济效率、促进海洋经济可持续发展为原则，目标在于实现长三角区域的港航物流服务一体化、沿海基础设施一体化、海洋科教文化创新一体化、海洋产业发展一体化等。一方面，海洋经济的发展需要法治环境下的金融市场支持。市场这只"看不见的手"运用价格、竞争、供求对社会经济实现调节，实现资源的优化配置。具体而言，长三角区域海洋经济的发展需要以包括货币、资本、信贷、保险、外汇、黄金、金融衍生品等金融市场的支持，促进我国海洋经济的跨越式发展，上海国际金融中心有着良好的政策基础和法治环境，同时也有能力依靠其对金融资源的配置能力实现市场主导下的长三角区域合作与协调。另一方面，海洋经济的发展需要政府的金融宏观调控。海洋经济的发展需要政府通过金融立法、金融监管、财税优惠、提供公共服务等方式保障金融服务海洋经济的功能。具体而言，长三角区域的三省一市政府通过建设和完善区域金融市场、制定区域协调的金融市场制度，以信息一体化平台为依托，建设金融市场基础设施，建立区域利益补偿机制，实现转变政府职能、建设服务型政府的目标。

最后，借鉴发达国家海洋经济发展经验，同国际接轨。海洋经济发达国家的历史经验显示，海洋经济建设需要优先进行相关立法。美国的任何海洋活动都是在法律框架下实施，美国政府在进行海洋活动前都会由国会通过法案对其原则、目的、标准、措施、费用等做出具体规定，成立相关专门委员会，[①]研究分析现状并提出具有建设性的建议报告。加拿大于 1997 年颁

---

① 石莉、林绍花、吴克勤：《美国海洋问题研究》，海洋出版社 2011 年版，第 244 页。

布了《加拿大海洋法》,其成为全球首个实施综合性海洋立法的国家。① 通过对《联合国海洋法公约》的具体化,将《公约》赋予的沿海国权利以国内法的形式表现出来,宣告本国具体的海洋战略政策,尽可能多地获取《公约》带来的国家利益。日本则在《联合国海洋法公约》下建立了系统完备的海洋法律体系,通过制定其"海洋宪法"——日本《海洋基本法》整合了海洋经济相关部门和机构,打造综合性的海洋管理体制,②反映了日本未来海洋战略的方向和海外扩张的野心。由此可见,《长三角区域海洋经济金融支持法》作为长三角区域海洋经济金融支持基础性的专门法律,需要立法者对其立法必要性予以高度重视。

### (二)立法的可能性

首先,国内现有政策和立法为金融支持立法奠定了基础。长三角区域海洋经济发展具有重要战略意义,国家出台了一系列促进其发展的政策法规。就浙江省而言,《浙江海洋经济发展示范区规划》与《长江三角洲地区区域规划》《国务院关于支持福建省加快建设海峡西岸经济区的若干意见》相衔接,指导浙江海洋经济的发展方向。③《浙江海洋经济发展示范区规划》是浙江省委省政府在新的历史转型时期做出的重大战略政策,需要有相应的法律进一步细化落实各项政策措施,建立和完善我国海洋经济发展体制,健全海洋经济金融支持法治保障体系,协调各部门分工合作,实现同我国相关法律法规之间衔接与协调。

其次,长三角区域范围涉及三省一市,依法应当由中央立法予以调整。全国人大及其常委会专属的立法事项,包括了对基本经济制度以及财政、税收、海关、金融和外贸的基本制度方面的立法。长三角区域海洋经济金融支持法律属于此类金融方面的基本制度立法,需要由中央立法予以调整。如,《中华人民共和国银行管理暂行条例》第 5 条关于中央银行具有"研究制定金融法规草案""制定金融业务基本规章"等职责的规定。而各地依法享有

---

① 刘洪滨、倪国江:《加拿大海洋事务研究》,海洋出版社 2011 年版,第 2 页。

② 参见薛桂芳:《〈联合国海洋法公约〉与国家实践》,海洋出版社 2011 年版,第 114 页。

③ 国务院:《浙江海洋经济发展示范区规划》。

制定配套实施的地方性法规之立法权,即《中华人民共和国银行管理暂行条例》第 8 条第 2 款关于"中国人民银行分支机构,在各自辖区,履行中央银行的有关职责,具有领导和管理本辖区的金融事业"的规定,人民银行省级分行作为人民银行总行的派出机构,有权根据国务院和中国人民银行总行颁发的金融法规和规章制度制定具体的管理办法和规定,并且具有法律效力。①

最后,长三角区域各地方政府间所进行的合作实践为立法提供了现实依据。第一,中国农业银行与中国建设银行积极构建长三角区域"区域金融共同体"。2004 年 10 月 18 日,中国第一个突破行政区划分的"区域金融共同体",已由中国农业银行在第 6 城市群地区正式启动。10 月 19 日,在中国建设银行长江三角洲区域分行合作与联动研讨暨银企合作签约会议上,长三角区域江苏、浙江、上海、宁波、苏州五地分行的领导与长三角区域 11 家企业签定了银企合作协议。② 第二,温家宝总理在 2007 年 5 月召开的长三角经济协调发展座谈会上指出:"要进一步解放思想,推进改革开放,充分发挥区域优势,促进长江三角洲地区实现率先发展、科学发展,增强综合实力、创新能力、可持续发展能力和国际竞争力。"这些为我们做好新形势下区域金融协调发展工作提出了新要求,指明了发展方向。③ 第三,2007 年,上海市、江苏省、浙江省人民政府和中国人民银行签署了《推进长江三角洲地区金融协调发展 支持区域经济一体化框架协议》。2008 年 4 月 20 日,沪苏浙人民政府与中国人民银行在南京共同召开推进长三角区域金融协调发展工作第一次联席会议,会后共同签署了共建"信用长三角"合作备忘录。2009 年 4 月 21 日,沪苏浙人民政府与中国人民银行联合发起的,主题为"推动长江三角洲地区金融交流、合作与发展,促进长江三角洲地区经济一体化"的"第一届长江三角洲地区金融论坛"在南京举行。④

---

① 参见《关于中国人民银行省级分行制定的地方性金融规章和做出的金融行政管理决定的法律效力问题的复函》。

② 李峻岭、魏梦杰:《农建二行争建第 6 城市群"区域金融共同体"》,新浪网,http://finance.sina.com.cn/roll/20041022/02381098130.shtml.2012 年 4 月 25 日访问。

③ 参见苏宁:《加快长三角金融协调发展 支持区域经济一体化进程》,《中国金融》2008 年第 10 期。

④ 参见胡同捷:《打造区域金融合作平台 推进区域金融协调发展——"第一届长江三角洲地区金融论坛"综述》,《中国金融》2008 年第 10 期。

## 二、长三角区域海洋经济的金融支持立法设计

金融服务实体经济功能的充分发挥需要科学制度予以保障,需要覆盖间接金融、直接金融、政策性金融等一系列形式完备、协调统一的法律体系保障,需要国家的法治保障。[①] 由全国人大及其常委会制定的《长三角区域海洋经济金融支持法》,以调整长三角区域海洋经济金融支持相关的法律关系,是我国长三角区域海洋经济发展的现实需要。中央立法的优势在于效力高、涉及地域广,而地方立法则局限于行政区域内。长三角区域涉及上海、浙江和江苏,跨越两省一市,针对该区域的立法权归全国人大及其常委会所有,但同时存在着立法周期长、针对性较弱等劣势。[②]因此,长三角区域海洋金融支持法可以采取渐进式立法步骤:地方通过在金融支持各领域达成区域性行政协议,[③]制定区域统一、开放的市场准入标准,通过协调、修改地方现存立法,制定具有开放性、针对性的地方性法规。在此基础上,由全国人大及其常委会制定统一的《长三角区域海洋经济金融支持法》。

《长三角区域海洋经济金融支持法》的立法原则是区域性原则、开放协调原则、可持续发展原则。第一,区域性原则。所谓区域性,是指针对本区域内资源、利益、机会、权利、义务的配置,具体表现为两个方面:一方面,区域经济的集约化和集群化。实现区域经济集约化和集群化发展,需要协调区域内各方利益,利益的协调有待中央制定跨区域的相关经济法,而后各地方通过制定配套法规,与相关法律相衔接,将其内容具体细化。《长三角区域海洋经济金融支持法》作为该区域金融支持的最高效力的法律应当由中央立法,如果由地方立法则难以避免重复规划、建设,无力维护区域内各省市的共同利益,无法实现区域利益的协调,从而沦为封闭式的地方性立法。另一方面是优先发展权。区域经济的先行先试是我国改

① 参见阮铮:《美国中小企业金融支持研究》,中国金融出版社 2008 年版,第 176 页。
② 李占荣:《长江三角洲区域规划实施的法治保障体系研究》,《法治研究》2007 年第 6 期。
③ 何渊:《区域性行政协议研究》,法律出版社 2009 年版,第 29 页。

革开放的成功历史经验,通过给予特殊区域、特殊产业优先发展的权利,带动其他区域、产业进一步发展,是经过我国改革探索证实成功的发展路径。长三角区域由两省一市共 15 个城市构成,行政隶属关系复杂,产业竞争激烈,虽然各地方之间存在某些结构上的利益矛盾,但是长三角区域具备天然的区域优势和独有的政策优势。长三角区域的优势集中表现为:生产要素组合优、产业集群规模大、科技创新制度好、开放融合环境佳、持续增长潜力大。《长三角区域海洋经济金融支持法》应当首先保证本区域经济优先发展权的实现,发挥长三角地区天然的区域优势,实现本区域经济由现有的出口导向型经济向现代海洋经济转型发展。第二,开放协调原则。长三角区域内经济结构相似度高,区域内各地之间既有合作又有矛盾,仅仅依靠市场手段进行自发调整具有先天局限性与滞后性,因此还需要区域内各地政府联合实施开放、统一、多赢的立法工作,签订区域性行政合作协议,发挥政府之间行政协调作用,落实区域内的利益补偿机制,才能最终实现长三角区域经济总体利益最大化。如,2007 年 11月,长三角区域两省一市政府同中国人民银行在上海共同签署了推进长三角地区金融协调发展、支持区域经济一体化的框架协议。各地政府应在此基础上构建长三角区域海洋经济金融支持法律体系,发挥金融促进海洋经济快速发展的功能,清除阻碍区域金融协调发展的各种不合理限制,实现长三角区域内金融资源的优化配置,创造长三角区域内各省市共建共赢的局面。第三,可持续发展原则。金融支持对长三角区域海洋经济的可持续发展要求具体体现为:金融支持之理念的可持续、手段的可持续、目标的可持续。其一,可持续发展理念反映了中国共产党科学发展观思想理论的系统性和科学性,长三角区域海洋经济的发展需要我们高效地运用金融支持手段,保证区域优势充分发挥,保障区域经济的可持续发展。其二,金融市场对长三角区域海洋经济的支持活动也需要依靠可持续的盈利模式,实现金融市场与实体经济的共同发展。其三,金融行业对长三角区域海洋经济支持的目标是实现可持续发展。[1]《浙江海洋经济发

---

① 殷洁:《区域经济法论纲》,北京大学出版社 2009 年版,第 128 页。

展示范区规划》第 2 章第 6 节指出：生态优先，持续发展。注重保护和开发并举，坚持海洋经济发展与海洋生态环境保护相统一，海洋资源开发利用与资源环境承载力相适应，把海洋生态文明建设放到突出位置，促进人与自然和谐，实现海洋经济可持续发展。

《长三角区域海洋经济金融支持法》的内容涉及对港航物流服务一体化、信息网络设施一体化、海洋科教文化创新一体化、海洋产业一体化等方面的金融支持。第一，港航物流服务一体化金融支持立法。港航物流服务一体化，是指在港口一体化的基础上综合依靠海陆、海空无缝链接，建设实现聚集联合运输网络、金融工具、信息平台为一体的港航物流综合服务体系。首先，建立区域港口金融财税一体化立法体系，以长三角区域海洋经济所涉及的发展地区各省市为主体，设立长三角区域港口一体化金融投资基金，形成科学灵活的资金运作模式，确定统一的投融资制度和财税体系，通过制定区域内港口间功能合作与协调的规划，确保将上海建设成为国际航运中心，同时配套建设宁波航运金融聚集区、大宗商品交易中心和能源资源储运基地。其次，立法引导服务港口一体化的金融服务创新。为航运类金融服务产品提供相应的政策扶持和税费优惠，建立港口金融贸易区，提供区域内跨港口统一服务，引导国内外金融机构入驻港口并开发本地化的航运类金融产品，设立港口产业投资基金，创立知名航运类金融品牌。最后，立法吸引多种渠道资本积极参与港航物流服务一体化建设。政府通过设立创业基金、担保基金，建设和完善金融信用体系，引导银行信贷资金和民间借贷资金流入长三角区域港口一体化建设。引导构建大型区域物流集团，提高物流企业运营效率，降低物流经营成本，依靠物流信息一体化网络，提供一站式港航物流服务；依靠金融信息一体化网络，开发针对中小微型企业的在途货物担保小额贷款产品。第二，信息网络设施一体化金融支持立法。安全、高效、便利的信息一体化网络是建设海洋经济的信息处理基础设施，是将长三角区域建设成为我国区域信息中心的前提条件。首先，加强信息产业的知识产权信托制度、证券化制度、保险制度立法。现代信息产业需要依靠先进的物理网络做支撑，同时需要建设具有前瞻性、系统性的信息产业知识产权产业化体系,金融支持立法要求:引导建立科学的金融投资等方面的资金调控机制建设信息一体化,即提供信息产业科技初始研发资金,提供知识产权保险产品,帮助科研机构完成科技成果向成熟市场商品转化,实现知识产权产业化、证券化,通过引导产业链上各专利方交叉授权,打造高层次科技专利信息服务平台,建立科技产业联盟,建设知识产权信托制度,共享科学研究成果所带来的丰厚商业利益。其次,创新金融产品,提高服务信息产业的能力。通过建立综合金融品牌,提供有特色、针对信息产业的金融创新产品,依靠下一代互联网(NGN)、物联网(IOT)、国产 TD-LTE 第四代移动通信网络、国产北斗卫星定位系统等技术,实现港口实时运营状态、物流货物定位信息、航运各方信用资质等综合性信息一体化呈现。最后,金融综合信息平台立法。金融产业既是市场经济更是信息经济,信息一体化既是金融投资建设所要实现的目标,同时又是为金融行业本身服务。其一,金融市场需要建设和完善与之配套的全国统一的市场主体信用体系,信用体系建设是信息一体化的首要内容;其二,金融市场需要建立完备、安全的跨区域金融交易信息平台,使数量和形式不断丰富的金融创新产品迅速投入市场;其三,金融市场需要建立跨区域金融风险监管网络平台,实时监控金融交易状况,查处非法金融交易。① 第三,海洋科教文化创新一体化金融支持立法。海洋院校培养涉海人才队伍应从实际出发寻求特色,② 为海洋科技创新和海洋文化建设提供智力支撑。首先,建立服务海洋文化创新一体化的金融法律体系,制定海洋院校发展金融支持措施。我们可以借鉴欧洲教育一体化和高等教育改革的"博洛尼亚进程",③ 促进师生和学术人员流动,保证高等教育的质量,促进区域内的高等教育合作;并在此基础上,对涉海人才的培养提供金融信贷等服务,对海洋科技创新、创业提供一站式综合金融服务。其次,立法推进金融服务海洋研发基地建设。通过信贷、担保等金融

---

① 李清娟:《长三角都市圈产业一体化研究》,经济科学出版社 2007 年版,第 161 页。

② 阚宏鸣:《两次高校调整合并与高等教育的发展》,《长江大学学报》(社会科学版)2006 年第 2 期。

③ [美]斯蒂芬·M.卡恩:《从学生到学者通往教授之路的指南》,金津、喻恺译,上海交通大学出版社 2011 年版,第 5 页。

资源投入,引导建立长三角区域海洋科研基地、海洋科学重点实验室、海洋科研中心等,提供配套科研成果转化金融服务。最后,立法加强海洋文化产业的支持力度。文化产业大发展是当前我国文化改革的目标,海洋文化的发展需要相应的文化产业金融服务支持,以加快我国文化发展的速度、提升文化产业发展质量、拓宽我国文化产业同开展跨国沟通与交流的渠道。[①] 第四,海洋产业一体化金融支持立法。现代海洋产业体系是海洋经济国际竞争力的体现,建设海洋产业基地,将长三角区域建设成为国内最大的海洋经济区是当务之急。首先,涉海金融服务法律体系的建设。依法建立服务我国海洋经济发展的国际金融开放区,提供融资租赁、银团贷款、权利抵押贷款、海洋特色保险等金融服务,完善市场准入制度、市场交易制度、市场监管制度等一系列法律法规和相关制度。其次,建立生产要素自由流通的金融保障体系。建立区域内跨越大宗商品平台、信用平台、物流信息平台的综合金融服务平台,实现生产要素的无障碍流通。最后,建立企业并购整合的金融保障制度。区域产业集中需要依靠企业自发的并购行为来实现,也需要立法引导金融行业提供为此类产业结构调整升级服务的综合金融产品,依法有效地开展金融配套服务工作。

《长三角区域海洋经济金融支持法》立法的冲突协调。第一,中央政府与地方政府的立法层次不同。《立法法》规定,基本经济制度以及财政、税收、海关、金融和外贸的基本制度只能制定法律,因此金融基本制度由国家统一立法。地方性法规是在不与宪法、法律、行政法规相抵触时,由地方立法机关对本行政区内具体实际做出的规定。《长三角区域海洋经济金融支持法》要求中央制定基本法律,同时清理地方不符合要求的相关立法,扫除不必要的交易壁垒,降低交易成本。第二,金融监管部门与其他政府部门的分工协作。国家层面上,统一监管体系和金融分业经营忽视了区域间发展的差异性,限制了金融创新的动力,阻碍了区域经济一体化的深入发展。制度层面上,银行与政府行政等级一一对应的区域分割

---

① 徐坚成:《人才国际竞争力研究——以上海为例》,上海社会科学院出版社 2011 年版,第361 页。

管理遏制了金融创新的活力,限制了区域经济一体化的继续推进。《长三角区域海洋经济金融支持法》应当建立区域监管协调机构,构建跨行业跨区域的监管协调机制,打造涉及规划、要素、信用、金融等方面的综合信息共享体系,实现资源优化配置,确立统一的市场监管量化评价标准,建立明确、规范的违法处罚等法律责任规定。第三,地方政府之间立法协调。首先,上海建设国际金融中心可以从其他省市有关规定中吸取有益经验。国内提出金融中心建设目标的城市中,提出建设全国或区域性国际金融中心的城市有五个,分别是上海、北京、深圳、广州和大连,提出建设国内区域性金融中心的城市有天津、重庆、西安、成都、沈阳、郑州、杭州、南京、苏州、无锡、宁波及南昌等。各地相关文件形式多采用规范性文件,仅深圳制定了地方性法规和政策性文件。这些规定涉及多个方面,如金融中心目标定位、金融中心市场建设、金融机构聚集政策、金融人才聚集举措、金融区域规划、金融安全监管与金融法治、区域金融合作、中心建设组织制度。① 其次,建立国内金融合作制度,促进长三角区域内的金融合作,拓展辐射范围,借力香港发展优势,实现沪港金融交流合作,同台北进一步深化两岸合作内涵,加强金融协调合作常态机制建设。最后,突出上海国际金融中心的特殊地位。作为我国金融市场中心,上海应率先建设完备的金融市场体系,建设完善的市场交易法律和市场监管法律,先行先试、积极探索研发金融创新产品,建设金融改革创新示范区,为我国区域经济基本制度立法积累经验,通过高水准市场建设,统一国内市场标准,消除不同区域立法矛盾和交易不畅等现象。

## 三、长三角区域海洋经济的金融支持执法协调

金融支持的执法协调需要建立"长三角区域金融执法协调委员会",作为金融法治沟通协调机构,其能够对区域海洋经济发展的金融支持过程中出现的问题进行协调。金融支持的执法协调涉及政府金融政策制定、金融

---

① 吴弘:《上海国际金融中心建设的法制环境》,北京大学出版社 2010 年版,第 78 页。

调控规划、金融机构监管、金融服务创新、金融交易网络信息共享、金融风险预警防范。[①]

从金融支持执法协调部门设置来看,现有行政区划、金融监管机构和金融机构的垂直管理模式阻碍金融服务的统一,区域协调委员会应致力于调整现有的分割管理方式,将长三角区域的两省一市纳入统一管理。建立长三角区域中国人民银行区域分行,银保监会、证监会的区域分会,并加强彼此间的协调,积极探索金融混业经营以及有效的监管方式。

《长三角区域海洋经济金融支持法》协调管理内容涉及争取国家政策倾斜、融合金融监管体制、建设信息共享机制、落实地区利益补偿措施。具体而言:第一,港航物流服务一体化金融支持执法协调。首先,实施对内对外开放政策,吸引民营资本和外商投资推进宁波—舟山港一体化;浙南沿海港口群建设,打造以江苏、浙江为两翼的上海国际航运中心。其次,区域协调委员会应牵头带领人民银行和银保监会、证监会实施跨区域监管,以区域整体利益为核心,协调各地方金融监管工作,推动港航物流服务一体化建设。最后,完善金融交易信息平台监管机制,降低市场信用风险,消除市场信息不对称现象,落实地区利益补偿措施,提供定向贷款帮扶落后地区发展。第二,信息网络设施一体化金融支持执法协调。首先,落实科学发展观,坚持共建共享,充分利用现有信息网络硬件资源并有效提高其使用效率,坚持依靠科技进步,发展低碳经济,改进执法协调的方式方法。其次,完善征信系统建设,扩展金融数据采集与共享渠道,加强区域合作,实现长三角区域市场主体准入资格互相认可,统一资信识别标准,共享金融信息,在保护数据安全和客户隐私的前提下,实现金融机构间客户信息共享。最后,加强信息网络末梢建设,在保证主干网络互联互通的基础上,确保网络"最后一公里"接入工作顺利完成,加强基层网络建设与维护,依靠先进移动互联网技术以及 NFC 等物联网技术,创新金融服务产品,创立特色金融服务品牌,借鉴美、日、韩等国经验(如日本软银的手机银行服务、Google 公司的 Google

---

① 周肇光:《长三角区域经济一体化政府协调与服务研究》,北京师范大学出版社、安徽大学出版社 2010 年版,第 198 页。

Wallet 服务），提供安全、便利的金融服务。第三，海洋科教文化创新一体化金融支持执法协调。首先，落实国家财政性教育经费支出占国内生产总值比例达到 4％的投入目标，[①]并在此基础上开辟金融资金投资教育产业的有效方式。建立服务于海洋经济发展的教学、科研体系，实现教学相长，以不断进步的科技创新带动长三角区域海洋经济向高技术含量、高附加值的现代产业模式转型，引导带动沿海、近海及深海工业的产业链建设，以自主创新精神培养一批创新人才，创建科技创新项目，占据世界海洋科技创新制高点。其次，提供优惠政策以减免相关高校债务，依靠综合信息平台共享区域内科研项目信息，跟踪创新项目进展，帮助实现具体科研项目的市场化、资本化运作，依靠我国中小板市场以及国外创业板市场的资金凝聚作用，实现科技创新与金融创新的结合，破解当前我国科技成果转化难题。最后，加强高校、科研院所与金融机构的联系，依靠信息平台实现项目共建、信息互通、利益共享。第四，海洋产业一体化金融支持执法协调。首先，引导金融企业发挥产业推动作用。助推技术进步加快重点项目领头企业的发展，加快行业向集团化、全球化方向发展，为企业提供内部外部综合管理工具，以行业技术水平的进步带动行业内企业的兼并融合。其次，对产业结构调整中的风险提供金融保险，为创新项目提供风险投资基金，为公众提供关系民生的保险等服务，稳步推进产业升级。最后，发挥区域协调委员会的协调作用，开展长三角区域金融联席会议，增进区域内各地政府、部门间的沟通，加强长三角区域金融合作、金融监管，保证金融服务实体经济、海洋经济功能的有效发挥。

## 四、长三角区域海洋经济的金融支持司法互助

金融支持作用的充分发挥需要完善的金融立法做保障，需要科学、公正的制度保障我们高效地处理金融纠纷、有效防止金融犯罪、有力防范金融风险，为我们长三角区域海洋经济建设创造优良的法治环境；但是随着金融创新的不断发展以及金融行业市场化、全球化发展的不断深入，各类新型金融

---

① 中华人民共和国教育部：《教育部关于印发〈教育部 2012 年工作要点〉的通知》，http://www.moe.gov.cn/publicfiles/business/htmlfiles/moe/A02_zcwj/201202/xxgk_129872.html.

违法、犯罪行为也随之不断出现。金融司法保障体系出现了许多问题:第一,新型金融案件不断涌现,而我国立法相对滞后,法院难以对案件进行有效预警处理和防范。第二,法院对金融创新过程中的各类新型矛盾纠纷难以做出专业判断,金融创新颠覆了传统市场交易规则和利益分配方式,对双方权益的规定更加复杂,法院审判人员的金融专业知识经验未及时跟上金融市场变化步伐。第三,金融案件的复杂性还表现在其往往涉及多方面法律法规,对审判人员的专业水平要求更高。第四,金融案件的国际性特点突出,需要满足公司特别是跨国公司的相关诉求,提供符合国际惯例的仲裁规则。

上海的金融司法实践开启了长三角区域一体化金融司法体系建设。在实践中不断"完善金融中心建设需要的法律法规,探索建立金融特别法庭和金融仲裁机构,强化金融执法,为有效监督提供法律支持环境"[1]。2011年陆家嘴论坛上,中共中央原政治局委员、上海市委书记俞正声表示,近年来,我们颁布了上海市推进国际金融中心的建设的条例,建立了金融法庭和金融仲裁院。建设工作的重点在于:一方面,打造上海国际金融仲裁中心,提供符合国际水平的专业仲裁服务,提高我国法律的国际公信力和影响力。另一方面,积极构建各层次上海金融专业法庭,签署地区司法合作协议,共建长三角区域一体化金融司法体系。

就建立国际金融仲裁中心的目标而言,长三角区域具有建设国际金融仲裁中心的优势。经济上,港航物流服务一体化、信息网络设施一体化、海洋科教文化创新一体化、海洋产业一体化为国际金融仲裁中心的建立提供了前提条件。政策上,《"十二五"上海国际金融中心建设规划》要求上海加强金融法治环境建设,发挥国家、地方金融立法的作用,推动制定既切合我国实际国情又符合国际惯例的金融法律制度,保障公平、公正和高效地解决金融纠纷。实践上,国际金融仲裁中心依靠2007年已经建成的上海金融仲裁院吸引了国内外优秀仲裁专家,依照国际准则处理国际金融纠纷。

---

[1]　冯国勤:《金融生态:中国金融发展面临的考验》,2005中国金融论坛上的演讲,http://news. xinhuanet. com/video/2005-11/03/content_3723638. htm,2012年4月25日访问。

就建立金融专门法院的目标而言,长三角区域金融专业案件的审理工作需要设立专门法院。这既是当前审判工作的现实需要,又是由金融案件的专业特点所决定的,还与我国的司法实践相一致。如,2008年,上海建立了"浦东新区人民法院民事审判第六庭",被称为"陆家嘴金融法庭",属于浦东新区法院内部的金融业务审判庭,负责证券、银行、基金、信托等金融商事案件。2009年,上海在浦东、黄埔两个专门金融法庭基础上又建立了上海市级金融法庭。

# 我国区域规划实施的法律适用保障研究

## ——以长三角为例①

以法律手段调整区域经济问题的研究,在我国法学界特别是经济法学界已经展开。基于区域内各主体间物质利益分配不公平、利益格局安排不合理、资源环境承载能力存在差异,以及区域间发展基础和潜力不平衡等问题,区域经济法律调整成为必要。② 从已有的研究成果看,法学界大多把视角集中于立法领域,提出"实施西部大开发战略,关系经济社会发展的全局,立法必须先行","我国未来的区域协调发展的法律体系,应该包括《国土开发整治法》《西部开发法》及《西部开发银行法》《转移支付法》"③等一系列命题,而区域经济法律的执法和司法研究相对薄弱。2008 年 8 月 6 日,国务院常务会议审议并原则通过《进一步推进长江三角洲地区改革开放和经济社会发展的指导意见》。会议指出,长三角区域是我国综合实力最强的区域,在社会主义现代化建设全局中具有重要战略地位和带动作用。在新形势下,加快提升长三角区域经济整体素质和国际竞争力,促进这一地区科学发展、和谐发展、率先发展、一体化发展,对推动全国改革开放和经济社会发展具有重大意义。据此,笔者以长三角区域为例,探讨《长江三角洲地区区域规划纲要》实施的执法和司法保障机制,进而为我国区域规划实施的法律适用保障体系提供模板。

---

① 本文系浙江省哲学社会科学规划课题"中国区域规划实施法律规制研究"(项目编号:07CGFX028YBM)的阶段性成果,作者唐勇。

② 徐孟洲:《论区域经济法的理论基础与制度构建》,《政治与法律》2007 年第 4 期。

③ 刘隆亨:《中国区域开发的法制理论与实践》,北京大学出版社 2006 年版,第 5 页、41 页。

## 一、区域规划实施执法机构的模式

《长江三角洲地区区域规划纲要》最终要通过一系列的法律法规得以落实,并由相应的区域执法机构负责实施。而区域执法机构的设置模式直接影响到区域规划实施的实效性和可靠性,综观各国区域经济管理机构的设置,大致可以划分为多机构模式和单机构模式。

多机构模式是指区域行政由中央政府内的几个执法机构多头运作的制度模式,通常涉及负责经济发展、环境保护、劳动力与社会问题等方面的政府部门,这种模式以英国最为典型。英国的区域执法机构是从横向和纵向两个方面来设立的:在横向方面,根据地理位置划分为九个区域,每个区域设立一个政府办公室;在纵向方面,分别有副首相办公室、贸易与工业部、交通运输部、内务部等九个部门负责区域行政事务。这种模式在一定程度上能够调动相关部门参与区域执法的积极性,但其缺点也十分突出:(1)由于各个部门的资源利益和政策目标各不相同,当指向同一区域对象时,往往会出现政策冲突;(2)分立的职能部门之间缺乏必要的沟通与协调,有可能造成区域项目的重复建设,浪费公共资源,增加政府运作成本;(3)地方政府在实施区域规划的过程中,往往花费大量的人力、物力和财力争取各个部门的区域开发项目,并且地方开发项目的实施也必须取得各个部门的批准,导致地方政府的低效率。

单机构模式是指区域执法由特定的中央政府机构来负责实施,单一制国家一般采用这种模式。法国中央政府负责区域发展的机构是国土规划与区域行动委员会,这是一个涉及多个政府部门、直接隶属于总理的独立机构,拥有独立的资金,在区域政策工具和区域发展战略选择上有决策权。专门的职能部门模式的优点显而易见:(1)专门的执法机构能够实现区域地方与中央的直接协调,在区域开发问题上,地方与中央的联系简单明晰,一个机构全面囊括各种问题;(2)专门的执法机构能够实现各个部门之间的协调,在处理区域性事务的过程中,各个中央行政执法部门都接受区域管理机构的统一调配,部门与部门之间如果出现摩擦和冲突,就由区域执法机构负责协商裁定;(3)便于职权职责落实到位,防止部门之间相互掣肘、相互推诿,如果区域管理机构协调不力或者怠于协调,那么由区域执法机构承担相应的法律责任;如果落实到具体部门执法不力,那么直接追究具体部门的法律责任。

就《长江三角洲地区区域规划纲要》的实施而言,可以参考美国的田纳西河流域管理局模式。1933 年美国颁布《田纳西河流域管理法》,设立该专门机构对田纳西河流域进行综合治理和开发,规定该机构多元化的决策机构、择优录用的人事制度和灵活的机构设置,最终取得良好效果。[①] 当前我们可以考虑建立专门的"长三角区域执法协调委员会",负责对长三角区域规划实施过程中遇到的执法问题进行协调。这一特殊机构应在试点运作过程中不断积累经验,最终应当成为我国各个区域经济协调发展的统筹性执法机构。

## 二、区域规划实施执法机构的职能

在区域经济合作背景下,"政府除了为企业间的投资合作牵线搭桥外,更重要的是要为整个区域经济的发展和合作进行总体规划和统筹协调,加强区域资源整合力度和协同发展能力,避免行政分割、低层次竞争、重复建设、产业趋同、资源浪费等种种弊端"[②]。作为一个处理区域经济发展事务的中央执法机构,长三角区域执法协调委员会将在遏制地方保护主义、杜绝行政垄断、消除市场藩篱、打击不正当竞争等方面起到重要作用。其职权职责具体包括以下内容。

第一,提出区域经济发展与区域关系协调的政策建议,并报请国务院与中央立法机构审批。长三角区域执法协调委员会集中中央政府处理长三角区域问题的全部资源和信息,其职能在于调查区域发展的现实基础、环境条件和预期前景,获取有关经济、社会、文教、资源等各个方面的信息资料;对区域信息进行分析整理,确定地区经济发展的优势和劣势,形成对区域经济现状的宏观把握,并在此基础上设计区域发展目标;草拟区域发展方案,编

---

① 文正邦、付子堂:《区域法治建构论:西部开发法治研究》,法律出版社 2006 年版,第 173 页。
② 叶航欣:《区域经济组织的法律调整——以泛珠三角区域经济组织为例》,《福州大学学报》2008 年第 1 期。

制区域发展规划,制定区域协调办法;将区域发展和区域协作政策报请国务院,成为国家统筹国民经济的重要依据,报请中央立法机构,将区域问题处理政策上升为国家法律法规,协助中央立法工作。

第二,统一管理专门基金并监督中央区域资源的使用方向。长三角区域发展拨款的决策权集中于该机构,可以设立专门基金用于直接拨款和优惠贷款,并且所有优惠措施应当完全披露和公开,提高透明度,防止因该机构垄断资源而造成腐败。另外,长三角区域内每个省(市)拥有 10 个以上的主导专业化(倾向)工业行业,但其主要主导专业化(倾向)工业行业基本雷同。上海和浙江的产业结构相似系数为 0.71,上海和江苏的产业结构相似系数为 0.84,而浙江和江苏的产业结构相似系数竟高达 0.97,这表明,总体上沪苏浙三地产业结构的趋同现象十分严重。① 鉴于此,长三角区域执法协调委员会应当在宏观上调控区域资源的分配和投资的流向,避免各地重复建设。

第三,与地方政府合作协调不同地区利益主体间关系,并约束地方政府行为。地方政府在区域性事务的执法上,主要致力于管辖地区的环境改善以吸引投资、发展经济,其具体行为包括增加公共物品数量(道路设施建设、通信设施建设等)、提高公共服务质量(社区安全保障、审批程序简化等)、改变税费水平(建立保税区、降低外企税率等)、管制具体行业(限制特定行业规模、升降准入门槛等)。于是,在社会经济发达地区,地方政府开始排挤高污染、高投入产业,提高企业居民落户门槛;在大量失业和财政拮据地区,地方政府往往鼓励投资进入,并发展资源密集型或劳动力密集型企业。这种做法导致地方政府间恶性竞争,几乎每个地方政府都在对外招商引资过程中承诺给予最优惠税收待遇,并且导致区域内部各个地区之间发展不平衡。长三角区域执法协调委员会应当站在全国统筹、协调发展的高度,发现地方政府区域性执法的问题,敦促地方政府制定符合区域经济发展方向的决策,约束地方政府的行为。

---

① 赵丽、夏永祥:《长江三角洲地区工业的区域分工协作现状及产业结构趋同现象浅析》,《苏州大学学报》(哲学社会科学版)2004 年第 4 期。

## 三、区域规划实施司法机构的设计

司法独立是一项基本原则,"公民接触到的法律边缘是在司法机关而不是立法机关,假如公民尊重法院的工作,那么他们对法律的尊重将克服其他权力部门的缺陷;但假如公民不尊重法院的工作,那么他们对法律和秩序尊重的消失,将给社会造成极大的危害"①。但是在我国,由于比较复杂的体制原因导致设立在不同地区的法院成为该地区的利益相关者,进而成为维护该地区利益的机构,司法的独立性和公正性受到了挑战。具体而言,我国司法机构设置采用的是从中央到地方建立一套"单轨制"法院系统。长三角区域内各省市的法院机构也暴露出中国法院系统在机构设置上的通病,直接危害司法独立的实现:(1)司法机构的设置明显带有地方化,法院设置完全对应于行政区划,任何一级法院都对应于同级的政府机构,不具有超然独立的品格。例如,"上海市高级人民法院"容易被理解成"上海市的法院",而不是国家设立在上海市的法院,被部分人想当然地认为是"为上海服务的法院",区域内各省市地方的法院莫不如此。(2)法院运作的经费明显带有地方化,法院运作的开支依赖于地方财政,因为"就人类天性之一般情况而言,对某人的生活有控制权,就等于对其意志有控制权"②。"无财产即无人格"的箴言同样作用于法院系统,使司法独立的经济基础彻底瓦解。

因此,在长三角区域规划实施的过程中,有必要考虑在现有司法体制框架容许的范围内建立具有一定中立性的特别法院,作为解决长三角区域跨省市民商事纠纷和刑事案件的司法机构。这样不但可以消除司法权力地方化,还可以为中国司法体制的改革提供经验和借鉴。具体有两种模式和思路可供选择:

第一,中央主导型司法机构设置模式。这种模式强调司法权在长三角区域的集中化,将上海、江苏和浙江三省市划为一个"大司法区",设立跨省

---

① Arthur T. Vanderbilt, The Challenge of Law Reform, Princeton University Press, 1995, pp4-5.

② 汉密尔顿:《联邦党人文集》,程逢如等译,北京:商务印书馆1980年版,第396页。

市的特别法院,可以命名为"最高人民法院长三角区域分院"或"长三角区域特别法庭",作为审判长三角区域跨省市民商事纠纷和刑事案件的司法机构,其地位与三省市高级人民法院平行,专门审理跨三省市的重大一审案件和上诉案件。在管辖权限上可以做如下安排:如果争议双方当事人所在地在同一省市的,按照现行管辖处理;如果争议双方当事人所在地跨省市的,其一审管辖权归属于被告所在地的中级人民法院,二审管辖权归属于长三角区域特别法庭;如果争议双方当事人所在地跨省市,并且案件案情复杂、诉讼标的金额巨大、在当地影响强烈,其一审管辖权归属于长三角区域特别法庭,二审管辖权归属于最高人民法院。

第二,地方自治型司法机构设置模式。这种模式强调发挥地方自治能力,且不改变法院设置现状,由沪苏浙三省市的高级人民法院联合成立"回避式特别法庭",专门审理跨省市的重大一审案件和上诉案件。在管辖权限上可以做如下安排:如果争议双方当事人所在地在同一省市的,按照现行管辖处理;如果争议双方当事人所在地跨省市的,其一审管辖权归属于被告所在地的中级人民法院,二审管辖权归属于"回避式特别法庭",具体的运作方式是:争议双方当事人所在地分别属于江苏省和浙江省时,则由上海市高级人民法院组织特别法庭并实施审判。争议双方当事人所在地分别属于上海市和浙江省时,则由江苏省高级人民法院组织特别法庭并实施审判。争议双方当事人所在地分别属于江苏省和上海市时,则由浙江省高级人民法院组织特别法庭并实施审判;如果争议双方当事人所在地跨省市,并且案情复杂、诉讼标的金额巨大、在当地影响强烈的案件,其一审管辖权归属于"回避式特别法庭",二审管辖权归属于最高人民法院;如果争议多方当事人所在地分别处于浙江、江苏和上海,可以考虑由三省市各派法官组成特别法庭,并进行审判。

此外,在司法机关经费保障方面,亦可以在长三角区域进行试点,将各级人民法院的经费单列,由最高人民法院统一管理,经费预算报财政部列入国家预算,再报请全国人大审查批准,由最高人民法院逐级下拨。最高人民法院有编制全国法院系统经费预算,监督检查各级地方法院经费使用情况,以及向社会公布的职权。地方法院运作经费的直接拨付,能够消解地方司法系统与地方党政机关之间的"利益脐带"联系,消除地方政府对司法系统经济命脉的直接掌控。由地方预算改革为中央预算,势必会加重中央财政负担,因此可以考虑将一种数额相当的地方税改为中央税,或将法院收取的诉讼费上缴国库。这样,在司法权的行使上可以免受地方行政牵制,进而在机构上可保持司法的独立性。①

从长三角区域现有的协调机制来看,包括《长江三角洲区域市场管理合作协议》《长三角人才服务城际合作宣言》《共建信用长三角宣言》《长三角质量技术监督合作互认宣言》在内的一系列共同协议,仅仅是就区域内各城市在产业发展微观领域的初步协调。这种协调方式显然与长三角区域都市圈经济一体化的要求相去甚远。因而,需要以国家制定法律的形式设立区域协调机构,负责协调区域经济,组建区域特别法庭,维护司法独立。而长三角区域规划实施法律适用保障探索实践的经验,又将为我国推进西部大开发、全面振兴东北地区等老工业基地、大力促进中部地区崛起提供参考和借鉴。

---

① 谭世贵:《司法独立问题研究》,北京:法律出版社 2004 年版,第 110 页。

# 我国区域规划实施的立法保障研究①

我国"十一五"规划纲要提出坚持实施推进西部大开发,振兴东北地区等老工业基地,促进中部地区崛起,鼓励东部地区率先发展的区域发展总体战略,健全区域协调互动机制,形成合理的区域发展格局。发展区域经济,形成区域格局需要建立相应的立法保障机制。笔者在梳理区域经济立法保障理论的基础上,结合国外实践经验,提出我国区域规划实施立法保障的基本构想。

## 一、区域规划实施立法保障的理论依据

建立区域规划实施的立法保障机制,并不意味着法律对区域经济协调发展的恣意干涉,而是因为市场主导或政策主导的区域经济发展模式都不能自足,需要以法律特别是经济法律规范来确定、指引和调控。

20世纪30年代以前,经济学几乎未把区域因素作为一个经济发展模型中的可控变量,认为经济发展水平及发展速度区域性差别的原因,在于自然条件特别是自然资源分布的不均衡性。而劳动力、原材料和资本的区域性差异直接反映在价格上,市场机制能够实现三者在区域之间的自由流动,最终导致各区域间工资、原料和资本等总成本趋于相近,最后工业布局的区域性差别消失。这个研究结论的基础在于市场出清,即工人将从低工资区迁移到高工资区,并且企业和流动资本将从高工资区流向低工资区。但现实并非如此,第一,工资和价格是有黏性的,当区域间生产资料的供求关系

① 本文系浙江省哲学社会科学规划课题"中国区域规划实施法律规制研究"(项目编号:07CGFX028YBM)的阶段性成果,作者唐勇。

发生变化时,工资和价格并不能立刻做出反应;第二,区域间的资本和劳动力流动存在着很大的障碍,包括购买与出售房子等不动产和转移动产在内的物质成本,以及家庭在不熟悉的地方安置的文化习俗差异的非物质成本。这在国外的一些统计结果中业已证实:"在具有代表性的一年期间,英国作为一个整体因就业原因而迁移的移民中,大约85%是区内移民,仅有15%的迁移跨越了区域边界。英国超过2/3的重新安置家庭的迁移距离低于10千米。"①除了区际要素流动的成本不可忽略外,公共产品领域跨区域投资的失败,也是区域经济发展的一大障碍。区域经济学用"囚徒困境"的博弈理论来说明这个问题:假定 A 区域和 B 区域都提供公共物品(如跨区域高速公路)且都存在需求,生产公共物品的成本为 10 个单位,每个区域的收益则为 8 个单位,在两个区域合作生产公共产品(C)或不合作生产公共产品(N)的博弈组合如表 1 所示。若两个区域合作生产并分摊成本,每个区域成本为 5,净利益为 3。若一方合作而另一方不合作,则合作方净利益为-2,不合作方净利益为 8。在一方策略给定的情况下,另一方使自身利益最大化的最佳选择是不合作,因而最终导致双方都不投资公共物品(AN,BN)。在公共物品投资"囚徒困境"局面下,A、B 两个区域都期望上级或中央政府的财政分配能够向本区域倾斜,在财政分配领域开展利益争夺,或期望对方提供公共物品而自己"搭便车",导致国家经济管理成本的扩大。② 针对上述市场失灵的现实状况,干预主义经济学理论修正了自由主义经济学的基本观点,以公共福利最大化为原则,提出区域经济发展进程中政府决策的重要意义,认为"地方政府干预区域经济主要是为了促进辖区内的经济发展,而中央政府干预区域经济除了要促进区域经济发展外主要着眼于处理好区域经济关系"③。由此,经济学特别是区域经济学的研究从市场不自足角度证明了国家干预协调区域经济发展的必要性和必然性。

---

① [英]阿姆斯特朗、泰勒:《区域经济学与区域经济政策》,刘乃全等译,上海人民出版社 2007 年版,第 129 页。

② 张可云:《区域经济政策》,商务印书馆 2005 年版,第 81—82 页。

③ 陈秀山、张可云:《区域经济理论》,商务印书馆 2003 年版,第 385 页。

表 1 区域公共物品投资的"囚徒困境"

| | BC | BN |
|---|---|---|
| AC | 3,3 | −2,8 |
| AN | 8,−2 | 0,0 |

改革开放以来,特别是 2001 年"十五计划"提出"实施西部大开发战略,促进地区协调发展"后,我国对区域经济干预主义的理论研究和实践运用逐步展开。党的十七大报告提出,实施区域发展总体战略,深入推进西部大开发,全面振兴东北地区等老工业基地,大力促进中部地区崛起,积极支持东部地区率先发展。与法律相比,政策在调整国家重大事务上功效存在明显不足。其一,政策的操作性不及法律,政策一般只规定行动方向而不规定行为准则,法律则通过权利义务在不同主体之间的分配来实现预期目标;其二,政策的强制性不及法律,政策主要依靠宣传教育和党的纪律保证实施,法律则是以国家强制力作为后盾的;其三,政策的体系性不及法律,政策通常是以决议、纲领、命令、宣言,乃至通知、口号、纪要等形式表现出来,法律则有其特定的表现形式,是一个位阶分明、内容完善的有机整体。在法治国家里,社会生活的基本方面和主要社会关系均应纳入法律治理的轨道,因而,我国区域规划的基本内容和实施方略,首先应通过立法的方式获得法律的确认和调整。

## 二、区域规划实施立法保障的国外经验

从各国的区域开发实践经验来看,大多数国家都采用法律的方式来推行区域政策的有效实施。换句话说,以立法推动国家区域经济发展是国际上的一个普遍性做法。比较各国区域法制建设经验,大致可以概括出调整区域专门化、调整目标多元化、调整对象系统化等特征。

国外区域立法的最初形式并未强调区域性,而是以国土开发的角度进行法律设计,随着区域定位和发展态势的逐步明朗,立法日渐趋于专门化,表现为对特定开发区域进行专门的制度设计。如,美国 1862 年颁布的《宅地法》(Homestead Act),其基本内容是:"凡年满 21 岁的美国公民、已递交

了入籍申请者等,只要未参加过反对合众国的战争,花费 10 美元的手续费,均可申请获得 160 英亩的宅地。"①从法律内容本身来看,这个法律文件很难说是一个严格意义上的区域立法,仅仅是通过制度的鼓励性设计,即以极低的价格获得西部的土地,借此鼓励美国民众向西部条件恶劣地区迁移推进。及于 1933 年颁布的《田纳西河流域管理法》(Tennessee Valley Authority Act)则是专门针对田纳西河流域进行综合治理和经济开发的法律,通过改善田纳西河的通航能力、控制洪水、重新造林并合理利用沿岸土地、开发工农业等区域针对性的措施,使流域 7 个州约 41000 平方英里土地由穷变富,通过几十年的综合开发治理,到 1980 年田纳西河流域的人均收入已经从不足全美水平的一半发展到接近全国平均水平。1985 年日本颁布的《振兴半岛法》将调整区域定位为受到三面环海、多山、水资源匮乏等国土资源和利用方面的制约,有关产业基础及生活环境的整备与其他地区相比处于低水平的半岛地区;1991 年修订的《孤岛振兴法》将调整区域定位为远离本土处于被隔绝状态的孤岛。② 区域经济立法比较成熟的国家,基本上采用特定区域特定立法的形式,有针对性地调整区域开发关系。

国外区域经济立法的演变基本上是调整目标从一元化向多元化发展。传统的学说理论和法制实践都认为区域经济立法等同于扶贫法和救济法,但 20 世纪以后,各国把立法目标定位于区域经济协作发展,既对落后地区实施倾向性利益分配,又注重对首都和大城市经济圈进行重新规划。最具代表性的是美国明尼苏达州 1999 年的《区域发展法》(Regional Development Act)。③ 该立法的目的在于促进政府间的合作与协调:第一,解决明尼苏达州城乡区域发展问题,这些问题超出了地域边界,单个政府单元(Government Unit,指一个州、市、县、学区或其他州的政治地域单元)无力制定解决方案而使得跨政府单元管辖范围的协调行动成为必需;为地方政府解决共同的问题提供资金;充分利用地方、州、联邦以及私人计划为城乡区域公民提供

---

① 文正邦、付子堂:《区域法治建构论:西部开发法治研究》,法律出版社 2006 年版。

② 吴大华:《国外开发不发达地区法律法规汇编》,民族出版社 2001 年版,第 86—80 页。

③ Regional Development Act,见 http://www.lpa.state.mn.us/laws/regional462.html#regions,2008 年 6 月 25 日。

帮助。第二,设立区域委员会,来负责该法案的具体实施:制定计划致力于解决区域经济、社会、物质和政府问题;帮助推进地方政府计划的落实。在内容上,该法案包括了区域确定、区域发展委员会的设立、委员会成员的地区分配、委员会主席和工作人员、委员会权力和责任、公民参与和建议等具体事项。该法案的特殊地位在于:(1)区域立法从传统的"扶贫法"过渡为"发展法",该法的重点不再是对贫困地区或萧条地区提供资金技术支持,而是强调政府之间的合作协调,促进社会经济的持续发展;(2)区域立法从传统的"区内法"过渡为"区间法",该法调整的区域不再是某级政府管辖下的地域,而是提出了"政府单元"概念,解决跨同级政府管辖区域的问题;(3)区域立法从传统的"闭合法"过渡为"开放法",该法不再是针对某个特殊问题进行规定,而是提供了一个统筹性的文本,通过对操作程序和权利义务的规定,授权区域发展委员会落实具体事宜,制定各种区域计划。这些立法经验对建立长三角区域规划实施的法治保障体系大有裨益。韩国近年来的区域立法也呈现类似特征:(1)继续整顿首都圈,进一步分散首都的人口和工业,促进以地方大城市为中心的区域经济圈的形成;(2)建立以农工地区为中心的地方工业区;(3)从1988年起推行新城市建设等。①

国外区域经济立法的另一特征是调整对象的系统性,即立法不仅仅着眼于特定区域的资源开发和经济发展,而且对特定区域的自然环境和人文社会的协调发展也有所安排。英国和美国主要是通过全国性的环境立法来统一调整规范区域经济开发中的环境问题。日本在制定特定区域经济开发的同时,亦单独颁布调整环境人文的区域性法律,如1959年制定《关于东京首都圈建成区控制发展工业法》,严格限制在东京市区新建和扩建工厂,并鼓励高耗能及重污染工业企业向周围郊区县搬迁,1973—1974年从东京市区迁出了161家工厂,市区工业用地在1965—1974年间减少了26.2%。②1983年修订的《关于保存古都历史风貌的特别措施法》主要是针对京都市、奈良市、镰仓市等以往政治文化中心地区具有历史意义的建筑物、遗迹等与

---

① 文正邦、付子堂:《区域法治建构论:西部开发法治研究》,法律出版社2006年版,第207页。
② 朱容:《法治建设与区域经济发展研究》,西南财经大学出版社2007年版,第65—66页。

其周围的自然环境融为一体,体现古都传统和文化的土地形态保护和开发进行规制。①

## 三、区域规划实施立法保障的基本构想

我国建立适应区域规划的立法保障体系,应当着重把握以下几方面的问题。

### (一)区域经济立法模式的选择问题

我国区域规划实施的立法保障,首先需要解决的问题是制定一部统一的区域经济发展基本法,还是根据不同区域经济发展状况有针对性地分别立法? 有学者提出:"区域协调发展的各项政策均源于国土开发整治政策,其法律化的表现——《国土开发整治法》就成为区域协调发展的基本法。制定《国土开发整治法》是促进区域协调发展的根本保障。"②笔者认为,就目前的区域经济发展状况和立法可行性程度而言,宜采用分别立法的模式。我国区域经济发展水平差距很大,并且这种差距将在一定时期内存在。根据各地规划汇总的数据显示,到 2010 年东部地区人均国内生产总值达到36310 元,是全国平均水平的 1.54 倍,西部地区的 2.85 倍,如表 2 所示。而且,在东部地区中,长江三角洲、珠江三角洲和环渤海湾三大经济发展区域之间的差距亦非常明显,其中长三角区域已经全面进入工业化阶段,民营经济发达、国际化程度高,但受到土地、资源、环境的压力大;珠三角区域经济严重依赖港澳,外贸依存度高,受贸易摩擦和汇率变动的影响大;环渤海区域诸城市之间差距很大,缺乏互补优势。③ 这就表明,如果制定全国统一适用的《国土开发整治法》,为了整合不同区域之间的共性和普遍问题,那么只能从原则上和框架上做出安排设计,无法细化到每个区域的权利义务分配。

---

① 吴大华:《国外开发不发达地区法律法规汇编》,民族出版社 2001 年版,第 446—447 页。
② 刘水林、雷兴虎:《区域协调发展立法的观念转换与制度创新》,《法商研究》2005 年第 4 期。
③ 陈维、游德才:《长三角、珠三角和京津冀区域经济发展阶段及制约因素比较与分析》,《珠江经济》2007 年第 6 期。景体华、陈孟平主编:《2006—2007:中国区域经济发展报告》,社会科学文献出版社 2007 年版,第 67—68 页。

这样的《国土开发整治法》几乎等同于国家"十一五"规划纲要等政策性文件,并不能发挥立法的指引和规范作用,当一个区域发展水平超出立法前瞻的预测值,将影响到整个法律文件需要做出修订。此外,从国外区域经济立法的方式来看,"一区一法"的针对性立法模式成为20世纪50年代后的主要形式,这种模式保障了法律调整的对口性和有效性。西部大开发战略是我国近年来实施的第一个区域发展战略,长期以来都是以政策甚至宣言的方式进行推动的,缺乏法律依据和法制保障,《西部开发促进法》也是当前亟待制定的区域性法律。

表2　根据各地规划汇总的人均 GDP 增长情况　　　　　　单位:元

| 地区 | 2005 年人均GDP | 2005 年东部与各地区人均GDP 之比 | 2010 年人均GDP | 2010 年东部与各地区人均GDP 之比 |
|---|---|---|---|---|
| 全国 | 15059 | —— | 23541 | —— |
| 东部 | 23500 | 1.00 | 36310 | 1.00 |
| 东北 | 15924 | 1.48 | 26448 | 1.37 |
| 中部 | 10481 | 2.24 | 16778 | 2.16 |
| 西部 | 8376 | 2.81 | 12748 | 2.85 |

数据来源:景体华、陈孟平主编:《2006—2007 年:中国区域经济发展报告》,社会科学文献出版社 2007 年版,第 54 页。

## (二)区域经济立法机关的选择问题

从立法权划分的角度看,我国现行的立法体制是中央统一领导和一定程度分权的,多级并存、多类结合的立法权限划分体制,大体上可以区分为中央立法和地方立法两个层面。[①] 中央立法的效力可以作用于全国,其含义是这些规范性文件具有较高的效力等级,一般在全国范围内有效,但由于规范性文件所规范的事项未必都与全国有关,因而未必都在全国有效。《长江三角洲区域统筹发展法》涉及上海市和浙江省、江苏省的部分地区,《西部开发促进法》则涉及重庆市、四川省、贵州省等十个省市自治区,显然应当采用

---

① 　周旺生:《立法学》,法律出版社 2004 年版,第 144 页。

中央立法。

《立法法》第 8 条规定,涉及"基本经济制度以及财政、税收、海关、金融和外贸的基本制度"以及"必须由全国人民代表大会及其常务委员会制定法律的其他事项"只能制定法律。《长江三角洲区域统筹发展法》和《西部开发促进法》的调整对象是区域规划实施过程中所发生的社会关系,这种社会关系的调整应当从国家总体战略出发,来解决区域内各省市普遍关注而单一省市不能很好解决的主要问题。这些社会关系符合由全国人大及其常委会制定的法律的调整对象,因而区域经济立法机关应当定位为全国人大及其常委会。

### (三)区域经济立法内容的选择问题

对《长江三角洲区域统筹发展法》和《西部开发促进法》内容进行合理的安排,是关系到这两部区域经济法律能否得到预期实施效果的关键。如果内容安排过于宽泛,则视同于纲领性的区域规划,既实际操作困难又浪费立法资源;如果内容安排过于细密,则可能重复其他现行的法律规范。根据相关地区的"十一五"规划纲要,这两部法律的内容大致应当包括以下几个方面。

第一,立法目的。由于采用分别立法的模式,区域经济法律的立法目的不能笼统地促进区域协调发展,而应当根据对应区域的现实状况和发展目标来确定立法目的。如,《长江三角洲区域统筹发展法》的立法目的是整合长三角区域资源,将长三角建设成我国综合实力最强的经济中心、亚太地区重要国际门户、全球重要的先进制造业基地、率先跻身于世界级城市群的地区。

第二,执法机构。区域经济法律的实施不能仅仅局限于省市人民政府的地方层面,应当考虑在发改委甚至国务院下面设置一个区域协调委员会。该委员会统一协调区域经济执法工作,并且根据不同区域设立分支机构,对应有长三角区域协调委员会和西部开发区域协调委员会。其主要工作是提出区域经济发展与区域关系协调的政策建议,并报请中央与立法机构审批,具体执行区域法律法规;与地方政府合作协调不同地区利益主体间关系,并约束地方政府行为;统一管理专门基金,并监督中央区域资源的使用方向;具体负责区域划分工作,组织研究重大区域问题。

第三,区域调控手段。区域调控手段是国家进行区域经济宏观调控的具体措施,包括积极手段和消极手段两种。前者是奖励措施,涉及拨款、优惠贷款、税收减免等直接援助和基础设施、工业科技园区建设等间接援助;后者是控制措施,涉及直接禁止、许可制度和税费征收等。

第四,法律责任。这两部法律的基本属性应当属于经济法的范畴,其法律责任宜采用以经济法律责任为重点,辅之以行政法律责任,建立法律责任模型。经济法律责任包括赔偿经济损失、支付违约金、罚款、没收违法所得、返还财产、冻结存款、查封等具体责任方式,能够弥补各种主体因违法而造成的损害,同时通过提供完善的法律威慑机制,防止损害的发生。

另外,清理区域内地方性法规中的冲突条款,将是一件必要而繁杂的工作。以长三角区域为例,享有地方立法权力的地区有浙江省、江苏省、上海市、杭州市、宁波市、南京市、无锡市、苏州市、徐州市等九个地区,这些地区都制定了针对本地区的规范性文件。据不完全统计,长三角区域现在共有地方性法规近千件,这些规范性文件需要逐步整理修改,以消除其中的障碍和冲突,可以引入同级立法机关交叉备案制度。

# 论法治浙江的历史变迁与科学含义①

　　浙江物阜民丰,自南宋以来为经济、社会乃至政治建设之地方样本,尤其是清末以降,法律人才辈出、法制实践兴盛。湖州沈家本重法理、废酷刑、倡法制而主持改造《大清律例》;宁波吴经熊游诸国、研西法、倡宪制而主笔《中华民国第一宪法草案》;杭州以"五四宪法"起草地为共和国法史所铭记,诸暨以"枫桥经验"创造性为基层政法工作之典范。而今,在全面推进依法治国、建设社会主义法治国家的时代背景下,"法治浙江"更是一提出就成为浙江省法治建设的核心范畴和主要目标。据此,梳理"法治浙江"的历史变迁,揭示其科学含义对全面推进法治浙江的实践有着重大的现实意义。

## 一、法治浙江的历史沿革

　　以中共浙江省委和浙江省人大常委会出台的相关文件为标志,法治浙江大概经历了三个历史阶段。

　　第一,法治浙江的萌芽阶段(1996—2005)。1996 年,中共浙江省委九届七次全会明确提出了依法治省的目标要求;同年,浙江省八届人大常委会第三十二次会议通过《关于实行依法治省的决议》,要求从浙江省实际出发,大力加强立法、执法、普法和法律监督工作,做到有法可依、有法必依、执法必严、违法必究,切实保障宪法和法律在浙江省的贯彻实施,保障人民群众依法管理国家及各项社会事务的民主权利,保证各项事业在社会主义法制的轨道上顺利发展。2000 年,省委又做出了《关于进一步推进依法治省工作的决定》,把依法治省推向一个新高度。2005 年,省委把建设法治浙江作

---

　　① 本文作者唐勇、林芳臣。

为年度重点调研课题,时任浙江省委书记习近平亲自主持,时任省委副书记夏宝龙等参与,习近平先后深入全省各地 40 多个乡村、社区和单位,就法治浙江建设开展专题调研,省委召开常委会议,第一次研究建设"法治浙江"命题。①

第二,法治浙江的确立阶段(2006—2013)。2006 年,中共浙江省委举行十一届十次全体(扩大)会议,审议通过《中共浙江省委关于建设"法治浙江"的决定》,嗣后,省十届人大常委会第二十五次会议通过《浙江省人民代表大会常务委员会关于建设"法治浙江"的决议》,提出深化对建设法治浙江的认识、健全社会主义民主、发挥人大及其常委会的职能作用、全面推进依法行政、切实维护司法公正以及加强法制宣传教育等六项任务。自此,浙江的地方治理从"依法治省"跃迁为"法治浙江",并作为一个专门的法律术语通过地方性法规予以固定下来。法治浙江自地方党委和人大的文件中予以确立后,便成为浙江省各项事业的指导方针。2007 年中共浙江省第十二次代表大会和 2012 年中共浙江省第十三次代表大会都提出加快建设法治浙江的要求,并将其与平安浙江、生态浙江相关联,促进经济社会全面协调可持续发展,成为地方治理的一个典型样本。在此期间,"全省各地各部门扎实推进法治浙江建设,依法执政水平明显提高,科学立法、严格执法、公正司法、全民守法取得显著成效,走出了一条经济发达地区法治先行先试的新路子"②。

第三,法治浙江的深化阶段(2014—  )。2014 年,中共浙江省委十三届六次全会深入学习贯彻党的十八届四中全会精神,按照《中共中央关于全面推进依法治国若干重大问题的决定》的部署,结合浙江实际,研究了全面深化法治浙江建设问题,做出了《中共浙江省委关于全面深化法治浙江建设的决定》,明确提出全面深化法治浙江建设的总体要求,就全面提高依法执政能力和水平、健全具有浙江特色的法规规章、加快建设法治政府、全面提升司法公信力、健全权力运行制约和监督体系、推进法治社会建设、加强和

---

① 《"法治浙江"建设的足迹》,《浙江日报》2014 年 10 月 20 日,第 3 版。
② 《全面深化法治浙江建设的行动纲领》,《浙江日报》2014 年 12 月 16 日,第 2 版。

改进党对全面深化法治浙江建设的组织领导等七个方面重点工作进行了部署。法治浙江的内涵逐渐丰富，内容趋于清晰，取得了实质性的发展。建设法治浙江，其本质就是建设社会主义法治国家在浙江的具体实践，是依法治省的理论发展和实践深化，具体体现为立足于浙江省情的法治建设过程及其实现的目标。

在新的历史阶段，建设法治浙江要处理好三大关系：(1)过程与目标的关系。建设法治浙江是一个循序渐进的过程，从依法治省战略提出至今历时20多年，在肯定成效的同时不能忽视许多与新形势新要求不相适应、不相符合的问题：一方面，制度本身的惯性决定法治浙江是一个过程，沿袭和套用旧有制度的成本和风险往往低于对制度本身进行变革。因此，新制度的产生不可能在朝夕之间得以完成。另一方面，新制度效用的产生同样是一个过程，在法治浙江系统工程中，立法仅仅是其中的一个环节，立法所要解决的是制度变革问题，代表着官方的或主流的"大传统"话语，而民间的或非主流的"小传统"话语未必立即能够与新制度保持一致，新制度效用的产生需要时间上的积淀。与此同时，法治浙江还是浙江法治建设所要达到的目标，过程中每个片段或事件的成败得失需要借助于目标来判断和评价。(2)中央与地方的关系。《中共浙江省委关于全面深化法治浙江建设的决定》提出了全面建设法治浙江的"总目标是在全面推进依法治国、建设中国特色社会主义法治体系、建设社会主义法治国家进程中继续走在前列"，这就诠释了法治浙江与法治中国的关系。单一制的国家结构形式决定了地方的法治建设不能独立于或背离全国大局，地方的法治实践应当在中央的法治框架内展开，法治浙江是法治中国的组成部分。但法治浙江与其他省市的法治实践相比依然有其特色。其一，浙江的法治建设起步较早，"法治浙江"概念的形成先于"法治中国"概念，甚至可以理解为前者是后者的早期探索和实验。因此，全面深化法治浙江有着良好的积累和基础。其二，之所以使用"法治浙江"这个概念，是要面向浙江的实际，解决浙江的问题，这在法治浙江的客体维度应当得以体现。(3)内在与外在的关系。法理学往往从内在价值和外在价值两个层面探讨法治。当某一事物具有工具上的重要性，即该重要性来自那些外在于事物自身的目标，那么这种价值可以称为

"外在价值"。不依赖于外在目标,而事物本身所固有的重要性可以被称为"内在价值"。在内在价值方面,富勒提供了程序性自然法的八项法治原则,即一般性,公之于众,适用于将来而非溯及既往;明确性,避免内在矛盾,不应要求不可能实现的事情;稳定性,以及官方行动与法律的一致性。[①] 这些要求对建设法治浙江同样具有指导意义,尤其是有遵守的可能性与官方行为守法这两条,可以视为决定法治浙江能够获得民众普遍支持的决定性条件。至于外在价值,建设法治浙江落脚于建设物质富裕精神富有的现代化浙江和建设美丽浙江的目标上,从而避免将法治浙江沦为一种口号或运动,而能使其真正发挥作用,推动外在目标的实现。

## 二、法治浙江的主体维度

法治浙江的历史演进为解读概念的内涵提供了经验素材。不仅如此,从法理学的抽象视角进一步明确其科学含义,则构成具体实践得以开展的逻辑前提。笔者拟从主体、客体和时空三个维度进行讨论。

主体在哲学上是指对客体有认识和实践能力的人。探讨法治浙江的主体维度,就是要回答由谁来认识和实践法治浙江这个问题。从法治浙江的发展史来看,中共浙江省委是法治浙江最早的倡导者,可以将其视为法治浙江的建设主体。"改革开放以来,省委高度重视社会主义民主法制建设,1996 年做出了依法治省决定,全面推进依法治省工作,在民主制度建设、地方立法、依法行政、公正司法、法制宣传教育等方面取得了显著成就。党的十六大以来,省委把法治建设作为实施'八八战略'和建设'平安浙江'的一项重要内容,摆在突出位置来抓,全社会法治化进程不断加快,为建设'法治浙江'奠定了良好的基础。"[②]为加强对法治浙江建设的领导,定期研究解决法治建设中的重大问题和突出问题,中共浙江省委专门成立了建设法治浙江领导小组,下设具体负责指导、协调各项工作的办公室,明确领导小组及办公室的各项目标任务,适时研究制定有关政策举措,这为法治浙江建设的

---

① ［美］富勒:《法律的道德性》,郑戈译,商务印书馆 2005 年版,第 55—107 页。

② 《中共浙江省委关于建设"法治浙江"的决定》,《浙江日报》2006 年 5 月 8 日,第 2 版。

顺利推进开辟出一条崭新的道路。

法治浙江的实践应当遵循法治的客观规律,在法律运行的过程中建立其相应的主体系统。(1)立法主体。"通过向司法、行政系统提供支持,立法机关对政治组织的整合做出了贡献。具体而言,立法机关是通过对政治组织进行授权、合法化以及维护权益的方式来提供这种支持的。"①如果将建设法治浙江视为一种政治安排的话,该安排从政策上升为法律的标志是立法机关制定的规范性法律文件。随着《立法法》的修改,在浙江省享有地方立法权的立法机关包括浙江省人大及其常委会、各地级市人大及其常委会,上述地方的政府在制定地方性规章时也属于立法机关。此外,景宁畲族自治县人民代表大会有权制定自治条例和单行条例。在立法过程中要结合地方发展的需要,科学制定立法计划,在不违背上位法的前提下,注重创制性立法,逐步形成完备的、适应浙江省经济社会发展需要的地方性法规和规章体系。通过立法听证、专家论证、行业咨询、征求意见等程序步骤,扩大立法民主,从而提高立法质量。(2)执法主体。《浙江省人民代表大会常务委员会关于建设"法治浙江"的决议》指出:"依法规范行政权力,全面建设法治政府,是建设法治浙江的关键所在。"②据此,法治浙江的关键主体包括省、市、县、乡(镇)等各级政府及其职能部门。法治政府就是遵循依法行政的政府,具体包括职权合法、程序合法、内容合法、权限合法。在有明确制度规定的情况下,依照制度执法,在无明确制度规定的情况下,依照法律原则和社会公益的要求执法,并且确保执法结果的公允和恰当。作为经济发展水平较高的省份,浙江各级政府更应该在转变政府职能方面走在全国前列,经济调节、市场监管、社会管理和公共服务将是改革的主攻方向,通过严格执法、公正执法和文明执法建设法治浙江。(3)司法主体。立法机关和执法机关是地方性机关,以增进地方利益、服务地方发展为己任。但司法机关又不能简单地等同于上述二者,而应当以维护公平正义为价值追求。换句话说,"确保依法独立公正行使审判权和检察权。各级党政机关和领导干部要支持法

---

① 〔美〕瓦戈:《法律与社会》,梁坤、邢朝国译,中国人民大学出版社 2011 年版,第 88 页。
② 《浙江省人民代表大会常务委员会关于建设"法治浙江"的决议》,《浙江日报》2006 年 5 月25 日,第 2 版。

院、检察院依法独立公正行使职权。"①进一步理顺法院与检察院及其与党委、人大、政府的关系,是司法体制改革的应有命题,也是法治浙江地方实践对法治中国具有参考和典范价值的内容。(4)守法主体。立法、执法和司法机关依法行使法定职权在广义上也属于遵守法律的范畴,但这里的守法主体主要是指国家机关以外的公民、法人、社会团体等主体。守法既包括不违反法律的消极守法,更应当包括提高依法维权和理性表达利益诉求甚至参与、促进和分享法治浙江建设成果的积极守法。建设法治浙江对社会大众的守法水平提出了更高要求。在过去的实践中,"老百姓依法有序决定自己的事情已渐成常态。不断健全民主制度,丰富民主形式,扩大公民有序的政治参与,在基层民主建设方面走在全国前列"②。

综上所述,在主体维度上,中共浙江省委提出法治浙江战略,浙江省人大常委会将其以法律法规的形式固定下来,最终形成包括立法、执法、司法和守法主体在内的主体体系。

## 三、法治浙江的客体维度

法治浙江的客体是指主体之间权利和义务所指向的对象,即法治浙江所建设的对象,主要包括经济、政治、社会、文化和生态等五个维度。"尊重和保障人权"既是现行《宪法》的基本原则和重要规范,也是《浙江省人民代表大会常务委员会关于建设"法治浙江"的决议》所确立的法治浙江的应有之义。我国签署的《公民权利和政治权利国际公约》《经济、社会和文化权利国际公约》《发展权利宣言》等一系列人权文件,将为法治浙江客体的确立提供参考依据。

在经济维度上,经济活动中的制度需要和制度供给的矛盾运动催生并发展了以经济法为代表的调整经济关系的法律规范体系,经济法对经济活动的引导、促进和规范的调整作用又确保了市场经济健康有序的发展。2006年《中共浙江省委关于建设"法治浙江"的决定》,指出"法治浙江"建设

---

① 《中共浙江省委关于全面深化法治浙江建设的决定》,《浙江日报》2014年12月15日,第3版。
② 朱海兵:《法治浙江,和谐的基石》,《浙江日报》2008年10月30日,第1版。

要突出抓好的工作,就包括"着眼于为浙江经济社会全面协调可持续发展提供法制保障""着眼于促进企业依法经营、诚信经营"等内容。① 2014年《中共浙江省委关于全面深化法治浙江建设的决定》在总结法治浙江建设的经验时提出:"坚持市场取向改革,转变政府职能,深化行政审批制度改革,推进行政执法规范化,率先开展'四张清单一张网'建设,更多地运用法律手段调节经济关系、规范经济行为,依法维护各类市场主体的合法权益,为多种所有制经济共同发展营造良好法治环境。"②浙江经济无论在规模数量还是在产业结构方面都走在全国前列,2015年上半年浙江省生产总值19281亿元,按可比价格计算,比上年同期增长8.3%,比全国平均水平高1.3个百分点。③ 信息、动漫、海洋等新兴经济业态成为浙江经济的推动力量,对这些经济活动进行法律规制,是法治浙江在经济领域的主要战略目标,也是地方治理的特色所在。

在政治维度上,法治浙江的建设过程一直把最广大人民的利益作为一切工作的出发点和落脚点,坚持党的领导、依法治国和人民利益三者的统一。在人权话语体系中,《公民权利和政治权利国际公约》第25条所记载的内容被认为是政治权利的集中表述,即"每个公民应有下列权利和机会,不受第2条所述的区分和不受不合理的限制:(甲)直接或通过自由选择的代表参与公共事务;(乙)在真正的定期的选举中选举和被选举,这种选举应是普遍的和平等的并以无记名投票方式进行,以保证选举人的意志的自由表达;(丙)在一般的平等的条件下,参加本国公务"。无论采用何种具体的模式,允许、鼓励并保障公民参与公共事务是法治浙江在政治维度上的建设重点;选举权和被选举权的落实既体现于省、市、县、乡镇等各级人民代表大会的选举层次,又在居民委员会和村民委员会的选举中加以贯彻,在此基础上探索公共事务领域的民主选举、民主决策、民主管理和民主监督机制;参与

---

① 《中共浙江省委关于建设"法治浙江"的决定》,《浙江日报》2006年5月8日,第2版。

② 《中共浙江省委关于全面深化法治浙江建设的决定》,《浙江日报》2014年12月15日,第3版。

③ 董洁、曾杨希:《互联网+成新增长动力,上半年浙江GDP比全国GDP高1.3%》,http://zjnews.zjol.com.cn/system/2015/07/20/020747438.shtml,2015年9月1日访问。

的平等性在政治维度上尤其重要。上述《公约》条款规定的"目的是防止享有特权的群体垄断公共事务"，①建设法治浙江也应当注重政治参与在性别、民族、城乡、地区、职业等方面分别的广泛性和平等性，尤其在利益相关者的认定和筛选上，既要保证利益增加者的参与，又要保证利益减损者的参与。

在社会维度上，"社会治理"成为当下中国认识和解决社会问题的新范式。在这种范式的统摄下，以社会与国家在界限明晰的基础上，开展有效协同，以实现社会服务与社会事业的繁荣发展，将人的全面发展作为目标，促进国家组织、市场组织、社会组织和社会公众共同合作。② 法治浙江建设也不能脱离这个时代背景，应当"加快保障和改善民生、推进社会治理体制创新法律制度建设"③。如果从人权视角看，法治浙江的社会维度就是要运用法律的手段维护两类权利：其一，享受适当生活水准的权利。《经济、社会和文化权利国际公约》第11条宣告"人人有权为他自己和家庭获得相当的生活水准，包括足够的食物、衣着和住房，并能不断改进生活条件"。各级政府应当依法确保基本资源、医疗保健、住房就业等属于维系生活水准领域的项目向全体社会成员平等开放，对于因灾害、疾病、失独等原因而面临生活困难的家庭给予福利和救济。其二，结社自由。结社自由可以从民事、政治和经济等不同角度予以解读，在这里主要是设立和参加各种社会组织的自由。与社会管理不同的是，社会治理强调国家机关以外的主体在社会运行中发挥相应的作用，而这些主体的设立和存在依托于公民结社自由的实现。

在文化维度上，法治浙江着力于法治文化的培育和弘扬。早在2006年，建设法治浙江理论的研讨会上就形成类似观点，"加强法治文化建设、弘扬法治理念，是建设法治浙江的切入点和关键。建设法治浙江，需要与时代特征、中国特色、浙江特点相适应的社会主义法治文化"④。弘扬法治文化，浙江最初采用的形式是进行普法活动，通过法制宣传教育普及法律知识，通

---

① ［奥］诺瓦克：《民权公约评注》，毕小青、孙世彦译，生活·读书·新知三联书店2003年版，第444页。

② 何元增、杨立华：《社会治理的范式变迁轨迹》，《重庆社会科学》2015年第6期。

③ 《中共中央关于全面推进依法治国若干重大问题的决定》，《人民日报》2014年10月29日，第1版。

④ 《法治浙江，历史的必然选择》，《浙江日报》2006年4月24日，第2版。

过社区普法等形式把法律"送"到人们的日常生活中。但是也很快意识到，仅仅靠单一的普法对于推动法治进程是远远不够的，更重要的是全面推进依法治理理念的提升，在全社会形成法治文化氛围。这就需要在普法活动的基础上，以党员、领导干部带头依法办事，在立法、执法、司法等方面把法治教育和法治实践相结合，让基层群众了解自己的权利和义务，遇到问题时学会依法维权，并树立起"法律面前人人平等"的理念，树立和维护宪法和法律权威。

在生态维度上，浙江经济高速发展的同时，各类环境问题的产生也不容忽视。2014 年，地方各级环保部门向公安机关移送涉嫌环境污染犯罪案件总计 2180 件，其中浙江省移送案件 1036 件，约占全国总数的 50%。① 该数据在反映浙江打击环境违法犯罪力度的同时，说明生态法权益的保护依然任重道远。从公布的环境重大案件所涉事项来看，浙江的环境问题已经从传统的大气污染、水污染扩展到非法处置废旧电瓶污染环境、非法处置医疗废物污染环境等领域，而且涉案当事人中包括外籍公民。对此，省、市、县各级政府环保部门要定期全面排查辖区内的环境保护状况，重点检查排污单位的排放情况，以及建设项目环境评价的实施情况，将发现的问题、查处的方式和整改的结果向社会公开。

## 四、法治浙江的时空维度

法治浙江是特定时空维度下的战略部署，对其科学含义的理解也应当置于其历史背景和地域范围之内。在时间维度上，法治浙江是浙江省国民经济和社会发展的必然结果。服从规则的治理是一种高级的政治生态和治理模式，建立在相应的经济发展水平之上。改革开放以来，浙江省率先培育市场主体，建立竞争有序的市场体系，政府职能转变也相对领先，有力地推动了浙江经济高速增长和社会发展，奠定了浙江先发体制优势，具备率先开展地方法治实践的条件。自 1996 年浙江省委提出"依法治省"以来，在民主制度建设、地方立法、依法行政、公正司法、法制宣传教育等方面都积累了丰

---

① 《浙江公布污染环境犯罪大案要案》，《中国环境报》2015 年 3 月 4 日，第 5 版。

富的实践经验,全省法治化进程得以逐步推进。2006 年《中共浙江省委关于建设"法治浙江"的决定》明确了对为什么建设法治浙江、建设什么样的法治浙江、怎样建设法治浙江等重大问题的认识和把握,为法治浙江建设提供框架。2014 年《中共浙江省委关于全面深化法治浙江建设的决定》标志着法治浙江建设进入一个新的历史时期。这是一种当下语境的法治时空判断。

　　与此同时,"我们知道,自由、理性、法治与民主不能经由打倒传统而获得,只能在传统经由创造的转化而逐渐建立起一个新的、有生机的传统的时候才能逐渐获得"①。法治浙江建设同样需要从中国法制历史背景中汲取创新的素材,而这个背景至少涵盖了清末变法的改良主义、康梁变法的激进主义、南京国民政府时期的三民主义和中华人民共和国的社会主义法律思潮和法制实践。不容否认的是,当下法治的进程在很大程度上是源于部门法领域的倒逼机制,即在全球化的背景下,融入世界主流甚至引领世界主流的民族崛起,迫使中国借鉴、吸收并引进域外的法律制度,并以此推进域内的法治改革。以加入世贸组织为契机而修订合同法、专利法、海关法、中外合作企业法、外资企业法等数百个法律文件便是典型例证。然而,这种以部门法变革为主导的法治建设只能在治术的层面上解决细节问题,却无法在宏观的治道层面上构造战略框架。法治浙江以及法治中国建设不能缺乏顶层设计,也不可回避地对清末变法以来法制传统做出理性的认知和传承。

　　在空间维度上,中共浙江省委和省人大的统一部署和各地市的经验总结共同促成法治浙江建设的全省开展。在现有的立法体系中,浙江省和各地级市的人大及其常委会有权制定地方性法规,并且后者的立法不得与上位法相抵触,那么,法治浙江建设的战略部署就应当定位在省级层面。在现实操作中,采用中共浙江省委确定基本方向,浙江省人大常委会通过决议确定为地方性法规。在地市的层面,各地在具体实施过程中积累了丰富的经验,扩充了法治浙江的科学含义。例如,余杭法治指数的评估实践与法治浙江建设同步开展,自 2006 年启动以来历时十年,开中国大陆地方法治评价

---

① 　林毓生:《中国传统的创造性转化》,生活·读书·新知三联书店 1988 年版,第 5 页。

之先河,"拓展民众参与法治实践的平台,提高政府官员民主法治意识,提升法治文明水平"①。每年的测评数据既反映法治浙江在市、县层面建设的一个面相,又能够为法治浙江发展道路的探索提供实证经验。"'枫桥经验'通过畅通和规范群众诉求表达、利益协调、权益保障的渠道,充分调动了广大群众的积极性,使群众更好地实现了自我教育、管理、约束和服务,促进了社会的和谐与稳定。"②"枫桥经验"在地方治理中的创新也是市、县层面建设法治浙江的一个亮点,系运用法律思维化解社会矛盾、实现综合治理的成功经验。

---

① 钱弘道:《2012 年度余杭法治指数报告》,《中国司法》2013 年第 11 期。
② 刘翔:《"枫桥经验"创新发展的经验、价值与路径研究》,《观察与思考》2013 年第 10 期。

# 第三编

## 法学教育

# 理的冷思考——就写卷首语论理①

这个拗口的副标题也许会引起一些误解，我的本意是就事论理，为同学们学习研究提供一个范式。

国庆长假来临之际，我本想好好地放松一下，不料《法林法语》编辑部找我来写一篇卷首语，限时七天完成。"慎观终始，审察事理"（见《管子·版法解》）之后，我答应了，因为我认识到：于事理、道理、义理、情理而言，这事都得做好！

于事理（reason or logic）而言，《法林法语》是浙江财经大学法学院学生主办的内部专业刊物，它既是一个学习平台，也是一个生活乐园，更重要的是，它承载着莘莘学子的法律苦思与挣扎、法律理想与追求……"法制正事，事之理也"（刘劭《人物志》），焉能推诿？顺便要提到"事理"完全是中国特有的一个观念，所以学术界英译时有分歧，甚至有学者将其翻译成"event"，我不认同。著名哲学家牟宗三先生在《历史哲学》中建议用"human affairs"，更加人性化。人之事，哪有小事？

于道理（principle）而言，佛学中将"通贯事物本真之义曰道理"。大学的师道与学道是高度统一的，作为法学教师，虽不能让学生学道艺、学道行，但总可以教他们学道理，岂能怠慢？

于义理（argumentation）而言，大学是一个讲究师道尊严的地方，只有老师被尊重，他传授的知识也才能够被尊重。作为一名老师，尤其是作为一位被抬举的老师，如果拒绝了学生的正当要求，就像一位蹩脚的法官做出了一项没有生命力的判决、一名对法律一知半解的律师任凭利益摆布去忽悠法

---

① 本文系浙江财经大学法学院学生刊物《法林法语》的卷首语，作者李占荣。

官而不是说服他一样失去了职业操守。分内之责,哪能轻视?

《礼记·礼运》曰:"何谓人情?喜、怒、哀、惧、爱、恶、欲,七者弗学而能。"人情的基本规则是"亏欠"与"偿还"的反复循环,而情理无非是关于人情的道理。于情理(common sense)而言,我们都是有是非人我、贪瞋痴慢、分别执着的凡人,我们都是数不清的老师精心教育出来的传承者,应当保持人性之本真,将亏欠前人的,偿还给后人,这也是历史的法则,怎敢违逆?

话说到这里,你们一定想到了法理(legal principle)!不错,于法理而言,我也必须做好这件事情,个中缘由你们是清楚的。我更想唠叨的是:"人类在通往未来的道路上,法理不是美丽的装饰彩带,而是保障'类生存'的'挪亚方舟'。"法理永远是法律应有的精神内核,它像一颗颗钻石,需要挖掘,从历史的大时段观察,那些看似僵硬的法条以及法律规范才是变动不居的,它们的目标是无限接近法律精神。探求法理的过程,实质上就是听从个体内心呼唤的过程和服从整体"类生存"强制要求的过程,唯有克服那些蛊惑你的罪恶欲望才能保证心灵的火焰不被熄灭,而这一切仰仗你是否拥有强大的精神力量!

而这种强大的精神力量来自哪里呢?让我们从《法林法语》起步探索吧!

# 试论经济法学专业硕士研究生培养模式的创新①

当前随着国际竞争日趋激烈,经济全球化的进程不断加快,在西方高等教育发达国家,教育的重心已经由本科教育转向研究生教育。中华人民共和国成立以来,我国法学教育发展经历了五个阶段:1949—1977 年属于院系调整时期,1977—1983 年属于法学恢复时期,1984—1992 年属于快速发展时期,1993—1999 年属于"调整、充实、提高"时期,从 2000 年开始属于大力扩张时期。经济法学随着我国法学教育的迅速发展逐渐在法学中占有重要地位。早在 1981 年,北京大学就开始招收经济法专业硕士研究生,之后中国人民大学、中国政法大学、西南政法大学、南京大学、兰州大学、中山大学等高校都相继开始招生。据不完全统计,到目前为止,在全国高等学校当中取得经济法硕士授予权的学校已达 80 余所,取得经济法博士授予权的学校已达 13 所,在许多学校开办的法律硕士专业当中,也有相当一部分学生将经济法作为其论文的写作方向,可以说,经济法学已经成为法学专业当中研究生人数最多的学科之一。这种状况的存在不仅是一种激励,同时更是一种鞭策,它对经济法研究生的教育培养提出了更高要求。因此创新经济法专业硕士研究生的培养模式就显得十分必要。

比较准确的目标定位是保证硕士研究生培养质量的必要前提条件。《中华人民共和国学位条例》第 5 条规定:高等学校和科学研究机构的研究生,或具有研究生毕业同等学力的人员,通过硕士学位的课程考试和论文答辩,成绩合格,达到下述学术水平者,授予硕士学位:(1)在本门学科上掌握

① 本文系浙江财经学院研究生教育创新研究重点项目"基于职业规划的研究生培养模式创新"(项目编号:11M07001)的研究成果,作者李占荣。

坚实的基础理论和系统的专门知识;(2)具有从事科学研究工作或独立担负专门技术工作的能力。由此可见,我国硕士研究生教育的培养目标定位于学术型的专业技术人才。从一定意义上讲,经济法专业研究生培养模式的创新,其核心就是培养目标的创新。湖南大学教授王全兴认为,经济法研究生培养定位的基本点应该立足于:硕士研究生是培养中级法律人才,博士研究生是培养高级法律人才,硕士研究生阶段是培养高级法律人才的过渡阶段。中国政法大学教授时建中认为,经济法教学需要确定不同学位层次的培养定位,本科生应以知识传承为主要目的,研究生应以学术训练为主要目标,博士生应以学术创新为目标,培养层次上的定位直接决定了学科设置、培养方法和培养目标。北京工业大学教授张士元针对经济法专业研究生的整体现状,提出应当加强使命感教育、责任感教育、国家至上观念教育、理念教育、国学教育、国情教育(特别是对农村情况的了解)、能力教育(注重研究生思考能力的培养)和创新意识教育。研究生的综合素养包括:自学能力、思维方式、数理基础、外语水平(学习和应用外语的能力)、专业基础、现代计算手段的掌握程度、写作与语言表达水平、知识面的宽广与精专程度、对新知识的敏感与接受能力以及人格品质(敬业精神与心理品质)等十个方面。[①]一般认为,硕士研究生教育的培养目标应该包括三个方面:一是培养从事严谨的学术研究的学术人才;二是培养在社会中能够多方面发挥作用的高水准的专门职业人才;三是一个全新的培养目标即满足研究生再学习的需要,从而为研究生今后的进一步提高打下坚实的基础。对于经济法专业的硕士研究生而言,培养的目标也可以概括为以上三个方面,其中第二个方面是最主要的,它决定了学生是否可以成为合格的法官、检察官、律师等高级专门人才。当然,经济法专业的高水准的专门职业人才还应当包括在政府行政执法部门从事行政管理工作的人才。笔者认为,培养经济法专业硕士生的目标定位应当从三个方面考虑:一是政治要求,也就是要求研究生坚持党的基本路线,具有正确、坚定的政治方向,热爱祖国,遵纪

---

① 参见邱庚香等:《浅议硕士研究生培养质量的核心要素及其影响因素》,《高教论坛》2006年第3期。

守法,品质良好,积极为我国现代化建设服务。二是能力方面的要求,要求研究生掌握坚实的经济法基础理论和各部门经济法原理与法律制度,了解经济法学科建设和国家立法的前沿动态,具有独立从事经济法理论研究、经济法教学以及处理经济法律实务的能力,同时熟练掌握一门外语,能够熟练运用计算机等现代化设备。三是具有良好、健康的体魄,这是研究生工作、生活的基础。对于经济法学而言,要培养如此高水平、高质量的人才,必须有高质量的导师队伍做支撑。由于我国的研究生教育发展历史较短,许多高校对于导师资格上的要求比较低。比如,某高校规定了硕士研究生导师的基本条件:

第一,坚持四项基本原则,了解党和国家的教育方针及各项政策,熟悉所在专业的培养业务,为人师表,治学严谨。

第二,具有副教授(副研究员或相当职称)及以上职称,且副教授任职时间两年以上。

第三,具有坚实的专业理论基础和系统的学科知识,能独立开出一门研究生课程,课程内容反映该学科的最新进展;能熟练运用一门外国语。

第四,有相对稳定的科研方向,在本学科领域内获得较高水平的科研成果。

第五,身体健康,且申报时距退休年龄三年以上(含三年)的在岗教学科研人员。

其中第3条规定"能熟练运用一门外国语",然而在选聘导师时,根本没有任何相关考察,也没有一个标准来确定是否"能熟练运用一门外国语"。在这方面,美国与我国截然不同:如果要在美国获得在大学任教的资格,首先必须要具有博士学位。从全世界的通识来看,学位是学术水平的标志,不同的学位反映着不同的学术水平。我国的学位条例对学士、硕士和博士有不同的学术定位。对于法学包括经济法学而言,导师的选拔至少应当考虑具有硕士学位。

当前发达国家和发展中国家的研究生培养模式已呈现出多样化的特征,我国经济法专业硕士研究生培养应当及时借鉴其他国家的经验,创新自己的培养模式,因为培养模式的科学性直接影响着研究生教育质量的优劣和水平的高低。从研究方向来看,各个高校的研究方向有所不同。比如,北方工业大学经济法专业硕士研究生的研究方向包括：企业法、公司法、会计法、审计法、金融法。中南财经政法大学经济法专业硕士研究生的研究方向包括：经济法基础理论、市场主体法、市场秩序法、宏观调控法和商事法。中国政法大学经济法专业硕士研究生的研究方向包括：经济法基础理论、企业法、竞争法、财税法和金融法、社会保障法。辽宁大学经济法专业硕士研究生的研究方向包括：经济法基础理论、市场秩序法、宏观调控法。[①] 其相同点在于：都认为经济法基础理论是经济法专业的一个主要研究方向，但是在部门经济法的划分上则有区别，这一方面取决于他们的学术立场，另一方面也与学校的专业师资结构等有一定关系。目前，国内高校经济法专业研究方向分经济法基础理论、宏观调控法和市场规制法三大块。在明确了专业方向以后，课程设置就成为十分重要的问题。学术界在课程设置问题上意见不一，中国政法大学教授时建中认为，经济法研究生课程的设置应当考虑以下三方面内容：一要考虑经济法学科内在的体系；二要充分尊重教师的学术专长和学术发展；三要最大限度地满足市场经济对法学人才的需求。著名的经济法学家西南政法大学教授李昌麒认为，研究生课程的设置应当满足培养一个合格的经济法硕士所应当具备的知识结构的要求，他指出课程的设置要动静结合，既要使学生掌握经济法最基本的东西，同时又要与时俱进，以社会需求为导向，开设一些能够满足实际工作需要的课程或专题讲座。[②] 这些建议都有其合理性，体现了经济法学科本身的内在要求。一般认为，在课程设置方面，经济法专业研究生的课程应当包括基础课、专业课和选修课，课程的设置应当体现开放性和包容性，体现学科的基础知识、基本架构和前沿问题的有机结合，甚至还要考虑跨学科的课程，如表1至表3。笔者认为，经济法专业硕士研究生的课程应当体现学科的系统性与开放性结合、内容的基础性和前沿性结合、学生的主观要求与客观需求结合等三个原则，因此做如下设置。

---

① ② 参见各个高校的经济法专业介绍。

**表 1 学位课**

| 课程编号 | 课程名称 | 学时 | 学分 | 开课学期 |
|---|---|---|---|---|
| 1 | 马列经典著作选读等 | 54 | 3 | 1 |
| 2 | 第一外国语（含专业外语） | 240 | 6 | 1.2 |
| 3 | 经济法基础理论 | 54 | 3 | 1 |
| 4 | 市场规制法专题 | 54 | 3 | 3 |
| 5 | 宏观调控法专题 | 54 | 3 | 2 |
| 6 | 企业法与公司法专题 | 54 | 3 | 2 |
| 7 | 经济法学方法论 | 54 | 3 | 2 |

**表 2 专业任选课**

| 研究方向 | 课程编号 | 课程名称 | 学时 | 学分 | 开课学期 |
|---|---|---|---|---|---|
| 经济法基础理论 | 1 | 法律经济学专题 | 36 | 2 | 1 |
| | 2 | 比较经济法专题 | 36 | 2 | 1 |
| 市场规制法 | 3 | 港澳台经济法专题 | 36 | 2 | 3 |
| | 4 | 公法专题 | 36 | 2 | 3 |
| 宏观调控法 | 5 | 行政法专题 | 36 | 2 | 2 |
| | 6 | 财税法专题 | 36 | 2 | 3 |

**表 3 专业任选课**

| 课程编号 | 课程名称 | 学时 | 学分 | 开课学期 |
|---|---|---|---|---|
| 1 | 比较私法专题 | 36 | 2 | 4 |
| 2 | 劳动法专题 | 36 | 2 | 4 |
| 3 | 宪政经济法律制度专题 | 36 | 2 | 4 |
| 4 | 国际经济法专题 | 36 | 2 | 4 |
| 5 | 环境与自然资源法专题 | 36 | 2 | 4 |
| 6 | 国有资产管理专题 | 36 | 2 | 4 |
| 7 | 宏观经济学原理 | 36 | 2 | 4 |
| 8 | 微观经济学原理 | 36 | 2 | 4 |
| 9 | 房地产专题 | 36 | 2 | 4 |
| 10 | 经济刑法专题 | 36 | 2 | 4 |

　　总之,研究生培养要明确专业方向,要符合国家和社会的需要,课程设置应当适应各个专业方向的结构性要求,注重素质教育和专业的方法论教育,注意学术规范意识的培养。在教学方法上,传统的导师制使得师生之间能够合作开展学术研究,可以运用案例教学法、课堂研讨法、专题讨论加课题研究法、启发式教学法、规范分析法、比较研究法等诸多手段和方法。

# 基于职业规划的研究生培养模式创新①

现阶段,我国研究生教育进入了一个全新时期,具有研究生招生资格的高校越来越多,研究生招生数量逐年增加,2006 年,我国招收研究生 40 万人,在校研究生规模达到 110 万人。研究生就业问题相应凸现出来,关于研究生培养的研究日趋热烈。在现代科学研究中,模式研究已经成为认识和分析客观事物的一种重要的研究方法。所谓培养模式,是指遵循人才成长规律和社会需要,为受教育者构建的知识、能力、素质结构以及实现这种结构的总体运行方式。近十年来,学术界对我国研究生培养模式进行了比较深入的研究。但总体看来,目前的研究偏重于从现状分析入手,提出培养模式创新,而没有从新的视角审视研究生培养问题,而这正是本项目着力尝试的地方。

## 一、职业生涯管理理论简介

职业生涯管理是个人和组织对职业历程的设计、职业发展的促进等一系列活动的总和,它包含职业生涯决策、设计和开发。美国心理学家佛隆提出解释人的行为的著名公式:$F = V \cdot E$($F$ 为动机强度,指积极性的激发程度;$V$ 为效价,指个体对一定目标重要性的主评价;$E$ 为期望值,指个体估计的目标实现概率)。个体行为动机的强度取决于效价大小和期望值的高低。动机强度与效价、期望值成正比。美国心理学教授约翰·霍兰德的职业性向理论影响广泛。职业性向(包括价值观、动机和需要等)是决定一个人选择

①　本文系浙江财经学院研究生教育创新研究 2006 年重点项目"基于职业规划的研究生培养模式创新"(项目编号:11M07001)的研究成果,作者李占荣、胡孝德。

何种职业的重要因素。约翰·霍兰德基于自己对职业性向测试（VPT）的研究，将劳动者职业性向划分为实际性向、调研性向、艺术性向、社会性向、企业性向和常规性向等六种。同时，他将工作环境也分为六种：现实的、调查研究性的、艺术性的、社会性的、开拓性的、常规性的。每个人都偏好于六种职业类型中的一类或多类。大多数人实际上都并非只有一种性向，性向越相似或相容性越强，则一个人在选择职业时所面临的内在冲突和犹豫就会越少。埃德加·施恩（Edgar Schein）提出了职业锚（Careeranchor）理论。职业锚是指当一个人不得不做出职业选择的时候，他（她）总不会放弃的东西或价值观。这种东西或价值观至关重要，是人们选择和发展自己的职业时所围绕的核心。

根据职业生涯管理理论，研究生学习的最终结果是走向社会，参加工作，实现自己的价值和抱负，报效社会。职业生涯管理理论提醒我们：选择何种研究生培养模式，应根据研究生毕业就业的情况，有针对性地进行培养。这是我们对经济管理类研究生培养模式选择的基本立足点。

## 二、经济管理类硕士研究生培养目标

我国硕士研究生曾经是精英化培养，但随着研究生规模的不断扩大，我国研究生教育的重心已经转移到博士生教育阶段，加之社会对研究生教育的要求也发生了变化。因此，我国硕士研究生培养的目标应该是除了一部分研究生为继续攻读博士学位做准备外，大量的应该是面向社会实际应用部门，培养具有较强动手能力的高级应用型、职业型人才。

经济管理类硕士研究生毕业以后大部分去公司、企业，少量进入高校、行政事业单位。作为公司企业的管理骨干，对他们的要求就不同于一般员工。他们不但要具有扎实的理论知识体系功底，更要具备实际管理能力。表1是我们整理的一般企业对管理者的一般要求。

表 1　管理者胜任岗位的一般要求

| 胜任维度 | 胜任素质 | 内容描述 |
|---|---|---|
| 个体意识 | 基础水平 | 环境适应性、坚韧性、学历、专业经验、专业知识、职业态度、服务意识 |
| | 自我概念 | 自信、自我形象、自控能力、诚实守信、责任心、公正处事、价值观念、主动性 |
| | 思维能力 | 演绎思维、归纳思维、换位思考 |
| 人际交往 | 影响力 | 倾听、口头表达、书面表达、外语能力、语言沟通、影响力 |
| | 团队管理 | 关系建立、团队合作、领导及监控力、人际理解力 |
| 事务处理 | 处事能力 | 目标成就导向、专业技能、信息搜寻、数量关系分析、执行力 |
| | 工作行为 | 做事角度、组织协调、以往工作业绩 |

从表 1 可以看出，虽然不同公司、企业对管理者的要求不尽相同，但是在对管理者的普遍要求方面都比较高，这是所有公司、企业相同的方面。据此，我们应根据用人单位的需求来培养研究生。换句话说，判断研究生培养模式的优劣，必须以用人单位的评判为标准。

## 三、基于职业生涯理论的研究生培养模式创新

因此，我们提出，经济管理类硕士研究生的培养思路应该按照以下的路径进行：

职业定位。经济管理类硕士研究生在入学初即需确定未来职业方向，是进入公司、企业，还是行政、事业单位，或者是继续读博。这个职业方向的确定应基于其知识体系、个性、社会需求等方面。

课程设置。在符合教育部规定的专业课程设置的基础上，经济管理类硕士研究生课程的设置应与其就业方向密切相关。表 2 为某高校企业管理专业硕士研究生课程。

表2　某高校经济管理类专业硕士研究生课程安排(企业管理类)

| 年级 | 学期 | 课程(含必修、选修、专业选修) |
|---|---|---|
| 一 | 第一学期 | 英语、英语听力与口语、马克思主义认识方法论、社会主义经济理论、现代微观经济学、数理统计学、公司战略管理、人力资源管理 |
| | 第二学期 | 人本经济学、组织行为学、公司治理、项目管理、薪酬设计与管理、现代宏观经济学、市场营销管理、产业经济学 |
| 二 | 第一学期 | 西方管理理论、管理方法论、经济与管理前沿、企业理论 |
| | 第二学期 | |
| 三 | 第一学期 | 论文写作 |

说明:各个研究方向的研究生可以自行确定选课内容。

　　该校人才培养的定位是面向省内,培养经济管理类骨干人才。从以上课程设置可以看出,经济管理类研究生的培养偏于理论教学,而对应用型的课程设置不足,这不利于研究生毕业后的就业。因此,建议课程设置做如表3所示的调整(以企业管理专业为例):

表3　高校经济管理类专业硕士研究生课程安排(企业管理类)

| 年级 | 学期 | 课程(含必修、选修、专业选修) |
|---|---|---|
| 一 | 第一学期 | 英语、英语听力与口语、马克思主义认识方法论、社会主义经济理论、管理经济学、现代宏观经济学、统计学、战略管理、项目管理、生产管理 |
| | 第二学期 | 公司治理、产业经济学、人力资源管理前沿、市场营销管理前沿、财务管理前沿、管理哲学、企业管理实务专题(1) |
| 二 | 第一学期 | 管理方法论、经济与管理前沿专题、企业理论专题、企业管理实务专题(2)、企业案例研究 |
| | 第二学期 | |
| 三 | 第一学期 | 论文写作 |

说明:各个研究方向的研究生可以自行确定选课内容。

　　这样调整以后,课程安排突出企业管理学科特点,突出应用性、实操性。研究生毕业以后进入相应工作领域,既有理论基础,了解学科前沿研究动态,又有实际操作能力,加之研究生在学期间参与企业课题咨询研究,完全可以胜任工作要求,研究生的培养目标可以基本达到。

　　研究生的实习。一般高校对研究生在读期间的实习均未明确要求。我们认为,研究生虽然不像本科生那样规定了明确的实习时间和实习任务,但研究生的实习仍然是需要的。可以考虑在研二下学期到公司、企业进行为期三个月的实习,尤其注意结合所学知识进入相应部门进行实习。有关部门应对研究生的实习强化管理,从实习计划的制订、实习方案的选择到实习过程的监控、实习结果的考核,都要有明确要求,并纳入研究生学分中。

## 四、结 论

笔者虽然以经济管理类硕士研究生培养为探讨对象,实际上,对研究生的培养应该考虑到他们毕业后的就业,进行有针对性的培养。当然,鉴于我国各大学设定的发展目标不同,研究生培养的模式不应该也不可能统一。对于经济管理类硕士研究生,建议还是以应用型培养为主。

今年以来,部分高校又把硕士研究生的学制恢复到三年,我们认为,这种做法值得推荐。研究生在校时间的延长,有助于研究生充分学习理论,有助于研究生实际能力的提高。

## 参考文献

[1] OsmoKivinen,SakariAhola,PaiviKaipainen(Eds),Towards the European Model of Postgraduate Training,University of Turku,RUSEReport 50,1999.2,3,139.

[2] U. S. Department of Education,Digest of Education Statistics,1998.

[3] Educational Statistics Digest the Department of Education of the U. S. 1995.

[4] 陈少雄、王静一、尹柳银:《美、英、德、日四国研究生教育特色研究》,载《佛山科学技术学院学报(社会科学版)》2004 年第 5 期。

[5] 何杰、朱琦:《研究生培养模式的国际比较及其发展趋势》,载《江苏高教》2003 年第 3 期。

[6] 王衡生:《论创新教育与高校研究生创新能力培养》,载《高教探索》2003 年第 1 期。

［7］邹累、卢毅、李晓:《产学研结合培养交通高层次人才模式探讨》,载《湘潭师范学院学报(社会科学版)》2006年第5期。

［8］许迈进、叶林:《迈向21世纪的研究生教育——前世界研究生教育的若干动向和趋势》,载《浙江大学学报(人文社会科学版)》2001年第3期。

［9］英配昌、安桂清:《硕士研究生培养方式的弊端及改革的几点建议》,载《黑龙江高教研究》2001年第2期。

［10］谢桂华:《我国学位与研究生教育研究的现状与发展》,载《学位与研究生教育》2001年第5期。

［11］祁晓庆:《我国研究生培养模式研究十年》,载《中国高教研究》2006年第4期。

# 论经济法学课程教学的具体方法[①]

经济法学是研究经济法现象及其发展规律的法学学科,也是大学本科法学专业的十四门核心课程之一,它的内容广泛而丰富,是法学体系中一门新兴的、独立的学科。作为法学专业学生的必修课,经济法学包括经济法总论、经济法主体、市场监管法和宏观调控法等内容,其中经济法总论与其他三部分内容有很大不同,在教学方法上也有较大差异。笔者长期以来讲授该课程,认为该课程有不同于法学其他课程的特点。因此在教学方法上需要从多个角度加以完善。

## 一、经济法总论课堂教学中法学方法的运用

经济法学主要研究的是国家利用法律手段对市场经济进行宏观调控及其调控的力度问题,以及对市场进行微观管理的问题。经济法总论研究的是宏观调控法和市场管理法的共性原理,其主要内容包括经济法的本位、价值、体系、主体、基本原则、制定、实施以及经济法律关系等问题。鉴于经济法总论理论性强的特点,在课堂教学中应当运用诸多法学方法。

### (一)运用历史分析的方法介绍经济法的历史演变过程

这里应当贯穿三条线索。一是作为形式意义上的经济法的概念起源与运用。"经济法"这个概念是由 18 世纪法国空想共产主义著名代表之一摩莱里在 1755 年出版的《自然法典》中首先提出来的。在我国,自 1979 年以来,在全国人民代表大会的文件和中共中央、国务院的文件中都使用了"经

---

[①] 本文作者李占荣。

济法"这一概念。教师在课堂教学中必须给学生详细分析这个概念演变的过程,说明经济法作为一个法律概念的历史逻辑。二是作为实质意义上的中国经济法的法律渊源。在课堂教学中,首先根据法的渊源的理论介绍宪法、法律、法规(包括行政法规、地方性法规)、规章(包括部门规章和地方政府规章)、民族自治地方的自治条例和单行条例,以及特别行政区基本法和有关规范性文件等我国经济法制定法的渊源。在教学实践中一定要同时交代清楚作为法律部门的经济法的含义,让学生重点理解"什么是法律规范的总称"。除此之外,从法律生长的理论出发,阐释作为经济法非制定法渊源的习惯法、判例法和法律解释。三是经济法历史背景的分析。这一线索的逻辑起点就是法律的历史起点的分析和展开,必须通过国家理论、社会契约论和社会分工理论等多个角度展开分析。唯有如此,才能全面展示经济法的产生、发展和未来走向。

### (二)运用比较研究的方法诠释经济法学的基本原理

经济法比较研究的内容包括各国经济法之间的比较,经济法的成文法和经济法的普通法的比较,经济法规范和经济法制度的比较,中外经济法实施的比较,中外经济法基本原则的比较,经济法体系的比较,经济法基础理论的比较,经济法社会基础的比较等。比较的方法可以采取向学生布置比较研究的具体内容,让学生在课堂外搜集资料、分析资料、写出比较的过程及其结果,然后由老师做出评价。这样既加深了学生对理论的理解,又扩大了他们的视野。

## 二、经济法分论中案例研究教学法的具体运用

客观地讲,法学教学中是否存在真正的案例教学法尚是一个需要探索的课题。目前所说的案例教学法,实际上来源于英美国家的"判例教学法"。在我国,迄今为止,还没有任何教学机构将案例教学法成功运用于法学教学中,更没有形成具有普遍应用价值的系统化方法。所谓法学案例教学法,是指在法学教学中,为了培养法科学生的职业能力,通过分析和研究现有的案

例,以案例为主线使学生明了法理的教学方法。① 案例教学法不仅包括课堂上的案例讲授教学法,还包括案例模拟法庭教学法、法庭观摩教学法、案例测试教学法等诸多方法。

笔者认为,系统的案例教学法尚需继续探索,但对于经济法学课程而言,完全可以通过"案例研究教学法"(笔者之所以创新这个方法,在于区别于传统的尚不成熟的案例教学法)达到良好的教学效果。其具体程序包括:(1)由老师找到一个真实的、与课程内容对应的比较典型的经济法案例,老师只提供给学生案情详细书面陈述。(2)要求学生以一方当事人代理人的虚拟身份在课外抽时间准备相应的证据目录,考虑应当收集哪些证据,如何收集,并拟定证据。(3)根据已经掌握的证据材料起草代理词。(4)将这些材料提交,供老师评价。(5)要求学生再以另外一方当事人代理人的虚拟身份执行上述(2)(3)(4)程序。(6)最后由任课老师进行总结。总结的内容包括:确定证据链的方法、法庭举证的方法、法庭质证的方法、法庭审判的程序、案例涉及的经济法规范和理论、该案可能的裁判结果。学生通过两次角色的转换,基本上能够发现自己在充当诉讼代理人过程中客观的法律立场和主观感受。

在此基础上,还可以通过法庭观摩教学法予以补充,即组织学生到法院旁听案件审理。这种方式让学生全面了解经济法诉讼程序,了解经济法诉讼庭审中各诉讼主体的地位差异及不同角色的作用,掌握案件审理的关键环节以及法庭人员的诉讼技巧。法庭观摩结束后,要求学生进行总结,培养学生的认识能力、分析能力、理解能力和法律思维能力。通过这些方法,学生不但明确了经济法学的基本原理,而且提高了在实践中运用所学知识解决具体实际问题的能力,从而实现经济法理论与实践的有机结合。

## 三、经济法分论中法律方法在课堂中的具体运用

经济法的实践性决定了经济法学课程教学中必须正确运用多种法律方法来促进教学,这些法律方法说到底是一种法律的实战演习,而非直接运用。

---

① 　刘广平:《试论我国传统法学教学法的弊端及其完善》,《济南职业学院学报》2007 年第 6 期。

### (一)法律发现的方法

法律发现是指法官判案时生成裁判规范的活动。它意味着在法的适用过程中法官如何寻找、确定最适合做本案裁判依据的法律规范。法律发现的形式就是要回答一个问题:找寻与确定什么规范作为裁判依据?[①] 尽管这个概念或方法在中国法律界并不常用,但是笔者认为值得在课堂教学中加以运用。具体而言,在讲述宏观调控法和市场管理法的过程中,首先,提出一些实际的教学案例,让学生思考运用什么法律规定可以解决相关问题。其次,由教师运用经济法的基本原则对案例进行教学解释,找出案件适用的法律与经济法基本原则之间的一致性关联。最后,采取法律规范检索的方法抽象出若干可以用来进行司法裁判的具体经济法规范,分析法律规范与案件事实之间的相洽性。如果所有检索出来的经济法规范之间没有冲突,就转而考察它们之间的效力关系。由于"审判并不是一种毫无拘束的司法意志行为,而是一种要将判决基于那些被认为是审判者活动的合法工具的正式和非正式渊源资料之上的谨慎企图"[②]。所以,如果穷尽制定法之后仍无法适用,则考虑非制定法渊源对案件的适用性,其中主要考虑法定解释,而法定解释中首先适用司法解释,其次考虑立法解释和行政解释。可以说,法律发现方法的运用,不但给学生理解法律提供经济法学理论支持,它本身也是一个重要的司法裁判方法。可见在经济法学课程教学中,不但有法学方法的运用,也有法律方法的训练。

### (二)规范分析的方法

规范一词含有约定俗成或明文规定的某种规格、标准、准则的意思,指人们在一定情况下应该遵守的各种规则,大体可分为技术性规范和社会规范两大类。[③] 经济法律规范是组成经济法的基本单位,展示了经济法的微观

---

① 邱爱民:《论法律发现的形式》,《扬州大学学报》(人文社会科学版)2008 年第 3 期。

② E·博登海默:《法理学——法哲学及其方法》,邓正来、姬敬武译,华夏出版社 1987 年版,第 425 页。

③ 参见 http://frankfxg.fufz.cn/blog/frankfxg/index.aspx,2018 年 6 月 12 日访问。

结构。不同类型、不同内容、不同功能的经济法律规范,可以构成不同的经济法律制度,而各种经济法律规范的总和就构成了作为法律部门的经济法。规范分析作为一种法学方法,其基本的出发点在于通过法律规范和其可能效力之间的关系对照和比较,发现法律之所以能对人们起到规范作用的内在奥秘,并进一步解决法律自身存在的一般机理。① 经济法规范分析方法在课程教学中的运用主要从两个方面入手:一是针对每一个经济法实际问题,要求学生能够从部门法的意义上抽象出若干法律规范来。比如,以反垄断法为例,它是竞争法的主要组成部分,而竞争法是市场管理法的组成部分,市场管理法又从属于经济法,在经济法的汪洋大海中抽象法律规范是极其困难的。这就要求老师指导学生掌握从《中华人民共和国反垄断法》中的法律责任条款入手,来抽象出若干反垄断法的规范的具体方法。二是分析经济法规范的具体构成。经济法律规范的结构是指法律规定由哪些部分组成,构成经济法律规范的内部要素及其相互关系。从经济法律规范的逻辑结构看,它分为假定、行为模式和后果三要素。假定是指经济法律规范中指出适用经济法律规范的条件或情况的部分;行为模式指经济法律规范所规定的行为规则部分;后果是指经济法律规范中规定的、经济法主体在做出符合或者违反经济法规范的行为时,会带来什么法律后果的部分。该分析的主要难点在于对案件事实与各个要素之间对应关系和关联性的法理分析,不但需要对事实进行合法的解释,也要对行为性质进行法律界定,同时对可能的裁判结果给予预测,这就要求教师必须在课程教学中反复训练学生的规范分析能力。

除此之外,经济法学课程教学中还有经济分析的方法、价值分析的方法、实证分析的方法等法学方法和法律解释的方法、法律推理的方法等法律方法可以使用,这主要取决于讲授课程章节的内容。实际上,应当将各种不同的方法综合运用,才能比较全面地完成经济法学的教学任务。

---

① 喻中:《法学方法论视野中的规范分析方法及其哲学基础》,《新疆社会科学》2004 年第 3 期。

# 论高校科研与教学关系的定位①

## 一、对高校科研与教学关系的基本认识

大学作为一个近现代的社会组织,正以前所未有的发展态势呈现在国人面前。现代高校的三大职能是人才培养、科学研究和社会服务。笔者试图以我国高校发展为切入点,在澄清科研与教学本质的基础上,探讨高校科研与教学关系的定位。

### (一)科研的本质

科研,即科学研究,一般指利用特定的方法和设备,为了认识客观事物的内在本质和运动规律而进行的调查研究、实验、试制等活动的总称,其基本任务是探索并且认识未知。笔者认为,科研是一个从未知到已知、从无到有的认识过程,作用的方式是由作为科研主体的人指向作为科研对象的世界,其本质是一种开创性活动。首先,确定科研方向的工作体现开创性。对于一个课题的可行性论证而言,事先需要了解的往往是该科研方向是否已出现成果,科研的对象往往是未经研究的空白领域和新兴问题。其次,实施科研方案的工作体现开创性,科研项目一旦启动,就要求科研人员采取特定的方法来组织实施,社会科学和自然科学分别采用调查和实验的手段来落实科研方案,这个落实过程就是探索未知世界的过程。最后,做出的科研成果也体现开创性,无论是对社会规律的揭示,还是对未知事物的发现,科研

① 本文系浙江财经学院教改项目"科研促进教学的实施途径:以科研与教学关系为背景的研究"(项目编号:JK200807)的阶段性成果,作者李占荣、唐勇。

的成果都在一个新结论、新事物、新规律上得以凝结。总之,从主体上看,科研是一元主体的活动,只有科研人员一方从事科研工作;从客体上看,科研是开创性的活动,具备从无到有发现和发明的性质。

### (二)教学的本质

教学作为高校的人才培养活动,从字面意义上看,包括教师教和学生学两个部分。通过这种活动,教师有目的、有计划、有组织地引导学生积极自觉地学习、掌握科学文化基础和技能,从而使知识得以传播、创造和应用。笔者认为,教学是一个从一个人知到一群人知、从个体到群体的复制过程,作用的方式是由作为教师的人指向作为学生的人,其本质是一种传播性活动。首先,确定教学内容的工作体现传播性,教学大纲的设计必须满足两个条件,即教师了解并掌握大纲的内容,而学生并未掌握这些知识。其次,实施教学方案的工作体现传播性,教师采用讲授、讨论等方法来组织实施教学活动,使教学内容从教师传递给学生。最后,教学的成果也体现传播性,无论是可以量化的考试成绩,还是无法量化的学习方法,教学的成果都凝结为学生在道德、知识、体质诸方面的传承和提高。总之,从主体上看,教学是二元主体的活动,教师和学生缺一不可;从客体上看,教学是传播的活动,将知识以及获得知识的方法从一个人传播给更多的人。

### (三)科研与教学的辩证关系

探讨科研与教学的辩证关系,应当立足于现代高校的职能。(1)教学对应着人才培养的职能,高等院校与研究机构最大的差别就在于高校承担教书育人的职能,学生获得道德熏陶、知识积累和方法掌握的主要途径就是教师的教学活动。(2)科研本身构成高校的职能之一,亦具备促进教学的作用。通过对科研和教学的本质分析,不难发现教学的内容与科研的成果存在重叠,教学传播的内容就是科研开创的内容。一个科研水平先进的高校,其传授的知识是最新的知识,获得知识的方法也是最新的方法,这对于培养具备先进认知手段的高素质学生有帮助。反之,"教学没有科研作为底蕴,就是一种没有观点的教育,没有灵魂的教育"。钱伟长院士呼吁,"大学必须拆除教学与科研之间的高墙"。(3)教学对科研也有帮助作用,不仅体现为教师在教学过程中不断发现新问题需要科研来解决,更体现为教师带领学生直接参与科研活动。(4)从科学发展观的高度看,科学发展的第一要义是发展,科研活动在质的层面实现从无到有的发展,教学活动在量的层面实现从一到多的发展;科学发展的基本要求是全面协调可持续,只有依托科研的教学,才是不断进步可持续的教学;科学发展的根本方法是统筹兼顾,科研与教学的关系就应当是统筹兼顾、服务社会。

## 二、高校科研与教学关系的实际表征

我国高校教师因为科研工作量的不足而影响职称评定,或者因为专注于科研而忽视教学质量的事例频频出现。高校科研与教学的紧张关系在中国高等教育界是一个普遍性问题。

### (一)普遍现象

高校科研与教学的紧张关系,往往表现为高校发展方针和制度建设偏重某一方面而忽视另一方面。(1)高校普遍刻意追求科研、忽视教学。高校的领导决策者面临学校排名、生源质量、成果数量等现实压力,不得不采用可以量化的手段来追求科研效果,在资金投入、人才引进、职称评定方面强化科研指标。(2)高校科研资源的总体分配区域差距逐步扩大。随着东部地区经济的高速发展,东西部高校之间的科研教学投入经费差距日益扩大,科研人员收入水平、实验设备仪器、科研经费匹配、学术交流机会等各方面趋于不平衡,导致大部分具备科研实力的教师流向东部高校。(3)科研支持力度偏重自然科学。就全国范围来看,每年哲学社会科学基金的投入仅相当于自然科学基金投入的5%,在地方层面上,地方财政也倾斜于偏理工科的高校,而文科院校的科研投入过低。

### (二)浙江财经大学实际情况调查

浙江财经大学将科研与教学有机结合起来,充分利用现有资源培养学生。在教学方面,确立应用型、复合型高级专门人才培养目标。一手抓教学建设,一手抓教学改革,不断健全教学质量保证体系,确保人才培养目标的全面落实。财政学、会计学等两个专业被确定为国家级特色专业建设点,"国家级精品课程"2 门,"浙江省精品课程"13 门,取得了 6 项省级教学成果奖。在科研方面,学校把发展科研作为提升竞争力的重要手段和必要途径,确立了"科研兴校""科研强校"的指导思想,已经初步形成了较完整的科研体系和颇具规模的学术梯队,研究水平不断提高,整体实力显著增强。科研与教学的结合表现为:(1)采用综合导师制度,从在大三开始担任导师的专业课老师对学生学年论文、阶段实习、毕业实习和毕业论文进行一体化指导,并兼顾学生的思想品德、就业选课、咨询等,学生有机会直接参与导师的科研工作。(2)学生专项课题制度。与很多高校不同,浙江财经学院不仅设立研究生科研基金,还鼓励本科生从事实证调研的课题申报,本科学生在综合导师的带领下,将导师科研项目的某个子课题作为专项研究,申报学校的本科生课题。(3)教学改革课题制度,学校设计专门的教学改革项目,针对教学中存在的现实问题进行系统研究,提出可行性方案,以科研的方式提高教学质量。

## 三、高校定位的实证分析

当前中国高校的定位大体可以划分为三类:(1)"985 工程"高校在研究生培养方面比较突出,属于科研导向型高校;(2)其余的"211 工程"高校以本科生培养为主,教学与科研任务基本平衡,属于教学研究型高校;(3)非"211 工程"高校则属于教学导向型高校。[①]

### (一)现有定位的缺陷

当前中国高校定位固然能够有助于配置高等教育资源,但这种划分却有可能造成教学和科研分离的趋势。对于科研导向型高校而言,教师的主要精力集中于科学研究,其教学局限于硕士生特别是博士生的层面,一方面,造成接受先进知识的受众有限,本科学生虽然置身名校,但得不到名师

---

①　杨颖秀:《现代大学教学科研组织的运行模式及特征》,《高教探索》2007 年第 5 期。

点拨,往往是博士研究生承担执教任务;另一方面,教师因为过度争取科研成果而放弃对教学质量的追求,教学传道授业的价值被忽略,不利于高等教育的科学发展。对于教学导向型高校而言,科研经费的拨付严重不足,容易造成教师科研观念淡薄,只满足于按教材上好每一节课,仅在改进教学方法、教学手段上下功夫,科研动力欠缺;教务、科研部门各自为政、缺乏合作;还有些教师尤其是骨干教师的教学任务繁重,教学时间严重挤占科研时间。①

## (二)高校如何定位——基于高校科学发展与自主发展的分析

高校的定位不在于究竟是科研导向型高校还是教学导向型高校,而在于立足科学发展和自主发展的教学与科研的平衡协调。换句话说,无论哪种高校,都不免要面对教学和科研这对矛盾,都需要平衡两者的关系。高校的科学发展要求科研教学统筹兼顾,以服务社会为终极目标,具体而言,包括三大制度的建设:(1)教师评价指标多元化。与研究员序列不同,教师的首要工作是教书育人,培养适应并满足社会需要的高素质人才,那么,教师评价指标不应该局限于科研成果的量化数据,而要建立全面整体的评价指标,包括课堂教学质量、作业批阅质量、师生交流频度、毕业实习指导等涉及教学环节的指标。(2)教师奖励条件多元化。几乎每所高校都有针对教师科研成果的物质奖励,但对教学成就的奖励相对不足。高校在完善教学规范,加强教学检查与评估的同时,要设计针对教学环节的激励机制,注重奖励优秀教学成果和优秀教师。(3)教师梯队建设多元化。高校应当结合自身条件,有针对性地发展教师梯队,既构筑科研梯队,以保障科研工作的延续性;又建设教学梯队,让有经验的教师带领青年教师开展工作。在不同的梯队之间,开展定期交流,擅长科研的教师适当安排擅长教学的教师参与科研项目,实现资源校内共享。

高校的自主发展要求教学与科研具备能动性,无论是教学还是科研都要遵守相应的规范,同时也不能丧失创新改革意识。(1)提倡学术自由。学

---

① 许海清:《对高校教学与科研关系的思考》,《内蒙古财经学院学报》(综合版)2008年第2期。

校需要给教师宽松的科研环境,也需要允许教师在保障教学质量的基础上,改革教学方法和手段,特别是加强现代化教学手段的运用,以自由自主的学术氛围培养并发掘学生的潜质。(2)加大科研投入。在研究与试验发展活动经费分配比例上,我国高校获得的 R&D 经费比例远低于研究机构所获得的比例;而主要发达国家均是高校的比例要高于研究机构,而高校的科技成果产出也要明显高于科研机构。<sup>①</sup> 因此,在经费投入方面,国家需要向高校特别是基础研究领域有所倾斜,使高校在教学和科研开发上具有更大的自主性和主动权。(3)加强师生合作。高校的自主发展还表现为对特色领域的专门研究,每个高校都有其强势的教学科研方向,在这个方向里,教师既是科研活动的主持人,又是科研成果的传播人,可以安排学生直接参与科研活动,使科研活动本身构成大学生专业学习的组成部分。

---

① 方勇:《高等教育与创新型国家建设》,西南师范大学出版社 2006 年版,第 115—116 页。

# 非诉法律人才培养模式：缘起、实施及反思①

2014年，《中共中央关于全面推进依法治国若干重大问题的决定》明确提出，要加强法治工作队伍建设，创新法治人才培养机制。这也是中共中央首次以决定的方式，对法治人才培养机制做出顶层设计。事实上，自法学教育恢复以来，对于法学教育模式的改革，一直未淡出教育者的视线。无论是法律硕士制度的建立，还是卓越法律人才教育培养计划的实施，实质上都是法学教育面对新的经济社会形势，对自身模式做出的变革探索。浙江财经大学法学院非诉实验班，自2014年设立以来，迄今已逾六载。对非诉实验班培养模式的优劣得失加以反思，可为中国法学教育模式的变革和改良，提供一个新的参照路径。

## 一、缘起：基于对以往法学教育困境的突破尝试

### （一）客观因素：法学教育"供""需"之间的矛盾

近些年来，随着社会主义法治进程的日益推进和依法治国观念的深入人心，法学专业在我国逐渐成为显学，各地院校纷纷设立法学院，呈现出表面上的欣欣向荣之势。统计数据显示，从全国范围来看，现有法学院校600多所，法学专业在校生60多万人，法学研究生4万多人。② 但与上述数据形成鲜明对比的是法学毕业生令人尴尬的就业数据。《2017年中国大学生就业报告》显示，法学成为就业率最低的专业，就业率仅为86.1%，属于"红牌

---

① 本文作者李占荣、冯姣。
② 参见教育部网站：《教育史上的今天》，http://www.moe.gov.cn/jyb_sjzl/moe_1695/tnull_42265.html，2018年5月16日最后登录。

专业"。① 事实上,作为广义上的人文社科类专业,法学学科的生源质量并不差。在历经 4 年的专业化训练后,将近 14‰的毕业生却面临无业可就的窘境。输入与输出之间的不对等,其中的缘由值得深思。

从世界范围来看,法学教育主要呈现出四个阶段。在经历学徒式法学教育、案例教学法、实践型法学教育之后,现代法学教育开始迈向相对成熟的综合化阶段。② 即便是在综合化阶段,法学教育采取的也是诊所式的教育方法、苏格拉底式的授课模式、倡导法学与其他学科的交叉,在此阶段,法学教育模式的本质并未更改。这主要体现在:首先,法学教育的主体未发生变化。不管是采用翻转课堂还是其他的新型教学手段,法学教育的主体始终是教授。法学教育者的理论功底,毋庸置疑;但其实践能力,基于法学教育者的以往经历,因人而异,无法一概而论。其次,即便是引入诊所教育等实践类课程,法学教育的内容未发生实质变更。但无论是英美法系的案例教学法,还是大陆法系传统意义上的理论研读和法条解析,其教育主体内容本身并未发生变化,基本囿于法学学科视域内;且诊所式教育仅作为选修课,所能影响的受众范围极为有限。最后,法学教育的目标,仍是培养传统的诉讼性人才。三大诉讼法的框架性界定,模拟法庭大赛和各类辩论赛的大量举办,对法律文书格式和诉讼技巧培养的高度重视,都实质上反映出法学教育对诉讼实践型人才培养的侧重。

事实上,随着经济社会的不断发展,社会对非诉业务呈现出大量的需求。一方面,从各个顶级律所的业务量来看,世界前 100 名的律师事务所基本是以非诉业务为主的。近二十年来,我国非诉业务已有超越传统诉讼业务的趋势,国内大型律所都以非诉为主,如大成、金杜、君合、国浩、锦天城,这一趋势在长三角地区尤为明显。在汤森路透 ALB 公布的 2017 年中国最大 30 家律所的报告中,上榜的律所基本以非诉业务为主。③ 另一方面,从制

---

①　晋浩天:《2017 年中国大学生就业报告发布》,《光明日报》2017 年 6 月 14 日第 004 版。

②　朱新力、胡铭:《职业主义法学教育与"2+2+2"卓越法律人才培养模式》,《中国大学教学》2014 年第 5 期。

③　《排名公布|2017 年中国最大 30 家律所》,搜狐网,http://www.sohu.com/a/205564100_695873,2018 年 5 月 17 日访问。

度设置的层面来看,《律师法》第 8 条规定了特许律师制度,即具有高等院校本科以上学历,在法律服务人员紧缺领域从事专业工作满 15 年,具有高级职称或者同等专业水平并具有相应的专业法律知识的人员,申请专职律师执业的,经国务院司法行政部门考核合格,准予执业。根据《特许律师执业考核条例(征求意见稿)》的规定,特许律师专业范围包括国际经济贸易法律服务领域、知识产权法律服务领域、金融证券法律服务领域、环境保护法律服务领域、高新技术法律服务领域等。上述紧缺领域,大多属于非诉法律服务的范畴。这反映出制度层面对非诉法律人才的渴求。

非诉法律人才的大量空缺,与传统法律人才的大量过剩之间的矛盾,体现了社会变迁对法学教育的新需求,也从另一个侧面折射出职业法学教育面临的客观瓶颈。法学本身并非一门自足的学科,在此背景下,有必要以社会需求为导向,对传统的法学教育模式进行变革和重组。

### (二)借势:对财经院校特色和浙江省经济形势的有效利用

根据社会学家的观点,"势"是一种隐性力量,其本身并不是直接作用于客体对象的力量,而是依靠其他方面产生力量而作用。行动可以被认为是借助自己所拥有或创设的势去争夺更多的势。[①] 在起势、造势之后,面临的就是借势和用势的问题。在非诉实验班设立和实施过程中,"借势"主要体现在如下两个方面。

首先,浙江财经大学是以经管类学科为优势的大学,这为非诉法律人才的培养提供了强大的学科支撑。从非诉法律职业技能的类型来看,其包含咨询、检索、文书起草和谈判。[②] 在上述类型中,无论是商业活动的咨询、商业合同的起草,抑或是商事合作类的谈判,都涉及大量经济学、管理学、会计学等的内容。非诉法律人才的培养,急需上述课程的设置作为支撑。浙江财经大学的前身为浙江财政银行学校,经济学、统计学、管理学等学科,在全国和浙江省的各类学科评估中均名列前茅。现有的学科之"势",为非诉法

---

① 董海军:《依势博弈:基层社会维权行为的新解释框架》,《社会》2010 年第 5 期。

② 李政辉:《论非诉法律职业技能》,《中国大学教学》2015 年第 1 期。

律实验班的设立奠定了良好的基础条件。

其次,浙江省作为经济发达地区,经济活动对非诉法律服务提出了高质量的需求。以浙江金道律师事务所为例,其被评选为"非诉讼一站式精品所""2016年度中国PPP项目十佳律师事务所"。创始人表示:"大力发展非诉业务"不仅仅是律所成长的自我驱动,更是基于对市场判断之下的理性选择。[①] 破产重组、互联网金融、知识产权、税务等业务的精练程度,是律所实力和市场影响力评价的重要指标之一。但是,在浙江省外向型经济发展中,急需专业法律人才保驾护航的情况下,部分领域却面临着人才短缺的窘况。报道显示,浙江省能办理新型、高端涉外业务的法律服务人才缺乏。在全省1.7万名律师中,懂经济、懂外语、懂国际规则并能够熟练提供全程法律服务的律师不足百人。[②] 此外,相关律师的访谈亦透露,不少非诉律师团队的年收入,甚至可以突破8位数。

职业律师的现身说法与看得见的市场缺口,为非诉班学生勾绘了美好的就业前景。上述职业愿景加之高额的职业回报率,对身陷择业困境、对未来充满迷惘的大学生而言,无疑是打了一剂强心针,对现有的法学就业整体低迷之势,亦有拨云破雾之效。这在事实上可以吸引到更为优质的人才参与实验班的选拔,为实验班的运作提供人才保障。

## 二、实施及成效:以浙财非诉实验班为例的分析

非诉法律实验班对传统的法学教育进行了全方位的改造,设立了独立的培养方案,创设了独立的教学环境。培养方案是对培养目标、培养过程等方面的基本设计,是保证教学质量和人才培养规格的重要文件,是组织教学过程、安排教学任务、确定教学编制的基本依据。[③] 相比于一般法学学生的培养,非诉班培养方案的特色主要体现在以下几个方面。

---

① 毛姗姗:《浙江金道:11年,区域性大所的追梦之路》,2018年5月19日,http://www.acla.org.cn/article/page/detailById/20401。

② 陈三联:《涉外法律服务人才培养刻不容缓》,《浙江日报》2017年1月20日,第7版。

③ 朱健等:《改革人才培养方案 培养高素质应用型人才》,《中国高等教育》2014年第5期。

### (一)法学类课程与经管类课程的有机融合

在大学本科教育阶段,课程属"基础之基础",其在很大程度上制约着学生从事其他专业类活动的可能性。从课程方面来看,非诉班学生的课程培养方案,相比于一般法科学生的培养方案,主要有两个显著的特色。

首先,经管类课程的引入。非诉班学生除需要研修传统的法学类课程外,还需研修大量经管类课程,如经济学原理、财务管理等,上述课程的定位,与传统类的法学课程一样,均设定为专业必修课;此外,审计学、金融学、税收筹划等课程,则归属于专业选修课的范畴。对经管类课程的有意识添加,一方面可为学生未来从事非诉活动,奠定良好的学科基础知识;另一方面,基于对上述课程的深入接触和了解,可使学生更有机会意识到现有法律在上述领域规制的欠缺和不足,以便更好地促进不同学科之间的互动。

其次,除了融合大量的经管类课程之外,法学类课程的设置,亦与普通法科生的培养方式存在不同。非诉班的课程设置,除传统的法学类核心主干课程外,新增物权法、债权法、财税法和金融法作为专业必修课程。从法学专业选修课的设置来看,主要包括建筑房地产法理论与实务、International Financial Crime、法律谈判与辩论、公司法律实务、International Commercial Law、国际贸易法律实务等。上述法学类课程的设置,紧密围绕非诉的业务范畴开展,且放眼于国际,而非仅囿于国内的法律。

总而言之,非诉班课程培养方案的设置,从宏观和微观两个层面,对非诉班人才的培养方式做出了框架性设计,其对非诉班学生学习资源等的投入,进行了有效的规划和指引。从现有的统计来看,已有部分非诉班的同学通过证券业从业资格考试。

### (二)理论导师与实务导师的双重指导

创新法治人才培养机制,必须多方配合、增强合力,多措并举、协同攻关。[①] 对于非诉实验班的学生,法学院除为每人配备一位校内的综合导师

---

① 袁贵仁:《创新法治人才培养机制》,《人民日报》2014 年 12 月 12 日,第 7 版。

外,还额外配备一名精英的职业律师作为其实务导师。

从职责的分工来看,综合导师主要负责对法学专业基础知识的指导。其指导方式主要包括:一是解惑。这主要是指学生在专业学习过程中存在困惑时,对其加以引导,包括专业书籍的推荐、法学专业学习方法的传授、法学专业问题的解答等。二是指导学生进行课题研究。法科学生在本科阶段就参与省部级甚至国家级科研项目的研究,是非常难得的机会。对课题的有效参与,一方面,有利于扩大学生的视野,把握法学研究的最新动向;另一方面,也可为日后法律文书的写作和非诉工作的胜任,提供良好的逻辑和思维支撑。以非诉班的学生为例,不少学生在校期间,就参与了包括国家社科基金、浙江省规划项目、杭州市规划项目等在内的多项课题的研究;而后,基于良好的科研训练,不少同学顺利考取国内顶级法学院的研究生。三是对学生专业学术论文的指导。对论文的指导,并不仅限于对本科毕业论文的指导,还包括对一般学术论文的指导。从现有的数据来看,有不少非诉班的学生在本科阶段即与导师一起合作,发表了高质量的学术论文。2015 级非诉班的一名学生,发表的论文《联合国关于预防青少年犯罪的立场、措施与启示》被人大复印资料全文转载;另有非诉班的学生,在 SCI 刊物 Journal of Tropical Meteorology 上发表学术论文;此外,还有多名学生在省级类法学刊物和报刊上发表文章。

实务导师的职责,主要包括两个层面:首先是课程的开设。建筑房地产法理论与实务、知识产权法与实务等课程,均由杭城该领域顶级的律师开设。上述实务导师,结合其自身办理的案件,阐述案件涉及的理论问题,以及其办案的程序问题,娓娓道来,广受学生好评。其次是暑期实践指导。在暑期,非诉班同学深入其实务导师所在的律所,跟随导师进行实务训练;在此过程中,实务导师布置学生进行实务课题的探索与研究。实习结束后,由实务导师对学生的实习做出评价。上述举措在媒体上引发了广泛的关注,如司法部《法律与生活》网站、浙江在线、东方网等都对此做出了报道。基于2015 级非诉班学生的实习报告和专业论文整理而形成的图书《法府拾穗》,已于 2017 年 5 月出版。

### (三)课堂教学改革与"每月一讲"双管齐下

与传统的大学授课模式不同,学校为实验班专门建设了独立的教室,采用可移动组合的桌椅,促进小班化的讨论式教学。从师资的配备来看,非诉班教师在开课之前,有一个遴选的过程。首先,基于发布的课程名称,任课老师需要提交《开设课程申请表》,对教学内容的设计、教学方法和测试方法的选择等问题做出阐述,与此同时,还需附上任课教师历年的学评教成绩。而后,基于教授委员会的讨论结果,学院对任课老师进行任命并加以公布。在教学过程中,学生具有多重渠道,对任课教师的教学方式和教学效果进行评价和反馈。对师资的严格筛选,系保证教学效果的前提性要件。不同于一般法学专业课的授课模式,非诉班的教学方法,侧重于培养学生的实践能力、研究能力和创新意识,故在此过程中,讨论式教学方式贯穿始终。此外,为更好地确保讨论式教学模式的顺利开展,作为保障机制,学院将非诉班学生的课程代码与普通班学生的课程代码加以区分。上述措施,一方面,可以控制上课人数,确保精英化的教学;另一方面,也可在一定程度上,防止非诉班学生过多地选修一般的法学类选修课程,从而导致非诉法律人才培养方向的偏离。

"每月一讲"是指,法学院每月邀请一名实务精英开展讲座与交流,以便学生更好地了解法律的实然状态。实务精英既包括省高院的法官、省检察院的检察官、浙江与上海著名律所的主任等业界知名人士,也包括相关领域的知名校友。讲座的开设,有利于弥补课堂教学的不足,确保学生接收到司法实践的第一手信息。在应然与实然的碰撞与互动中,更为深入地了解法学的真谛和精髓。

### (四)以赛促教与国际化的培养目标

积极参与学科竞赛,系法学科职业技能培养的重要路径。从其功能来看,学科竞赛有利于培养学生的竞争能力,激发学生的学习积极性,促进学生对学科知识的理解与深化。[①] 非诉实验班的学生积极参与法律职业能力竞赛、模拟法庭大赛、辩论赛等，并取得了良好的竞赛成绩。从 2014 年至今，每年都有学生以个人或团体的名义，获得省级以上的奖励。如 2014 级的非诉班学生，获得了华东模拟法庭辩论赛集体三等奖、浙江省第三届大学生法律职业能力竞赛"勇往杯"模拟法庭比赛三等奖等奖项；2015 级非诉班的学生，获得了浙江省第三届大学法律职业能力竞赛法律演讲比赛二等奖、浙江省大学生模拟法庭比赛三等奖等奖项；2016 级非诉班的学生，获得了浙江省第四届大学生法律职业能力竞赛辩论类团体三等奖等奖项。

为了更好地培养非诉班学生的专业分析能力，非诉班级专门设立了"财经法律探索"研究课题。研究项目的题目由学生自行拟定，课题组成员一般为 2—4 人，且可包含非诉班各个年级的学生。项目周期为 1—2 年，结项时需要公开发表论文；其中，若论文发表在中文核心及以上级别的刊物，则可获得额外的奖励。从课题的实施效果来看，学生申请踊跃，自 2015 年以来，已有 15 项课题得以立项。从课题内容来看，既包括"第三方支付平台的法律责任""大数据时代的被遗忘权——隐私保护与本土化"等前沿性、时代性的课题，也包括"老旧无主电梯维护责任归属纠纷及解决机制""同性婚姻在中国合法化问题研究"等相对传统性、基础性的问题。

为了适应国际化趋势，法学院积极拓宽国际交流的视野，与美国、澳大利亚等国家的高校签订了合作协议，与英国等国家的高校达成了合作意向。在学生出国留学上建立激励机制，激发学生学习专业知识与英语的兴趣。从四六级英语考试通过率来看，2014 级、2015 级和 2016 级学生，四级通过率的比例高达 100％，六级通过率的比例达到 80％以上；有同学甚至在全国性的英语比赛中获得名次，如 2015 级非诉班的学生获得 2016"外研社杯"全国英语写作大赛二等奖以及 2016 年 APEC 未来之声英语演讲比赛全国总决赛入围奖等奖项。此外，非诉班还采取外语授课和外教授课相结合的模式，开设全英文的课程。迄今为止，已有来自德国、美国、英国、澳大利亚等多个国家知名院校的教授曾给非诉班的学生授课。从出国读研的比例来

---

① 何勤华：《开展卓越法律人才培养促进法学专业改革》，《法学教育研究》2014 年第 10 期。

看，目前，已有多名学生收到来自包括爱丁堡大学、The College of William & Mary、南加州大学等在内的多个国外著名大学法学院的邀请函，即将出国深造。

## 三、问题与改革：现实主义路径下的再推进

非诉法律人才培养模式的改革，虽然取得了如上所述的一系列成效，但瑕瑜互见，长短并存。问题主要体现在以下几个方面。

首先，司法考试通过率的数据与预期存在差距。司法考试制度是法学教育与法律职业之间的桥梁和纽带。[1] 国家司法考试的实施，有利于统一法律职业的准入条件，建立法律职业共同体。而建立法律职业共同体，保证法律从业人员具有共同的职业语言、知识、技能、思维和伦理，保证法律职业共同体的统一性和同质化是所有现代法治国家的共同要求。[2] 无论是从事诉讼业务还是非诉业务，通过司法考试都是执业的前提。从 2014 级非诉班学生的司考通过率来看，仅 70% 左右。这一数据与预期的 90% 以上的通过率存在不少的差距。究其原因，主要有两个：第一，封闭式的选课模式以及经管类课程的加入，客观上限制了非诉班学生接触其他法学选修课的可能性，如合同法、保险法、婚姻家庭法、立法法、中国司法制度等课程，均未对非诉班的学生开放。缺乏教师专业指引的自我学习，往往使学生难以有效应对可能的挑战，呈现捉襟见肘的窘态，学习效果亦大打折扣。第二，由于对于自身定位的过于明晰与课程设置客观方面的倾斜，使得非诉班的不少学生过于注重对民商事法律的学习，而忽视对刑法和行政法等课程的学习。由于目标抑制的作用，专注会导致管窥，让人们的视野变窄，从而付出沉重的代价。[3] 从结果层面来看，不少学生卷二的得分惨不忍睹。

其次，从学生的就业选择来看，2014 级非诉班，仅有 8 名学生选择进入律所工作，除考研和出国深造的同学外，其他学生还是倾向于选择公检法部

① 付子堂：《改革司法考试制度，推进国家治理法治化现代化》，《法制与社会发展》2014 年第 5 期。

② 霍宪丹：《论当前我国的统一司法考试与法律教育改革》，《环球法律评论》2002 年第 1 期。

③ ［美］塞德希尔·穆来纳森等：《稀缺》，魏薇等译，浙江人民出版社 2014 年版，第 21 页。

门。通过对学生的调查了解到,原因主要有三个:第一,是父母的意愿。在不少父母的认知中,法官和检察官的社会地位普遍高于律师;而且,相比于律师工作的不稳定和高强度,传统印象中公务员朝九晚五的工作更有规律性,也更方便对家庭的照顾。第二,非诉律师虽有其光鲜的一面,收入亦让社会上大多数个人望尘莫及,但其背后所需付出的劳动,使得不少学生望而却步。"连轴转""健康透支"是不少非诉律师给自己贴的标签。长时间紧绷的工作状态,对于不少学生而言,是一场现实的"噩梦"。第三,认知随着学习的深入而发生变更。非诉班的招生在新生军训结束后启动,在当年 10 月 1 日前组班完成。彼时的学生对于大学生活充满憧憬,但对法学专业却往往迷惘无知。被问及选择非诉班的原因时,典型的回答是"学长学姐的推荐""感觉实验班的资源比较多""随便报名"。对于何为"非诉"却浑然不知。而后,基于法学教育的开展,学生逐渐意识到自己感兴趣的部门法,开始形成自己的职业观。然而可惜的是,非诉实验班尚缺乏有效运作的退出机制。

在法学领域,现实主义主要包含直面实质问题的心理准备、超越共同体内部视角的开放视野、对形式主义工具性质的清醒认识。[1] 在现实主义路径指引下,基于现存的困境,下一步的改革需要从以下几个方面入手,以便更好地实现非诉实验班设立的初衷。

一是观念的纠偏。从本质上来看,非诉仅是庞大的法律职业中的一个极小分支。即便是在律师领域,律师业务亦可分为诉讼、非诉讼和涉外三类。基于此种认识,在对民商事法律强调和重视的同时,亦需关注理论法学以及其他部门法学内容的学习。有学者指出,合格的法律人才不仅需要有扎实的专业技能,还要有人文精神和职业伦理道德,并且应当具有国际视野。[2] 对法治本身的推崇、对正当程序的遵守、对司法制度本质的深入探究,毫无疑问是测量个人法律素养的重要纬度。反之,仅将目光聚焦于特定的法学课程,而忽视其他法学专业课程的学习,实则是一种本末倒置的做法,容易使自己陷入"只见树木、不见森林"的被动局面。观念塑造行为。由此,

---

[1] 戴昕:《认真对待现实主义》,《环球法律评论》2015 年第 3 期。
[2] 王利明:《法学教育的使命》,《中国法学教育研究》2017 年第 1 期。

在非诉学生培养过程中,应极力避免对"非诉"特性的过度强调而在事实上导致的对法律人共性的忽视,要在两者之间找到合适的均衡点,避免短板效应的累积而成积重难返之势,最终造成职业选择的约束。

二是退出机制的完善。退出机制包括两个方面的内容:强制退出和自愿退出。强制退出主要是指当学生无法适应非诉班的学习时,而退回至原有班级学习的机制。从现有规定来看,强制淘汰的标准为:特定学生若一学年的排名处于班级后5%,则被强制淘汰;但如果该生每门课成绩均在75分以上,经过非诉选拔小组成员的讨论,则可继续保留非诉班学习资格。事实上,强制退出机制虽现已在制度层面设立,但可惜的是并未得到严格执行。由此导致的结果是,制度本身缺乏应有的威慑力,沦为摆设。自愿退出则主要是指当学生自身感觉不习惯非诉班的培养模式,而选择退回至法学普通班级学习或者调换专业的机制。对于因退出而产生的名额空缺,可经过两轮选拔,从法学普通班中选择优秀的学生加以填充。强制退出机制的完善和自愿退出机制的建立,一方面有利于发挥"鲶鱼效应",始终保持非诉班整体的活力,确保非诉学生整体上的优质性;另一方面,可给予学生二次选择专业的机会,防止其因初次抉择的失误而投入过高的机会成本,以致陷入难以摆脱的困境。

# 第四编

## 法治对策

# 关于《浙江省房屋使用安全管理条例（草案）》的修改建议<sup>①</sup>

　　浙江省人大环资委办公室目前正在征求各机关、团体、企事业单位、公民和新闻单位对《浙江省房屋使用安全管理条例（草案）》（以下简称《草案》）的意见。研究小组负责人作为省人大立法咨询专家、省政府特聘立法咨询专家和基层人大代表，十分关注该条例的立法，组织研究团队在认真研究的基础上，特提出如下修改意见。

## 一、关于第二章名称的修改意见

　　第二章名称原表述为"房屋使用安全责任"。

　　修改建议：

　　(1)建议将第二章名称修改为"房屋使用安全义务"。

　　(2)将相关责任内容合并到第八章"法律责任"中。

　　修改理由：

　　(1)依据立法原理，除第一章总则和第九章附则外，其他七章的章名及其涵盖的内容应当有一个清晰的内在逻辑体系。本《草案》第二章名称中使用的"房屋使用安全责任"与第八章"法律责任"存在逻辑上的交叉重叠，应当修改。

　　(2)从第二章的内容看，是负有安全义务的主体在安全使用房屋、费用承担、告知、质量保障、安全监管等方面应当履行的义务而非责任。

　　(3)在法律上，责任与义务是两个截然不同的范畴，责任是主体不履行

---

或不当履行义务所应承担的否定性法律后果,而义务是主体为或不为一定行为的限制,本《草案》似乎混淆了两者的界限。

## 二、关于第七章的修改意见

第七章内容为"集体土地上房屋使用安全管理"。

修改建议:

将第七章内容融合到其他章中。

修改理由:

本《草案》第 2 条(适用范围)规定:"本省行政区域内合法建造并交付使用房屋的使用安全管理,适用本条例。"据此,本《草案》应当既包括了国有土地上房屋的使用安全管理,也包括了集体土地上房屋使用安全管理,而且在之后的一般规定中,从未明示前六章为国有土地上房屋使用安全管理的规定。在此情况下,突然出现第七章"集体土地上房屋使用安全管理",显得逻辑不够周延且容易引起适用上的混乱。

## 三、关于第 1 条立法依据的修改意见

第一条(立法目的)原表述为:"为了加强房屋使用安全管理,保护公民、法人和其他组织的人身、财产安全,维护公共安全和社会秩序,根据有关法律、行政法规,结合本省实际,制定本条例。"

修改建议:

明确立法依据,将第 1 条修改为:"为了加强房屋使用安全管理,保护公民、法人和其他组织的人身、财产安全,维护公共安全和社会秩序,根据《中华人民共和国物权法》和《中华人民共和国建筑法》的有关规定,结合本省实际,制定本条例。"

修改理由:

立法应有上位法依据,在立法依据明确的情况下,应当列举主要立法依据。本条例的直接上位法依据为《中华人民共和国物权法》和《中华人民共和国建筑法》的有关规定,应当列举。此外,尽管国务院《建设工程质量管理

条例》与本条例有关，但是因为同属于法规层次，只要不与其规定冲突即可，不宜作为直接立法依据予以列举。

## 四、关于第 47 条（转致规定）的修改意见

第 47 条（转致规定）原表述为："违反本条例规定的行为，法律、行政法规已有法律责任规定的，从其规定。"

修改建议：

将第 47 条修改为："违反本条例规定的行为，法律、行政法规另有法律责任规定的，从其规定。"

修改理由：

"转致"本是一个国际私法上的术语，是指某一涉外民事关系中，一国法院根据本国的冲突规范应适用他国的法律，根据他国的冲突规范应适用第三国的法律，如果该国法院根据他国冲突规范的指定适用了第三国的实体法审理案件，则构成转致。而国内法中的转致是指某一行为虽然属于甲法的调整范围，但甲法明确规定其法律后果应适用乙法，因此在执法实践中依据乙法确定当事人的权利义务关系，从而将甲法中的这一规定称为转致规定。转致的前提是另一个是法律依据指向必须明确，亦即转致到哪个法律，其指向应是明确的，而不是笼统地指向"其他法律法规"或"有关规定"。因此，本草案第 47 条不属于"转致规定"，而属于"从其规定"。立法上的"从其规定"，一般是以"另有规定"为条件的，而不是以"已有规定"为条件的。

总体而言，该《草案》内容完整、规范明确，是一部质量很高的立法文本。

2016 年 11 月 8 日

# 关于《浙江省学前教育条例（草案）》的修改建议

《浙江省学前教育条例（草案）》（以下简称《条例》）基本成型，文本结构严谨、内容全面，是一部很好的地方立法文本。研究团队负责人李占荣教授作为法学教育工作者和省人大、省政府特聘立法咨询专家和基层人大代表，十分关注该条例的立法，组织研究团队，在认真研究的基础上，特提出如下修改意见，请您批示。

## 一、关于《条例》第 1 条的修改意见

《条例》第 1 条原表述为："为了促进学前教育事业健康发展，规范学前教育工作，根据《中华人民共和国教育法》《中华人民共和国民办教育促进法》等法律、行政法规，结合本省实际，制定本条例。"

修改建议：

"为了促进学前教育事业健康发展，规范学前教育工作，根据《中华人民共和国教育法》《中华人民共和国民办教育促进法》《中华人民共和国教师法》和《中华人民共和国教师资格条例》等法律和行政法规，结合本省实际，制定本条例。"

修改理由：

第一，根据《中华人民共和国宪法》和《中华人民共和国立法法》划定立法权限，《中华人民共和国教育法》属于由全国人民代表大会制定的基本法律，《中华人民共和国民办教育促进法》属于由全国人民代表大会常务委员会制定的"其他法律"，而非行政法规。因此，在没有列举具体行政法规依据的情况下，使用"行政法规"一词不妥。同时，在规范学前教育工作方面，只

有《中华人民共和国教师资格条例》是直接的行政法规依据。因此,应当增加《中华人民共和国教师资格条例》作为立法依据,也使"行政法规"有所指向。

第二,根据《中华人民共和国教师法》第 2 条"本法适用于在各级各类学校和其他教育机构中专门从事教育教学工作的教师"的规定,学前教育的师资也受本法调整。所以,应增加《中华人民共和国教师法》作为立法依据之一。

## 二、关于《条例》第 4 条的修改意见

《条例》第 1 条原表述为:"学前教育应当贯彻国家教育方针,遵循学龄前儿童身心发展规律,尊重和保障学龄前儿童的人格和权利,实行科学保育和教育,促进学龄前儿童健康、快乐成长。"

修改建议:

将 1 款分为 4 项,与教育部 2016 年颁布实施的《幼儿园工作规程》相衔接,从而更加全面准确地表达学前教育的目标,即修改为:"学前教育应当贯彻国家教育方针,遵循学龄前儿童身心发展规律,尊重和保障学龄前儿童的人格和权利,实行科学保育和教育,促进学龄前儿童全面健康成长。"

(一)促进幼儿身体的正常发育和机能的协调发展,增强体质,促进心理健康,培养良好的生活习惯、卫生习惯和参加体育活动的兴趣。

(二)发展幼儿智力,培养正确运用感官和运用语言交往的基本能力,增进对环境的认识,培养有益的兴趣和求知欲望,培养初步的动手探究能力。

(三)萌发幼儿爱祖国、爱家乡、爱集体、爱劳动、爱科学的情感,培养诚实、自信、友爱、勇敢、勤学、好问、爱护公物、克服困难、讲礼貌、守纪律等良好的品德行为和习惯,以及活泼开朗的性格。

(四)培养幼儿初步感受美和表现美的情趣和能力。

## 三、关于《条例》第 15 条的修改意见

《条例》第 15 条原表述为:"因公共利益需要征收幼儿园土地、房屋的,应当按照先建后征的原则就近或者易地重建,或者依法给予补偿,用于重建

幼儿园。县(市、区)教育行政部门应当对在园学龄前儿童做出妥善安排。"

修改建议:

"因公共利益需要征收幼儿园土地、房屋的,应当按照先建后征的原则就近或者易地重建,或者依法给予补偿,用于重建幼儿园。县(市、区)教育行政部门应当对在园学龄前儿童学前教育事宜做出妥善安排。"

修改理由:原条文表述不清、用词不当。

## 四、关于《条例》第 23 条的修改意见

《条例》第 23 条原表述为:"幼儿园园长应当具备国家和省规定的任职条件。教师、医生、护士以及保安员应当取得相应的职业资格。保育员、保健员应当按照国家和省有关规定接受相应的幼儿保育和卫生保健专业知识培训。"

修改建议:

将之分为三类:"幼儿园的教师应当具备幼儿师范学校毕业及其以上学历并依法取得幼儿园教师资格;幼儿园园长除依法取得幼儿园教师资格外,有三年以上幼儿园工作经历和一定的组织管理能力,并取得幼儿园园长岗位培训合格证书。""幼儿园的医生、护士以及保安员应当取得相应的职业资格。""保育员、保健员应当按照国家和省有关规定接受相应的幼儿保育和卫生保健专业知识培训。"

修改理由:

原条文规制三类七个主体,表述方式不符合立法技术原理,应当分三类表述,不应在一个条文中用三句话表述。

## 五、关于《条例》第 25 条的修改意见

《条例》第 25 条原表述分为两款。第 1 款:"幼儿园工作人员应当爱护和平等对待学龄前儿童,不得虐待、歧视、体罚、变相体罚、侮辱学龄前儿童或者实施其他损害学龄前儿童身心健康的行为;不得收受、索取学龄前儿童家长财物。"第 2 款:"幼儿园工作人员在岗位上遇到危及学龄前儿童人身安

全紧急情况的,应当立即采取措施,保护学龄前儿童人身安全。"

修改建议:

将第 2 款修改为:"幼儿园工作人员必须具有安全意识,掌握基本急救常识和防范、避险、逃生、自救的基本方法,在岗位上遇到危及学龄前儿童人身安全紧急情况的,应当立即采取措施,优先保护学龄前儿童人身安全。"

修改理由:

学龄前儿童为无民事行为能力人,在遇到紧急情况时基本没有自救能力,因此幼儿园工作人员具有安全意识,掌握基本急救常识和防范、避险、逃生、自救的基本方法是非常必要的,也是最基本的安全要求。

## 六、关于《条例》第 51 条的修改意见

《条例》第 51 条原表述为:"违反本条例规定的行为,法律、法规已有行政处罚规定的,从其规定。"

修改建议:

建议删除。

修改理由:

这是典型的"从其规定"的立法技术误用。立法上的"从其规定",一般是以"另有规定"为条件的。"另有规定的法"与"本法"往往是特别法与一般法的关系,而不是上下位法的关系。本《条例》第 51 条中的"法律、法规"显然是本《条例》的上位法,所以下位法是无权做出从上位法规定即"从其规定"的赋权规范的。

2016 年 11 月 12 日

# 关于尽快将"中华民族"写入《中华人民共和国宪法》的建议

党的十八大以来,以习近平同志为核心的党中央形成了以"中华民族一家亲,同心共筑中国梦"为核心理念的民族工作思想理论体系,开辟了马克思主义民族理论中国化的新境界,为开创我国民族团结进步事业新局面提供了强大的思想指引。党的十九大将"中华民族伟大复兴的中国梦"写入了《中国共产党章程》。当前,"中华民族"已经是一个内涵固定、外延清楚的民族学概念,也是一个通用的政治概念和法律概念。然而,《中华人民共和国宪法》(以下简称宪法)中还没有使用"中华民族"这个概念,而使用了"中国各族""全国各族"和"全国各民族"等多个概念。笔者主持的国家社科基金重大招标项目《建设社会主义民族法治体系 维护民族大团结研究》(14ZDC025)和国家社科基金一般项目"多民族国家解决民族问题的宪法回应机制研究"(15BMZ001)的阶段性成果表明,应当尽快将"中华民族"写入《中华人民共和国宪法》。

## 一、宪法中没有"中华民族"这个概念的负面影响

宪法中没有"中华民族"这个概念,已经给我国的政治、法律和国家统一等问题带来了以下一系列显现的潜在的负面影响。

第一,宪法中没有"中华民族"这个概念,弱化了中国共产党的宪法地位。《中国共产党章程》总纲明确规定:"中国共产党是中国工人阶级的先锋队,同时是中国人民和中华民族的先锋队……"宪法序言也明确指出了中国共产党的执政党的宪法地位:"中国共产党领导的多党合作和政治协商制度将长期存在和发展。"既然中国共产党是"中华民族"的先锋队,那

么，"中华民族"的宪法地位应是中国共产党作为执政党的宪法地位的重要基础之一。

第二，宪法中没有"中华民族"这个概念，割裂了作为整体的"中华民族"与中国的历史联系。中华民族多元一体的历史与现实格局表明，中国是中华民族创造的家园。宪法序言指出："中华人民共和国是全国各族人民共同缔造的统一的多民族国家。"这里的全国各族是"多元"，统一于"中华民族"这"一体"。

第三，宪法中没有"中华民族"这个概念，造成了我国无法找到反对"民族分裂主义"的宪法依据。当前，"台独""藏独"和"疆独"等民族分裂主义十分猖獗，我国的民族分裂主义显然是在分裂中华民族，国家也一再反对民族分裂主义，却因为宪法中没有"中华民族"这个概念而缺少宪法依据。

## 二、将"中华民族"写入宪法的必要性

第一，从宪法的高度规定作为政治民族的"中华民族"与作为文化民族的 56 个民族之间的关系，从法律之根本上界定"台独""藏独"和"疆独"等民族分裂主义的违宪性。

第二，矫正西方国家数百年来推行的"民族国家理论"，反对其将这种"一个民族、一个国家"的理论强加给像我国这样的多民族国家，制止其为"台独""藏独"和"疆独"等民族分裂主义提供所谓的"道义"支持。

第三，目前我国的宪法秩序面临的最紧迫问题就是少数民族地区的民族分裂主义和基于海峡两岸分治事实的国家认同问题。为此，迫切需要将"中华民族"写入宪法。

第四，从法律体系完善的角度看，《中华人民共和国教育法》《中华人民共和国反分裂国家法》等 10 部法律中已经将"中华民族"作为一个法律概念了，现在迫切需要将其上升为一个宪法概念。

第五，在世界民族之林，需要展示中华民族的统一形象，将"中华民族"写入宪法就是最好的最正式的展示。

## 三、将"中华民族"写入宪法的可行性基础

无论是从历史和现实看,还是从政治和法律看,对于"中华民族"写入宪法都没有争议。"中华民族"成为中国不同政治实体之间乃至政党之间的最大公约数,将"中华民族"写入宪法具备历史基础、现实基础、政治基础和法律基础。

第一,从历史看,"中华民族"是与中国在长期的历史过程中相互塑造而成为一个不可分割的统一整体,是国族意义上的民族,也称政治民族。从种族基因看,中国的各族人民之间同种同源,随着一次又一次的民族融合形成了你中有我、我中有你的特殊血缘关系;从文化的角度考察,各民族共同创造了中华文化;从国家创立和发展来看,各民族共同创造了中国,尤其是少数民族中蒙古族和满族为国家的统一做出了重大贡献。所以,中国各文化民族的成员都已经有了自古及今生活在中国这片土地上的环境性认同,有了基于同种共源的生理性认同,也有了推崇中华文化的精神性认同和共同的政治经济生活的社会性认同,现在需要明确和加强"政治民族"共同体——"中华民族"的认同。

第二,从现实构成上看,"中华民族"是中国各民族的总称,包括汉族、蒙古族、回族、藏族、维吾尔族、苗族、彝族、壮族、布依族、朝鲜族、满族、侗族、瑶族、白族、土家族、哈尼族、哈萨克族、傣族、黎族、傈僳族、佤族、畲族、高山族、拉祜族、水族、东乡族、纳西族、景颇族、柯尔克孜族、土族、达斡尔族、仫佬族、羌族、布朗族、撒拉族、毛南族、仡佬族、锡伯族、阿昌族、普米族、塔吉克族、怒族、乌孜别克族、俄罗斯族、鄂温克族、德昂族、保安族、裕固族、京族、塔塔尔族、独龙族、鄂伦春族、赫哲族、门巴族、珞巴族、基诺族等 56 个民族。其中高山族是台湾地区少数民族的统称,包括布农人、鲁凯人、排湾人、卑南人、邵人、泰雅人、雅美人、曹人、阿美人、赛夏人等十多个族群。

第三,从政治上看,无论是大陆还是台湾都承认"两岸同属中华民族"。而且,《中国共产党章程》总纲明确指出:"中国共产党是中国工人阶级的先锋队,同时是中国人民和中华民族的先锋队……"

第四,从法律上看,《中华人民共和国反分裂国家法》的颁布,已经构建

了第一个关于"中华民族"的法律规范。该法第 1 条指出："为了反对和遏制'台独'分裂势力分裂国家,促进祖国和平统一,维护台湾海峡地区和平稳定,维护国家主权和领土完整,维护中华民族的根本利益,根据宪法,制定本法。"

由此可见,"中华民族"写入宪法从历史与现实、政治、法律和民意基础等各个层面都不存在任何障碍,应当是一件水到渠成的事情。

## 四、"中华民族"入宪方式的具体建议

### (一)范畴确立层次的"中华民族"入宪

范畴确立层次的"中华民族"入宪,主要在宪法序言中进行。宪法序言是宪法结构的重要组成部分,现代宪法一般是由宪法序言、宪法正文和宪法附则构成。一般认为,宪法序言的作用有如下几个方面:第一,表明宪法制定的合法性。即向世人昭示,宪法是经合法选举的代表(或机关)制定的,进而阐明全体人民、国家机关、政党、社团必须遵守宪法、维护宪法的尊严。第二,表明一个国家的制宪目的。即通过序言能够阐明一个国家的立宪宗旨,要求宪法本文的规定不得与人民的制宪目的相违背。第三,宪法序言具有统率宪法的作用。即宪法序言与宪法本文一起构成了宪法的统一整体,而且对宪法的本文部分还具有统领性。宪法序言不但规定宪法的性质、国家的独立性、权力的来源等问题,民族主义价值是宪法序言的根本性内容之一。事实上,我国宪法中已经使用了"中国各族""全国各族"和"全国各民族"等概念,并在宪法序言中阐述了它们的法律地位和政治地位。

我们认为,范畴确立层次的"中华民族"入宪可以采取两种方式。一是仅仅修改宪法序言中的第 1 个条款。原表述为:"中国是世界上历史最悠久的国家之一。中国各族人民共同创造了光辉灿烂的文化,具有光荣的革命传统。"修改后表述为:"中国是世界上历史最悠久的国家之一,是中华民族的家园。中国各族人民创造了光辉灿烂的文化,具有光荣的革命传统。"这是一种比较简化的处理方式,仅仅增加了"是中华民族的家园"一句。

二是强调中华民族的文化功绩和革命传统,用"中华民族"取代"中国各

族人民"，由此宪法序言中的第 1 个条款就修改为："中国是世界上历史最悠久的国家之一。中华民族创造了光辉灿烂的文化，具有光荣的革命传统。"由于"中国各族人民"与"中华民族"在实质内涵上是完全一致的，"中国各族人民"这一概念强调的是个体，而"中华民族"强调的是整体，二者没有实质性差异。因此这种修改的形式意义大于实质意义。相应地，用"中华民族"取代"中国各族""全国各族"和"全国各民族"等概念，同时在涉及"中国各族人民"和"全国各族人民"等概念时，在不影响表达的情况下一律修改为"中国人民"。这是一种比较复杂的方式，牵扯到宪法序言中大量的用词修改。具体变化如下：

（1）原表述为："一九四九年，以毛泽东主席为领袖的中国共产党领导中国各族人民……成为国家的主人。"

修改后表述为："一九四九年，以毛泽东主席为领袖的中国共产党领导中国人民……中国人民掌握了国家的权力，成为国家的主人。"

（2）原表述为："中国新民主主义革命的胜利和社会主义事业的成就，是中国共产党领导中国各族人民……战胜许多艰难险阻而取得的……中国各族人民将继续在中国共产党领导下……"

修改后表述为："中国新民主主义革命的胜利和社会主义事业的成就，是中国共产党领导中国人民……战胜许多艰难险阻而取得的……中国人民将继续在中国共产党领导下……"

（3）原表述为："中华人民共和国是全国各族人民共同缔造的统一的多民族国家……在维护民族团结的斗争中……促进全国各民族的共同繁荣。"

修改后表述为："中华人民共和国是全国各族人民共同缔造的统一的多民族国家……在维护中华民族团结的斗争中……促进中华民族的共同繁荣。"

（4）原表述为："本宪法以法律的形式确认了中国各族人民奋斗的成果，规定了国家的根本制度和根本任务，是国家的根本法，具有最高的法律效力。"

修改后表述为："本宪法以法律的形式确认了中华民族奋斗的成果，规定了国家的根本制度和根本任务，是国家的根本法，具有最高的法律效力。"

### (二)范畴内涵界定层次的"中华民族"入宪

范畴内涵界定层次的"中华民族"入宪,主要在宪法总纲中进行。宪法总纲是宪法正文的重要组成部分,它规定的主要是最重要的宪法范畴和宪法制度的基本原则,对宪法规范进行示范和指导。宪法总纲一般对国家的权力归属、中央和地方关系、民族关系、政治、经济、文化、国防、外交等进行原则性规定。我国宪法总纲规定了人民民主专政制度、人民代表大会制度、民族区域自治制度、特别行政区制度、经济制度和精神文明建设及其他的方针、政策和基本国策等。范畴内涵界定层次的"中华民族"入宪,可以采取在宪法总纲中明确中华民族的法律含义的方式进行。具体表述如下:

中华民族是中国各民族的总称。中华民族是由汉族、蒙古族、回族、藏族、维吾尔族、苗族、彝族、壮族、布依族、朝鲜族、满族、侗族、瑶族、白族、土家族、哈尼族、哈萨克族、傣族、黎族、傈僳族、佤族、畲族、高山族、拉祜族、水族、东乡族、纳西族、景颇族、柯尔克孜族、土族、达斡尔族、仫佬族、羌族、布朗族、撒拉族、毛南族、仡佬族、锡伯族、阿昌族、普米族、塔吉克族、怒族、乌孜别克族、俄罗斯族、鄂温克族、德昂族、保安族、裕固族、京族、塔塔尔族、独龙族、鄂伦春族、赫哲族、门巴族、珞巴族、基诺族等 56 个民族组成。

### (三)宪法规范构建层次的"中华民族"入宪

宪法规范构建层次的"中华民族"入宪主要在宪法正文中展开。宪法规范是对调整宪法关系的,具有最高法律效力的各种法律规范的总称。宪法的调整对象包括国家与公民的关系、国家与国内各民族的关系、国家与政党的关系以及国家机关之间的关系。可见,民族关系是宪法规范的重要调整对象。宪法规范构建层次的"中华民族"入宪可以采用以下方式进行。

首先,通过确定性宪法规范的构建,确立民族范畴中"中华民族"的最高性和政治和法律范畴"中华民族根本利益"的最高性。"中华民族"范畴的最高性意味着它对构成其自身内容的汉族、蒙古族、满族、藏族、维吾尔族等56 个文化民族的制约性和优先性,它体现着基于长期的历史过程而形成的一种历史实际、客观价值和行为规则,任何一个文化民族都没有脱离中华民族的权力,中华民族是不可分割的同一整体。由于"中华民族"入宪是宪法变动的正常形式,在确定性规范构建上完全可以采用宪法解释的方式。具体而言,可以通过对宪法第 4 条中原有确定性规范的解释而达到目标。宪法第四条规定的"中华人民共和国各民族一律平等"完全可以解释为"汉族和各少数民族是中华民族的有机组成部分,它们具有平等的法律地位"。同样,宪法第 4 条规定的"维护和发展各民族的平等、团结、互助关系"就可以解释为"维护和发展中华民族各成员的平等、团结、互助关系"。

同时,在宪法中增加一个条文来确立中华民族的根本利益的最高性。这个条文可以表述为:"加强中华民族团结,维护国家统一,促进经济和社会的稳定发展,是中华民族的根本利益。"

其次,通过设立禁止性宪法规范确立和维护中华民族的统一,进而维护国家统一。由于我国长期以来受到民族分裂主义的困扰,设立制止民族分裂的禁止性宪法规范有着重要作用,它是宪法实现的基础规范,是维护民族统一的根本法律保障。具体而言,对宪法第 4 条进行修改。

原表述为:"第 4 条 中华人民共和国各民族一律平等……禁止对任何民族的歧视和压迫,禁止破坏民族团结和制造民族分裂的行为。"

修改后表述为:"第 4 条 中华人民共和国各民族一律平等……禁止对任何民族的歧视和压迫,禁止破坏中华民族团结和制造中华民族分裂的行为。"

第 249 条规定:"煽动民族仇恨、民族歧视,情节严重的,处三年以下有期徒刑、拘役、管制或者剥夺政治权利;情节特别严重的,处三年以上十年以下有期徒刑。"显然,该规定与宪法第 4 条的规定共同构成了完整的法律规范,是维护中华民族团结、制止民族分裂的宪法规范。另外,对于进行民族分裂的行为,我国刑法并未做出规定。笔者认为,民族分裂的行为本质上也是分裂国家的行为,可能构成"危害国家安全罪",对此可以适用刑法第 103 条的规定。

最后,通过设立义务宪法性规范确立公民维护中华民族团结的义务,规范公民行为。维护中华民族团结,是指每个公民都有义务和维护各民族及其成员之间的平等、互助、合作的关系,其基本要求是:"各民族公民平等相待、团结友爱、互助合作、互相尊重。尊重其他民族的民族感情,尊重其他民族的合法权益,尊重其他民族的风俗习惯、语言文字等;禁止对任何民族的歧视和压迫,禁止破坏民族团结和制造民族分裂的行为。"具体而言,对宪法第 52 条进行修改。

原表述为:"第 52 条　中华人民共和国公民有维护国家统一和全国各民族团结的义务。"

修改后表述为:"第 52 条　中华人民共和国公民有维护国家统一和中华民族团结的义务。"

总之,"中华民族"入宪,不但具有深刻的历史必然性,也有着急迫的现实必要性和充分的可行性,它将对当下中国的政治生态和深化依法治国实践产生重要影响。因此,建议全国人大常委会尽快组织法学、民族学、政治学、社会学和历史学等相关专业领域的专家学者,从学术的层面对我们的建议继续审核,论证将"中华民族"写入宪法的现实意义和可能性,以便尽快启动关于"中华民族"入宪的准备工作。同时建议全国人大常委会在前期调研和论证的基础上,尽快起草"中华民族"入宪的具体方案,并将其纳入宪法修正建议案。

2017 年 12 月 12 日

# 关于九三学社向中共中央提议将"实现中华民族伟大复兴的中国梦"写入《中国共产党章程》的建议

　　九三学社是接受中国共产党领导、同中国共产党通力合作的亲密友党。多年来,九三学社在您的领导下,发展成为进步性与广泛性相统一、致力于中国特色社会主义事业的参政党。以习近平同志为核心的党中央执政以来,明确提出了"实现中华民族伟大复兴的中国梦"的奋斗目标,具有重大的现实意义和深远的历史意义。为此,您领导的九三学社高屋建瓴,于 2012 年 12 月 4 日在九三学社第十次全国代表大会上修改了《九三学社章程》,在 8 个民主党派中率先将"中华民族伟大复兴"写入本党章程。随后,中国致公党、台湾民主自治同盟、中国国民党革命委员会和中国民主建国会等 4 个民主党派先后将"中华民族伟大复兴"写入了各自的章程。可以说,这些都是民主党派自身建设中取得了巨大理论成就。然而,作为执政党的中国共产党却没有在自己的章程中将"实现中华民族伟大复兴的中国梦"写入《中国共产党章程》。鉴于"实现中华民族伟大复兴的中国梦"所具有的重大历史蕴含的巨大理论价值,本人在开展国家社科基金项目"多民族国家解决民族问题的宪法回应机制"的研究过程中,深刻地认识到将"中华民族伟大复兴的中国梦"写入《中国共产党章程》的必要性、迫切性和可能性,特建议九三学社中央向中共中央提议将"中华民族伟大复兴的中国梦"写入《中国共产党章程》,理由如下。

　　第一,"中华民族伟大复兴的中国梦"承接了中华民族"救亡图存,振兴中华"的伟大历史,应当在《中国共产党章程》中有所体现。中华民族是一个历经苦难的民族,尤其是近代以来遭受了帝国主义列强的欺凌,"中华民族"

意识由自在到自觉,从而开始了漫长的斗争。可以说,中国近代史就是一部中华民族的屈辱史,也是一部中华民族不屈不挠的斗争史,"救亡图存,振兴中华"成为贯穿至今的整个中国近现代历史的主题,成为衡量一切阶级、政党、组织先进与否,所选择的道路正确与否的标准。直到中国共产党登上中国的政治舞台,带领全国各族人民经过数十年的浴血奋战,建立了中华人民共和国,使中华民族真正站了起来,并经过社会革命、改造和社会建设实践,使"振兴中华"的伟大梦想真正进入了中国社会发展的历史进程。党的十三大在系统阐述社会主义初级阶段理论时提出了"实现中华民族伟大复兴"的概念,党的十五大、十六大、十七大、十八大均明确强调要"实现中华民族伟大复兴"。习近平总书记在参观《复兴之路》展览的讲话中指出:"每个人都有理想和追求,都有自己的梦想。现在,大家都在讨论中国梦,我以为,实现中华民族伟大复兴,就是中华民族近代以来最伟大的梦想。"之后,以习近平同志为核心的党中央多次阐释了"中华民族伟大复兴的中国梦"的内涵。可见"中华民族伟大复兴的中国梦"不是凭空而来的,它发端于中国历史、发端于中华民族奋发图强的伟大进程。

《中国共产党章程》总纲一开始就指出:"中国共产党是中国工人阶级的先锋队,同时是中国人民和中华民族的先锋队。"因此,带领中国各族人民实现中华民族伟大复兴的中国梦是中国共产党崇高的历史使命。同时,《中国共产党章程》总纲还回顾了中国共产党成立以来的领导中国各族人民奋斗的伟大历史,实际上就是实现新中国独立富强、中华民族独立富强、中国各族人民幸福安乐的奋斗史。因此,只有将"实现中华民族伟大复兴的中国梦"写入《中国共产党章程》,才能实现中国共产党作为执政党确立其领导地位的历史与逻辑的高度统一。

第二,"中华民族伟大复兴的中国梦"已经成为以习近平同志为核心的党中央在新时期带领全国各族人民努力实现的国家总任务,应当在《中国共产党章程》中有所体现。2013年3月17日,习近平同志在十二届全国人大第一次会议上明确指出:"实现中华民族伟大复兴的中国梦,就是要实现国家富强、民族振兴、人民幸福。"这深刻地揭示了中国梦的基本内涵和国家总任务的具体内容。国家富强是实现中华民族伟大复兴的中国梦的中心任务,包括经济富强、国防与军事富强、文化富强。民族振兴就是要让中华民族屹立于世界民族之林,在国家富强的前提下,积极弘扬中华民族文化,培育以爱国主义为核心的中华民族精神。人民幸福,诚如习近平同志指出的:"中国梦是民族的梦,也是每个中国人的梦。更好的教育、更稳定的工作、更满意的收入、更可靠的社会保障……这些梦想能否实现,关键看能否实干,化为老百姓看得见、摸得着、感受得到的福祉。只有坚定不移地走共同富裕道路,努力使全体人民学有所教、劳有所得、病有所医、老有所养、住有所居,做到发展为了人民、发展依靠人民、发展成果由人民共享;坚持以民生需求为第一信号,时刻关注并切实解决好群众最关心、最直接、最急迫、最现实的实际问题,确保群众难有所解、困有所帮,才能真正实现人民幸福。"在以上总任务中,国家富强是前提,民族振兴是核心,人民幸福是根本。

《中国共产党章程》是中国共产党行动的指南,无论是毛泽东思想、邓小平理论,还是"三个代表"重要思想和科学发展观,均是中国共产党人在各自时代集体智慧的结晶。实现中华民族伟大复兴的中国梦是以习近平同志为核心的党中央提出的重大战略思想,是党和国家面向未来的政治宣言,它着眼于坚持和发展中国特色社会主义,体现了中国共产党高度的历史担当和使命追求,应当体现在《中国共产党章程》之中。

第三,我国当今的法治实践已经将"实现中华民族伟大复兴的中国梦"融入党规和法律之中了,作为党规和法律的指导性文件《中国共产党章程》应当体现这一目标。在我国的政治实践中,中国共产党始终以中华民族伟大复兴为己任,团结带领全国各族人民经过 90 多年的艰苦奋斗,把贫穷落后的旧中国变成日益走向繁荣富强的新中国。特别是改革开放以来,中华民族伟大复兴展现出光明前景。诚如习近平同志于 2016 年 11 月 11 日在纪念孙中山先生诞辰 150 周年大会上所言:"我们比历史上任何时期都更接近中华民族伟大复兴的目标,比历史上任何时期都更有信心、有能力实现这个目标。"2017 年 6 月 6 日通过的《关于加强新形势下党的督促检查工作的意见》与 2016 年 10 月 27 日《关于新形势下党内政治生活的若干准则》两部党内规范性文件中均将"实现中华民族伟大复兴的中国梦"写入其中。早在2014 年 10 月 23 日,习近平总书记所做的《中国共产党第十八届四中全会报告》和会议通过的《中共中央关于全面推进依法治国若干重大问题的决定》，其主题是"全面推进依法治国"，目的是"全面建成小康社会、实现中华民族伟大复兴的中国梦"。2015年7月1日中华人民共和国第十二届全国人民代表大会常务委员会第十五次会议通过的新的《国家安全法》第1条将"实现中华民族伟大复兴"写入其中。2015年12月27日，中华人民共和国第十二届全国人民代表大会常务委员会第十八次会议通过的《国家勋章和国家荣誉称号法》第1条规定将"实现中华民族伟大复兴"写入其中。这说明"中华民族伟大复兴"已经成为一个法律概念。《中国共产党章程》是中国共产党党内法规和国家法律的指导性文件，是党的领导的总纲领，《中国共产党章程》明确规定中国共产党要坚持依法治国，建设社会主义法治国家。在我国建设法治国家、法治政府和法治社会的实践中，已经将实现"中华民族伟大复兴的中国梦"融入其中。因此，应当将"实现中华民族伟大复兴的中国梦"体现在《中国共产党章程》之中。

综上，建议九三学社中央委员会组织社内力量开展调研、撰写建议案，提交全国政协提案委员会，然后由全国政协根据《中国人民政治协商会议章程》第2条的规定，以建议案的方式，向中国共产党中央委员会提出"关于将'中华民族伟大复兴的中国梦'写入《中国共产党章程》的建议"。

2017年10月6日

# 应当尽快将"习近平新时代中国特色社会主义思想"写入《中华人民共和国宪法》的建议

浙江财经大学教授李占荣提出,即将于 2018 年 3 月 5 日召开的第十三届全国人民代表大会应当通过宪法修改,尽快将"习近平新时代中国特色社会主义思想"写入《中华人民共和国宪法》(以下简称《宪法》)。

## 一、将"习近平新时代中国特色社会主义思想"写入《宪法》,符合我国宪法修改的惯例

当前,"习近平新时代中国特色社会主义思想"已经写入《中国共产党章程》(以下简称《党章》)。在我国,《宪法》是治国安邦的总章程,是国家法律体系中居于最高地位、具有最高效力的根本法。而《党章》是治党管党的总章程,是党内法规体系中居于最高地位、具有最高效力的根本法。《党章》与《宪法》具有高度的一致性,它们都在各自的范围内发挥着根本法的作用,二者协调一致,《党章》管理着党,党在《宪法》和法律范围内发挥着领导作用。同时,《党章》与《宪法》应当具有共同的指导思想,《党章》中的指导思想上升为《宪法》中的指导思想是宪法惯例。

《党章》和《宪法》规定的指导思想经历了一个较长的历史发展过程。早在 1945 年,党的七大通过的新《党章》第一次明文规定:"中国共产党,以马克思列宁主义的理论与中国革命的实践之统一的思想——毛泽东思想,作为自己一切工作的指针。"从而确立了马克思列宁主义和毛泽东思想在《党章》中的指导思想地位。1954 年《宪法》将"马克思列宁主义"写入其中,确立了其宪法指导思想地位。之后,1975 年四届全国人大一次会议将"毛泽东思想"写入《宪法》,1982 年《宪法》延续了毛泽东思想的宪法指导思想地

位。1997年,中国共产党第十五次全国代表大会将"邓小平理论"写入《党章》,确立了邓小平理论在《党章》中的指导思想地位。1999年,以江泽民同志为核心的党中央领导下,九届全国人大二次会议将"邓小平理论"写入《宪法》。2002年,党的十六大将"'三个代表'重要思想"写入《党章》,确立了"'三个代表'重要思想"在《党章》中的指导思想地位。2004年,以胡锦涛同志为总书记的党中央领导下,十届全国人大二次会议将"'三个代表'重要思想"写入《宪法》。至此,《宪法》的指导思想确立为"马克思列宁主义、毛泽东思想、邓小平理论和'三个代表'重要思想"。2007年,党的十七大将"科学发展观"写入《党章》,确立了科学发展观在《党章》中的指导思想地位。2017年,党的十九大将"习近平新时代中国特色社会主义思想"写入《党章》,确立了习近平新时代中国特色社会主义思想在《党章》中的指导思想地位。至此,《党章》中的指导思想确立为"马克思列宁主义、毛泽东思想、邓小平理论和'三个代表'重要思想、科学发展观和习近平新时代中国特色社会主义思想"。显然,由于受制于宪法的相对稳定性和宪法修改的时间局限,《宪法》中规定的指导思想与《党章》中规定的指导思想总是处于不同步的状态,只有通过修改《宪法》,将《党章》中的指导思想上升为《宪法》上的指导思想,才能体现党和国家指导思想的一致性。因此,将"科学发展观"与"习近平新时代中国特色社会主义思想"写入《宪法》,符合我国宪法修改的惯例,是一项必须开展的立法工作。

## 二、尽快将"习近平新时代中国特色社会主义思想"写入《宪法》,是宪法发展的根本要求

宪法发展的关键是宪法指导思想的发展,只有指导思想发展了,宪法原则、宪法规范才能获得相继发展的理念指引。党的十八大以来,以习近平同志为主要代表的中国共产党人,顺应时代发展,创立了习近平新时代中国特色社会主义思想。习近平新时代中国特色社会主义思想是对马克思列宁主义、毛泽东思想、邓小平理论、"三个代表"重要思想、科学发展观的继承和发展,是马克思主义中国化最新成果,是中国特色社会主义理论体系的重要组成部分。只有尽快将"习近平新时代中国特色社会主义思想"写入《宪法》,

才能充实宪法的指导思想体系，实现《宪法》与《党章》的高度协调一致，形成系统的宪法指导思想体系，为我国的根本政治制度、根本经济制度、基本政治制度、基本经济制度、基本法律体系和法治体系的发展提供正确的指引。

## 三、尽快将"习近平新时代中国特色社会主义思想"写入《宪法》，是新时代的紧迫要求

改革开放近四十年来，在中国共产党的领导下，"党的面貌、国家的面貌、人民的面貌、军队的面貌、中华民族的面貌发生了前所未有的变化，中华民族正以崭新姿态屹立于世界的东方"，中国特色社会主义进入了新时代。在这个新时代，我们还面临着"坚持和完善党的领导"的艰巨任务，面临着"人民日益增长的美好生活需要和不平衡不充分的发展之间的矛盾"，面临着"国家安全环境的深刻变化"，担负着"推进现代化建设、完成祖国统一、维护世界和平与促进共同发展三大历史任务"，肩负着"实现中华民族伟大复兴"的历史使命。这些问题，反映在《宪法》中，就是党的领导的宪法地位问题，宪法的根本目标问题，宪法的国家安全观问题、国家根本任务和总任务问题。作为新一代中国共产党人集体智慧结晶的习近平新时代中国特色社会主义思想，从理论与实践结合的高度，从历史与现实发展的高度，从历史与逻辑统一的高度，科学地回答了"新时代坚持和发展什么样的中国特色社会主义、怎样坚持和发展中国特色社会主义"的时代课题。因此，只有尽快将"习近平新时代中国特色社会主义思想"写入《宪法》，才能为解决这些问题提供强大的思想武器。

2017 年 12 月 26 日

# 关于在大中小学全面开展"中华民族大团结"宣传教育活动的建议①

浙江财经大学教授李占荣团队长期从事中华民族问题研究,认为"中华民族伟大复兴"写入《党章》,明确了新时代中国共产党的历史使命;"中华民族伟大复兴"写入《宪法》,既确立了中国共产党历史使命的宪法地位,又实现了全党总任务与国家总任务的衔接,最重要的是确立了"中华民族大团结"这一宪法原则,为解决中国的民族问题提供了根本法指导原则。为此,李占荣教授建议在全国大中小学全面开展"中华民族大团结"宣传教育活动,作为新时代"民族团结进步创建活动"的新载体。

## 一、活动的重要意义

### (一)为中国共产党的领导提供强大的政治基础

中国共产党是中国工人阶级的先锋队,同时是中国人民和中华民族的先锋队,是中国特色社会主义事业的领导核心。因此,在大中小学全面开展"中华民族大团结"宣传教育活动,能够为中国共产党的领导提供强大的政治基础。

### (二)为实现"中华民族伟大复兴的中国梦"提供坚实的思想基础

党的十九大已经把"中华民族伟大复兴"作为新时代中国共产党的历史使命写入了《党章》,同时把"铸牢中华民族共同体意识"作为"实现各民族共

---

① 本文作者李占荣、胡卓昊。

同团结奋斗、共同繁荣发展"的主要举措写入《党章》。因此,在大中小学全面开展"中华民族大团结"宣传教育活动,能够为实现"中华民族伟大复兴的中国梦"提供坚实的思想基础。

### (三)为民族团结进步创建活动提供指导原则

2010 年 2 月 1 日,中央宣传部、中央统战部和国家民委发布了《关于进一步开展民族团结进步创建活动的意见》,之后,黑龙江省、河北省、内蒙古自治区、湖南省、甘肃省和河南省出台了相应的规范性文件,规范本省区的民族团结进步创建活动。从地方的实践来看,目前的创建活动本身并没有得到全国范围内的广泛响应,其中一个重要原因就是缺少一个指导原则。只有在大中小学全面开展"中华民族大团结"宣传教育活动,才能在青少年的心里播下"中华民族大团结"的种子,为民族团结进步创建活动提供指导原则。

### (四)为全民履行民族团结的法律义务提供活动载体

民族团结是全民的法律义务。《宪法》第 52 条明确规定:"中华人民共和国公民有维护国家统一和全国各民族团结的义务。"《教育法》《教师法》《公务员法》《城市居民委员会组织法》《村民委员会组织法》《国家通用语言文字法》《非物质文化遗产法》等 7 部法律,《宗教事务条例》《广播电视管理条例》《电信条例》《娱乐场所管理条例》《互联网上网服务营业场所管理条例》《计算机信息网络国际联网安全保护管理办法》《国务院实施〈中华人民共和国民族区域自治法〉若干规定》《基金会管理条例》《电影管理条例》《特殊标志管理条例》《民族乡行政工作条例》《地名管理条例》等 12 部行政法规都有关于"民族团结"的法律规定,有些甚至已形成了法律规范。在地方层面,贵州省制定颁布了《促进民族团结进步条例》,新疆维吾尔自治区制定颁布了《民族团结进步工作条例》,通过地方立法的形式规范本省区的民族团结进步创建活动。然而,就总体落实"民族团结"这一宪法和法律义务而言,基本上处于一种简单的表面化的水平,绝大多数省、市、自治区没有制定专门的地方性法规或规章予以落实,法治化的程度很低。只有在大中小学全面开展"中华民族大团结"宣传教育活动,才能为全民履行民族团结义务提供活动载体,才能真正落实"中华民族大团结"这一宪法原则。

## 二、总体要求

### (一)基本要求

"中华民族伟大复兴"入宪,使"中华民族"从法律概念上升为宪法概念之后,相应地,宪法的民族原则之一——"民族团结原则"自然而然地上升为宪法的原则之一"中华民族大团结原则"。大中小学是培养人才、传承中华文明的重要基地,担负着培养社会主义合格建设者和可靠接班人的重任。在大中小学全面开展"中华民族大团结"宣传教育活动,是在青少年中"铸牢中华民族共同体意识"的必然要求和重大举措。各级教育行政部门和学校要站在确保习近平新时代中国特色社会主义事业代代相传、长治久安的战略高度,以对党的事业高度负责和对青少年学生健康成长高度负责的态度,充分认识这项活动的重要性和必要性,认真做好这项工作。

### (二)指导思想

在大中小学全面开展"中华民族大团结"宣传教育活动,在坚持以马克思列宁主义、毛泽东思想、邓小平理论和"三个代表"重要思想、科学发展观和习近平新时代中国特色社会主义思想为指导,全面深化依法治国实践,切实贯彻《中共中央关于全面推进依法治国若干重大问题的决定》精神,以社会主义核心价值观为根本,以社会主义荣辱观为主线,遵循学校教育教学规律和青少年学生成长成才规律,突出重点、整体推进,把"中华民族大团结"宣传教育作为实施素质教育的重要内容,努力培养新时代中国特色社会主义事业合格建设者和可靠接班人。

### (三)基本原则

在大中小学全面开展"中华民族大团结"宣传教育活动的基本原则是:(1)坚持"中华民族大团结"宣传教育与青少年思想道德建设相结合。(2)坚持"中华民族大团结"宣传教育与和谐校园建设相结合。（3）坚持"中华民族大团结"宣传教育与师德建设的长效机制相结合。（4）坚持"中华民族大团结"宣传教育与大中小学生的受教育程度和认知能力相结合,做到大中小学"中华民族大团结"宣传教育活动区分层次、整体衔接,注重实效,防止形式主义,增强对不同学校层次各民族学生的吸引力。

## 三、主要内容

### （一）大学阶段"中华民族大团结"宣传教育活动的主要内容

以习近平新时代中国特色社会主义法治思想和民族工作思想为引领,在大学生课程体系中设置"中华民族概论"课程,从历史、民族、政治、社会和法律等多个视角了解和理解"中华民族多元一体"格局的科学内涵和必然性。结合国家安全教育和国防教育,向大学生讲授中国的国际法地位和中华人民共和国与中华民族的关系,通过鲜活的案例,分析我国国家安全中的民族分裂主义危险元素,阐述"中华民族大团结"原则对于维护国家统一与安全的重大意义。民族院校和其他有条件的高校应当举办各民族,尤其是少数民族的"节庆"活动,如穆斯林的古尔邦节、藏历新年、彝族火把节等,加强各民族学生交流与理解,增进感情,为实现中华民族大团结添砖加瓦。

### （二）中学阶段"中华民族大团结"宣传教育活动的主要内容

通过专题讲座的形式,向中学生宣传"中华民族一家亲"的理念,让广大中学生深刻认识到"中华民族是一个大家庭,各民族之间的关系是家庭成员之间的关系。汉族离不开少数民族,少数民族离不开汉族,各少数民族之间也互相离不开"的现实。利用国家和省市自治区命名的教育基地,组织中学师生参观学习,开展爱国主义和中华民族大团结教育,使广大中学生成为凝聚维护中华民族大团结和社会稳定的未来力量。要让广大中学生从小就明白:习近平新时代中国特色社会主义思想体系中不仅继承了中华民族多元一体格局的整体表述,更进一步明确提出了"铸牢中华民族共同体意识""建设中华民族共有精神家园"等强化中华民族整体性的具体工作方向,让广大中学生认识到民族工作作为国家的一项重要工作,必须明确中华民族整体性、一致性的发展趋势。

### (三)小学阶段"中华民族大团结"宣传教育活动的主要内容

通过专题报告会等形式,小学生应该了解"中华人民共和国是全国各族人民共同缔造的统一的多民族国家"这一基本国情,了解我国的民族构成、民族区域、民族习俗和民族文化。出版发行《中华民族大团结图画宣传手册》,以图文并茂的方式展示中华民族大家庭的历史发展与现实构成。利用黑板报、宣传栏等载体,宣传中华民族大团结的模范学校和模范个人等事迹,用先进事迹教育、感染小学生,让他们从小就对中华民族大团结事业有所认识。

## 四、具体建议

第一,由国家民委牵头,组织宪法学和民族学专家学者论证"中华民族大团结"原则的宪法意蕴,进一步调研论证"中华民族大团结"宣传教育活动的必然性,起草活动方案。

第二,由中共中央宣传部、国家民委和教育部联合发布《关于在大中小学全面开展"中华民族大团结"宣传教育活动的意见》,明确总体要求、活动目标、指导思想、指导原则、主要内容、方法和途径、组织领导和工作机制。

第三,建议国家民委等各级国家机关在今后的"民族团结进步创建活动"中,不再沿袭以往强调多元性和民族关系为主的主题,而应当以"中华民族大团结"为主题开展各类活动,强调各民族内在联系,促进共同体特征的增强,强化中华民族整体利益和共同利益。

2018 年 7 月 6 日

# 关于尽快出台《浙江省实施〈中华人民共和国民族区域自治法〉办法》的建议①

浙江省是沿海经济大省,也是 56 个民族成分齐全的省份,少数民族占浙江全省常住人口的 2.2％,除了畲族这一主要的世居少数民族外,人数过万的少数民族有 13 个。浙江省下辖的景宁畲族自治县是全国畲族唯一的自治地方,也是华东地区唯一的民族自治地方。浙江省是地方法治建设较为发达的省份,习近平同志担任浙江省委书记时期提出了"法治浙江"建设,目前浙江省已经成为全面推进依法治国在地方的先行实践者,而运用法治思维和法治方式治理浙江省的民族事务,是深化"法治浙江"建设的应有之义。笔者正在开展国家社科基金重大项目"新时代增强各族人民中华民族认同的法治保障机制研究",产生了阶段性成果,认为加快研究制定《浙江省实施〈中华人民共和国民族区域自治法〉办法》具有紧迫性,理由如下。

## 一、研究制定《浙江省实施〈中华人民共和国民族区域自治法〉办法》是新时代依法治理民族事务的基本要求

依法治理民族事务是全面依法治国的重要内容,是坚持中国特色解决民族问题正确道路的关键环节,是党和国家民族工作的一条基本经验。习近平总书记在党的十九大报告中强调全面依法治国是中国特色社会主义的本质要求和重要保障,明确全面推进依法治国总目标是建设中国特色社会主义法治体系、建设社会主义法治国家,提出坚持和完善民族区域自治制度,加大力度支持民族地区加快发展,加强各民族交往交流交融,统筹做好

---

① 此文为李占荣、唐勇合作。

培养选拔少数民族干部工作,鼓励引导人才向民族地区流动等内容。新时代国家民族工作的创新发展,要在牢固树立宪法意识、坚决维护宪法权威的前提下,落实好民族区域自治法,提高运用法治思维和法治方式治理民族事务的能力。

研究制定《浙江省实施〈中华人民共和国民族区域自治法〉办法》是在新时代全面依法治国的背景下,结合浙江实际,在民族事务领域提升法治化水平,依法推动畲族自治县和民族乡全面统筹发展的基本要求,也是全面建成小康社会决胜期,在浙江省地方立法领域抓重点、补短板、强弱项的一项具体工作。

## 二、研究制定《浙江省实施〈中华人民共和国民族区域自治法〉办法》是贯彻履行《民族区域自治法》的法定义务

《民族区域自治法》是实施宪法规定的民族区域自治制度的基本法律,是依法治理民族事务的重要遵循。坚持和完善民族区域自治制度,就是要贯彻履行《民族区域自治法》的法定义务。《民族区域自治法》第 73 条第二款规定:"自治区和辖有自治州、自治县的省、直辖市的人民代表大会及其常务委员会结合当地实际情况,制定实施本法的具体办法。"自 1984 年 10 月 1日起实施以来,在辖有自治州、自治县的 15 个省(直辖市)中,已经有河北、辽宁、吉林、黑龙江、湖北、湖南、广东、海南、重庆、贵州、云南、甘肃等 12 个省(直辖市)的人大常委会制定了实施《民族区域自治法》的地方性法规;另外,四川省和青海省人民政府出台了实施《民族区域自治法》的地方政府规章。

浙江省设有景宁畲族自治县,于 1984 年设立,这是全国畲族唯一的自治地方,也是华东地区唯一的民族自治地方。目前浙江省尚未制定实施《民族区域自治法》的地方性法规,调整民族事务的立法文件主要是《浙江省少数民族权益保障条例》。本研究认为,《浙江省少数民族权益保障条例》不足以取代《浙江省实施〈中华人民共和国民族区域自治法〉办法》。其理由在于:根据《中华人民共和国地方各级人民代表大会和地方各级人民政府组织法》第 43 条和第 44 条的规定,省人大及其常委会享有制定和颁布地方性法

规的权力,同时承担保证宪法、法律、行政法规在本行政区域内得以遵守和执行的义务。既然《民族区域自治法》第 73 条第 2 款明确要求省人大及其常委会"制定实施本法的具体办法",那么,浙江省应当出台实施《民族区域自治法》的具体办法,该立法行为本身就是对《民族区域自治法》的遵守和执行。《浙江省少数民族权益保障条例》第 1 条规定:"为了保障少数民族的合法权益,维护和发展平等、团结、互助、和谐的社会主义民族关系,促进本省少数民族和民族地区经济、社会事业的发展,根据有关法律、法规,结合本省实际,制定本条例。"由此可见,该文件的立法目的并不包括坚持和完善民族区域自治制度,也未直接依据《民族区域自治法》来制定,因而不能替代《民族区域自治法》的实施办法。

综上,研究制定《浙江省实施〈中华人民共和国民族区域自治法〉办法》是贯彻履行《民族区域自治法》第 73 条第 2 款设定的法定义务。

## 三、研究制定《浙江省实施〈中华人民共和国民族区域自治法〉办法》是少数民族人口民族认同的有效措施

浙江省是少数民族散杂居省份,常住人口包含全部 56 个民族,少数民族占比 2.2% 左右,人数在万人以上的有苗族、土家族、畲族、布依族、侗族、壮族、彝族、回族、仡佬族、水族、白族、满族、瑶族等 13 个民族;同时,浙江省是外来人口流入大省,流动人口数位居全国第二,少数民族流动人口占 8.72%,人数在 10 万人以上的有苗族、土家族、布依族、侗族、壮族和彝族;此外,浙江省还是跨国(境)民族的大省,仅在义乌一县,就有 100 多个国家和地区的 1.3 万多名外籍人口,每年前来义乌采购的境外客商就有近 50 万人次,形成了庞大的跨国(境)民族群体。

在民族成分多样、民族文化多元的沿海省份,研究制定《浙江省实施〈中华人民共和国民族区域自治法〉办法》,既有助于探索经济社会发达地区依法治理民族事务的规律,积累城市民族工作法治的先试先行经验;又有助于加强在浙江省工作生活的各族人民乃至与国(境)外民族实现交往交流交融,共同构建稳定和谐的城镇社区。《浙江省实施〈中华人民共和国民族区域自治法〉办法》的社会效应,不仅指向景宁畲族自治县和畲族人口,更使全

省少数民族获得了认同感和接纳感,从而传播了各族人民平等相处、团结奋斗的正能量。

## 四、研究制定《浙江省实施〈中华人民共和国民族区域自治法〉办法》的具体建议

第一,浙江省民族宗教事务委员会建议浙江省政府向浙江省人大常委会提出立法议案,列入立法规划。根据《民族区域自治法》第73条第2款规定,《浙江省实施〈中华人民共和国民族区域自治法〉办法》应当由浙江省人大及其常委会制定。因此,浙江省民宗委应当将制定该地方性法规的立法建议上报浙江省政府,并经浙江省政府研究审议,作为立法议案提交浙江省人大常委会,确定为力争在2021年度内完成的重点立法项目。

第二,浙江省民族宗教事务委员会牵头,进行立法调研和文本起草工作。省民宗委是全省少数民族事务的主管部门,熟悉全省民族地区和民族人口的基本状况,承担有关民族宗教行政管理的地方性法规、规章草案具体起草工作的职责。因此,建议省民宗委组织力量,开展对景宁畲族自治县的立法调研,总结《浙江省少数民族权益保障条例》《浙江省景宁畲族自治县自治条例》等现行立法未能解决的问题,参考辖有自治州、自治县的省(直辖市)人大常委会出台的《民族区域自治法》实施办法(若干规定),起草《浙江省实施〈中华人民共和国民族区域自治法〉办法》草案文本。

第三,浙江省民族宗教事务委员会建议浙江省哲学社会科学发展规划领导小组将浙江省《民族区域自治法》实施条例的立法作为选题方向,开展课题研究。研究制定《浙江省实施〈中华人民共和国民族区域自治法〉办法》,既是一个地方立法的实践问题,也是民族法学研究的重大理论问题,省社科规划办以课题项目的形式,组织专家学者开展专题研究,为立法献计献策。

2017年11月9日

# 浙江省加快法治政府建设对策建议

浙江财经大学教授李占荣主持的省社科规划预立项对策类课题成果，调研了浙江省法治政府建设的现状，针对存在的问题提出解决思路。

## 一、浙江省加快法治政府建设进程中存在的问题

中国共产党第十八届四中全会把"研究全面推进依法治国重大问题"确定为会议主题，发布了《中共中央关于全面推进依法治国若干重大问题的决定》，意味着我国迎来了法治建设的新阶段。2015 年 5 月，习近平总书记到浙江考察工作，在谈到法治建设时强调：各地要认真落实全面依法治国，不断在立法、执法、司法、普法上取得实质性进展。其实早在 2006 年 5 月，在时任浙江省委书记习近平主持下，浙江省委十一届十次全会就做出了建设"法治浙江"的重大决策，率先开启了法治建设在省域层面的全新探索，为建设"法治中国"提供了宝贵经验和鲜活样本，浙江省也成为国家提出"依法治国"方略及其入宪之后，第一个提出具体法治目标的省级地方。早在 1999年 11 月，国务院就发布了《关于全面推进依法行政的决定》；2004 年 4 月，国务院颁布《全面推进依法行政实施纲要》；2008 年 5 月，国务院颁布了《关于加强市县政府依法行政的决定》；2009 年 12 月，国务院办公厅颁布了《关于推行法治政府建设指标体系的指导意见》。2014 年 5 月，《浙江省法治政府建设实施标准和法治政府建设主要评价指标》颁布实施，从制度建设与实施来看，浙江省在法治政府建设方面已经走在全国的前列。2014 年 9月 17 日，时任浙江省委书记夏宝龙到省法学会调研，强调浙江省要"努力在推进依法治国进程中走在前列"。尽管浙江省法治政府建设成就斐然，但相对于浙江省作为经济与社会先发省份地位的要求而言，尚有差距。

笔者利用担任浙江省第六届政风行风监督员、省政府立法咨询专家、省政府规范性审查专家、宁波市政府常务会议集体学法主讲专家、多家司法机关专家咨询员、杭州市律师协会政府法律专业委员会顾问的便利,经过长时间的调查研究,认为浙江省在法治政府建设过程中尚存在一些薄弱环节需要加强和改进。

第一,立法方面,缺失立法后评估方面的立法,行政程序立法争议较大。立法后评估是世界各国的通行做法,是提高立法质量、维护法制统一、消除法律规范之间矛盾冲突的有效手段,也是检验法律实施效果的重要途径。浙江省早在 2001 年就制定了《浙江省地方立法条例》,2004 年予以修订,对规范浙江省地方立法发挥了重要作用。尽管如此,随着浙江省经济社会的快速发展,地方性法规和规章的立法质量和实施效果面临一系列问题,有些法规和规章甚至成为经济社会发展的负面因素,急需通过立法后评估予以修改或废止。

行政程序立法是法治政府的重要标志。行政程序法是行政行为的基本法,是规定行政主体实施行政行为的方式、过程、步骤、时限,调整行政主体与行政相对人在行政管理过程中发生关系的法律规范系统,在控制公共权力滥用、保护人权、保护公民的基本权利和自由、规范行政行为、维护市场竞争秩序、规范和简化行政程序、提高行政效率方面作用巨大。目前,已经有专家学者经过多年研究推出了《中华人民共和国行政程序法》专家建议稿,但是受各种因素制约,短期内国家的《行政程序法》尚不能出台。在此情况下,一些省份立法先行,比如湖南省和山东省先后于 2008 年和 2011 年制定了《湖南省行政程序规定》和《山东省行政程序规定》,做了有益的探索。浙江省人民政府 2015 年立法工作计划中已经将《浙江省重大行政决策听证规定》列入其中,笔者参与了《浙江省行政决策规定》立法论证会,5 月 18 日,袁家军常务副省长主持召开了《浙江省重大行政决策规定》论证会。由于行政程序立法内容极其复杂,立法要求极高、难度极大,所以目前该草案的名称、内容、结构等都存在诸多争议。

第二,法律实施方面,浙江省法治政府建设的主要规范性文件的立法后评估尚未开展。浙江省已经于 2014 年 5 月颁布实施了《政府立法项目前评估规则》，为政府立法的合法性、科学性和实效性提供了有力保障，在推进浙江省法治政府建设中起到积极作用。立法后评估是检验立法质量和法律实施效果的重要手段。目前，浙江省政府的立法后评估工作也在逐步地开展。但是，对于在法治政府建设中起重要作用的《浙江省法治政府建设考核评价体系》（以下简称《考核评价体系》）和《浙江省法治政府建设实施标准》（以下简称《实施标准》），尽管已经实施了很长时间，对其进行立法后评估还未展开，从一定程度上失去了对政府立法的反思与修正机会，从而可能影响浙江省的法治政府建设进程。

第三，政府职权方面，政府部门的权力清单仍很庞大，与法治政府建设的要求有一定差距，省、市、县三级政府权力清单的系统化程度低，全省权力清单的管理尚无制度依据。2014 年 6 月 25 日浙江省政府部门权力清单在浙江政务服务网上公布，省政府各部门共保留行政权力 4236 项，其中直接行使 1973 项，委托下放和实行市、县属地管理为主 2255 项，共性行政权力为 8 项。但是，本次公布的权力清单中仍然有 214 项不符合责权法定原则，却暂予保留的权力事项。目前，虽然基本实现了对省、市、县三级政府所有权力事项的规范化、目录化、动态化管理，但是省、市、县三级政府权力清单的系统化程度低，甚至存在不协调的情况。另外，由于浙江省列举权力清单的举措走在全国前列（受到李克强总理及中央编委的高度称赞），没有可供借鉴的先例，尤其是缺乏对权力清单进行管理的制度依据。

## 二、解决思路

第一，针对立法方面缺失立法后评估方面的立法和行政程序立法争议较大的问题，建议遵照《浙江省地方立法条例》规定的条件和程序，分别由省人大常委会组织起草《浙江省地方性法规立法后评估办法》，由省政府组织起草《浙江省政府规章立法后评估办法》。建议省政府法制办组织人员近期对湖南、山东两省行政程序规定运行情况进行实地考察，借鉴其经验、吸取其教训；邀请《中华人民共和国行政程序法》建议稿起草小组主要成员及其他著名专家与《浙江省行政程序规定》起草小组成员以及省政府立法咨询专家召开专门研讨会,进而制定一部高水平的《浙江省重大行政决策规定》,推进浙江省的法治政府建设,为国家"行政程序法"的出台提供地方经验。

第二,针对法治政府建设的主要规范性文件的立法后评估尚未开展的问题,建议该评估由省政府法制办牵头,通过招投标项目的形式,确定第三方进行以质量评价为核心的系统评估。主要应当对《考核评价体系》的制度质量、行政行为规范、执行力、透明度、社会公众参与、矛盾与纠纷解决、公务人员法律意识、廉洁从政等板块,以及每个板块涉及的具体指标进行评估,以期达到以下两个目标。(1)体系的阶段性和长期性:法治政府建设指标体系既要能够满足当下评测的需要,又要对2020年法治政府的建成有前瞻和指导作用。(2)体系的合法性和地方性:指标体系的内容既要遵循和贯彻《国务院关于加强法治政府建设的意见》等上位规范,又不能拘泥、局限或照搬上位规范依据,而要结合浙江省地方特色,面对浙江省情,解决问题。(3)体系的专业性和公允性:各项指标的测算和评估既要考虑评测机构的专业性和权威性,又要征求行政相对人的普遍性意见和社会评价,尤其是对省社科院牵头实施的内部评价、专业机构评估和社会满意度测评提供应用对策参考。同时,由于浙江省法治政府建设步伐较快,制度日益完善,政府可以考虑建立和优化系统的立法工作机制,主要包括:立法前评估工作机制、立法中专家咨询工作机制、立法中听证工作机制、立法中合法性审查工作机制和立法后评估工作机制。

第三,推进权力清单"瘦身"工作,尽快开展省、市、县三级政府权力清单的系统化比对工作,制定浙江省权力清单的管理办法。建议由浙江省机构编制委员会办公室牵头,省政府法制办协调,对本次公布的权力清单中仍然保留的214项不符合责权法定原则,却暂予保留的权力事项进行逐项分析梳理,将结果报李强省长及浙江省机构编制委员会。对于合理却无法律依据的项目,通过立法予以确认和规范,对于明显不符合法律原则和行政法治精神的予以取消。建议由省政府法制办牵头、地方各级法制部门配合,聘请若干专家,组织专项工作组,开展省、市、县三级政府权力清单的系统化比对工作,通过查漏、补缺、删减等方式,建立规范的政府权力清单目录体系。建议由浙江省机构编制委员会办公室牵头,在开展立法前评估的基础上,起草《浙江省政府部门权力清单管理办法》,依照立法程序尽快出台该办法,对权力清单的管理主体、管理客体、管理内容、动态调整机制、考核评价机制做出明确规定。

2015 年 3 月 2 日

# 关于及时制定《浙江省人民政府制定规章和拟定地方性法规草案程序规定》的建议

中国共产党第十八届四中全会把"研究全面推进依法治国重大问题"确定为会议主题,发布了《中共中央关于全面推进依法治国若干重大问题的决定》,意味着我国迎来了法治建设的新阶段。2015 年 5 月,习近平总书记到浙江考察工作,在谈到法治建设时强调,各地要认真落实全面依法治国,不断在立法、执法、司法、普法上取得实质性进展。浙江省作为国家提出"依法治国"方略及其入宪之后,第一个提出具体法治目标的省级地方,随着 2014 年 5 月《浙江省法治政府建设实施标准和法治政府建设主要评价指标》的颁布实施,从制度建设与实施来看,浙江省法治政府建设已经走在了全国的前列。

笔者利用在温州市人民政府法制办挂职的机会进行了广泛调研,经认真研究,认为需要及时制定《浙江省人民政府制定规章和拟定地方性法规草案程序规定》,理由如下。

## 一、浙江省各设区市政府立法急需符合当代立法精神与具体规范的程序性、直接性的上位法依据

法治政府的建设,必须建立在有法可依的基础之上。而有法可依的前提是需要有一部与时俱进的"政府立法法"。当前,根据《中华人民共和国立法法》最新修正案,浙江省 11 个设区的市都享有地方立法权,各级政府不仅面临政府规章的立法重任,还需依法承担部分地方性法规草案的起草任务。各地市在进行地方立法之前,需要制定本地市的"地方立法法",其直接上位法依据就是浙江省于 1996 年 4 月 23 日颁布实施的《浙江省人民政府制定

地方性法规草案和规章办法》。然而该法已经颁布近 20 年时间了,与现行的《中华人民共和国立法法》的立法精神与具体规范相去甚远,尤其是需要增加设区市的立法权。所以,若不废止《浙江省人民政府制定地方性法规草案和规章办法》、颁布《浙江省人民政府制定规章和拟定地方性法规草案程序规定》,则浙江全省 11 个设区市就无法制定各自的"地方立法法",从而难以推进地方政府在三大法定领域的立法工作。

## 二、《浙江省人民政府制定地方性法规草案和规章办法》具体内容存在需要及时修正的欠缺

### (一)从立法依据上看,与上位法脱节

第一,从直接立法依据看,《浙江省人民政府制定地方性法规草案和规章办法》的直接依据是《中华人民共和国地方各级人民代表大会和地方各级人民政府组织法》和《浙江省人民代表大会常务委员会制定地方性法规程序的规定》。然而,《中华人民共和国地方各级人民代表大会和地方各级人民政府组织法》早在 2004 年 10 月 27 日,就由第十届全国人民代表大会常务委员会第十二次会议上做了第三次修改,2015 年 8 月 29 日,由第十二届全国人民代表大会常务委员会第十六次会议做了第五次修改。而且,早在 2001 年 2 月 16 日,《浙江省人民代表大会常务委员会制定地方性法规程序的规定》已经废止,取而代之的是《浙江省地方立法条例》。可见,《浙江省人民政府制定地方性法规草案和规章办法》理应及时做出相应修改或重新制定。

第二,从间接依据看,《浙江省人民政府制定地方性法规草案和规章办法》颁布实施不到 4 年,2000 年 3 月 15 日,第九届全国人民代表大会第三次会议通过了《中华人民共和国立法法》,随即国务院于 2001 年 11 月 16 日和 12 月 24 日,根据《中华人民共和国立法法》,颁布实施了《规章制定程序条例》和《法规规章备案条例》。2015 年 3 月 15 日第十二届全国人民代表大会第三次会议通过了《关于修改〈中华人民共和国立法法〉的决定》。面对新颁行的上位法、新的立法精神和规定,理应也对《浙江省人民政府制定地方性法规草案和规章办法》及时修改或重新制定。

### （二）存在诸多不当及与上位法抵牾的情形

第一，名称中用"制定地方性法规草案"不当。根据立法学原理，法的制定是一个特殊的范畴，省政府作为制定的主体，只能依法制定具有直接行政效力的规章和行政规范性文件；对于地方性法规草案，省政府只能起草或拟定，而不能制定。

第二，立法权问题。地方性法规的立法权属于人大，尽管省政府有权向省人民代表大会提出地方性法规案，但是该地方性法规案来源于地方性法规草案，该草案与人民代表大会自主制定其他地方性法规在实质性程序与要求上应当一致，且应由人民代表大会通过立法加以规制，由政府通过立法与规章一并规制显然不妥。

第三，职能部门问题。《浙江省人民政府制定地方性法规草案和规章办法》规定"省人民政府法制局"负责政府法制的综合工作，而浙江省自2000年就撤局建办。目前，由"浙江省人民政府法制工作办公室"负责政府法制的综合工作。

第四，审定权与审议权混淆问题。《浙江省人民政府制定地方性法规草案和规章办法》第五章为"法规草案与规章草案的审议"，本章之下的第22条规定"法规草案与规章草案应当由省政府常务会议审定"，第23条、第24条、第25条又使用"审议"，混淆了审议权与审定权。事实上，省政府常务会议对于省政府组织拟定的地方性法规草案只享有审定权，即审定提交后，由省人大常委会予以审议通过，省政府常务会议对规章草案享有审议权，审议通过后签发实施。

第五，关于规范性文件的规定已经过时，并被新规章所取代。《浙江省人民政府制定地方性法规草案和规章办法》第29条规定，县级以上人民政府制定规范性文件参照本办法执行。然而，《浙江省行政规范性文件管理办法》已经自2010年9月1日起实施，这份对于规范性文件的管理规定更加具体可行。

第六，签发权问题。《中华人民共和国立法法》第85条第2款明确规定，地方政府规章由省长、自治区主席、市长或者自治州州长签署命令予以公布。然而,《浙江省人民政府制定地方性法规草案和规章办法》中第 23 条规定由"省长或受其委托的其他领导签发"的明显违反上位法。

### (三)存在诸多空白疏漏

第一,立法主体范围扩大后凸显的空白。根据 2015 年新修订的《中华人民共和国立法法》第 82 条第 3 的款规定,设区的市人民政府也获得了制定地方政府规章的权限。然而这在《浙江省人民政府制定地方性法规草案和规章办法》中是没有规定的,需要重新制定时加以考虑。

第二,规章的决定程序存在疏漏。《中华人民共和国立法法》第 84 条第 2 款明确规定,地方政府规章应当经政府常务会议或者全体会议决定。然而,《浙江省人民政府制定地方性法规草案和规章办法》不但在文本中没有政府常务会议决定的授权条款,而且遗漏了"全体会议决定"这一重要程序。

第三,规章的标准文本的规定存在遗漏。根据《中华人民共和国立法法》第 86 条第 3 款的规定,地方人民政府公报上刊登的规章文本为标准文本。《浙江省人民政府制定地方性法规草案和规章办法》中没有关于标准文本的规定,需要在重新制定时予以确定。

此外,《浙江省人民政府制定地方性法规草案和规章办法》没有规定政府拟定地方性法规草案时与人大的沟通机制和工作衔接机制,没有规定政府规章制定的实质性条件,以及从政府规章上升为地方性法规的条件与程序机制,等等。

### (四)建议

第一,建议将《浙江省人民政府制定规章和拟定地方性法规草案程序规定》纳入 2016 年或 2017 年立法计划。

第二,建议由省政府法制办牵头,依次开展《浙江省人民政府制定地方性法规草案和规章办法》的立法后评估和清理废除工作、《浙江省人民政府制定规章和拟定地方性法规草案程序规定》的立法前评估和草案拟定工作。

第三,建议在重新制定规章时,对前述问题在新规章中予以充分重视。

2015 年 12 月 2 日

# 推进浙江省海洋经济发展的法治保障措施

当前,随着山东、广东、浙江相继被国家批准为海洋经济发展示范区,海洋经济已经上升为国家的战略。在长三角区域,浙江省拥有发展海洋经济的最好条件,为推进海洋经济发展示范区建设,浙江省委专门召开工作会议,浙江省委领导提出要深化地方海洋立法工作,形成配套完整的地方法规与制度体系,全面推进海洋经济发展,依法行政和规范管理。笔者现就浙江省海洋经济法治建设中核心问题的解决提出如下对策建议。

## 一、尽快建立和完善浙江省海洋信息报告制度

首先,要尽快建立浙江省海洋信息公开制度。根据《政府信息公开条例》和《国家海洋局政府信息公开实施办法》的规定,各级政府都应当建立海洋信息公开制度。为此,国家海洋局每年都编制"年度国家海洋局政府信息公开年度报告",而浙江省至今没有这方面的制度。

其次,无条件向社会公众开放浙江省的专项海洋信息。浙江省许多专项海洋信息(比如:《2012年浙江省海洋监测实施方案》《浙江省海洋生态环境通报》《浙江省海洋环境通报》《浙江省海洋环境公报》等)在网站上只公布一条标题,只有内部人员注册以后才可以浏览,建议将这些信息无条件对社会公众开放。

最后,缩短浙江省海洋法规中的相关期限。在信息化比较发达的今天,许多省市的法定信息公告期限都大大缩短,而浙江省海洋法规、规章以及规范性文件中的期限太长,效率较低,应当适时缩短。(1)《浙江省海域使用管理办法》第27条规定:"海域使用权的取得、变更或者终止,应当按照国家规定进行登记。经登记的海域使用权,由海洋行政主管部门在登记之日起30

日内向社会公告。"建议缩短为 15 日。（2）根据国务院颁发的《省级海洋功能区划审批办法》规定："省级海洋功能区划经国务院批准后，省级人民政府应当自批准之日起 30 个工作日内向社会公布。"而浙江省规定为 60 日，大大超过国家的规定期限，应当缩短为 20 日为宜。

## 二、尽快全面实施"重点海域排污总量控制制度"

根据最近 5 年的检测，以江河为主的陆源入海污染物造成了近岸海域严重富营养化，重点港湾和河口海域海洋生态系统受损严重，生态修复能力降低，海洋环境保护压力不断加大。海洋生物生活环境不容乐观，许多珍稀野生生物濒临绝迹，浙江省的重点海域污染有加重的趋势。目前，根据《浙江省海洋环境保护条例》所实施的是"逐步实行重点海域排污总量控制制度"，显然，这与建立海洋经济大省、保护海洋环境的迫切要求不相符。浙江省有条件全面实施"重点海域排污总量控制制度"，同时，建议在不突破重点海域污染物排海总量控制指标的前提下，排污单位的排污指标可以在同一海域内进行交易性调剂。

## 三、借助"浙江省人民政府关于下放行政审批事项推进舟山群岛新区建设发展的决定"的有利条件，加快推进舟山市政务大厅建设和数据库建设

省政府及其有关部门根据舟山群岛新区建设发展的需要，以依法交办、委托等方式，将有关行政审批事项下放由舟山市政府及其有关部门具体承办。借此机会，省政府法治主管部门可责成舟山市尽快实现行政许可、行政审批类事项在政务大厅统一受理、统一答复，加快完善政府信息公开数据库，提高查询效率。尽快建设"海洋法律法规数据库""海洋行政许可数据库"，意义重大。

## 四、由省政府法制办和省社科规划办等有关部门牵头开展宣传和教育，强化政府机构、企业、社会组织和公民的海洋法治意识

浙江省公众海洋意识仍很薄弱，亟待从学校的教育抓起，让学生从小树立海洋意识、海权意识和海洋国土意识。同样，浙江省公众海洋法治意识更加薄弱，浙江省作为海洋大省，应当率先有所行动：一是由省政府法治办统一部署，各地方法制办具体落实，组织海洋法治专家进行法律咨询和宣讲，强化政府机构、企业、社会组织和公民的海洋法治意识，为浙江省海洋经济大省建设提供强有力的法治支持。二是由省社科规划办公室组织设立专门的海洋经济与法治社科规划项目、省科技厅设立海洋经济与法治的软科学项目，对浙江省海洋经济法治建设中的重大问题进行系统梳理研究，为浙江省海洋经济发展提供决策信息参考支持。实时公布海洋信息，一方面，能够提醒沿海居民注意保护海洋环境、增强海洋意识；另一方面，也是对海洋环境保护立法、执法工作的监督，使更多的参与者加入重大海洋经济活动的决策过程中，为海洋环境保护的法治保障体系建设献计献策、查漏补缺，意义重大。

2014 年 1 月 2 日

# 关于对《浙江省社会救助条例（草案）》 进行修改的建议

《浙江省社会救助条例（草案）》（以下简称《草案》）目前正在向全社会征求意见，笔者长期从事社会法教学与研究，十分关注国家和地方社会救助法的立法进展情况。经认真研究、反复论证，特就《草案》提出若干修改建议。

## 一、关于《草案》第1条的修改意见

### （一）建议将"家庭"修改为"公民"

从法理上讲，社会救助法体现的是对作为个体的人的关怀；从法律上讲，公民个人是法律关系的最重要的主体，家庭只是由婚姻、血缘或收养关系所组成的社会组织的基本单位；从国际惯例来看，社会救助法的适用对象是公民个人而不是家庭，虽然在实际操作中有时候需要通过家庭这个媒介或考虑家庭收入因素等，但不影响公民个人作为该法律关系的主体地位。而且，从逻辑上讲，"家庭自立"也是不成立的。

### （二）建议增加立法依据

本《草案》作为地方性法规，需要依据宪法、有关法律和行政法规作为依据。文本中"根据国家相关规定"的措辞是模糊的、不准确的和不规范的。所以，建议将第1条修改为："为了保障公民基本生活权利并帮助其自立，根据宪法、有关法律和行政法规并结合我省实际，制定本条例。"需要特别指出的是，《草案》其他部分的"生活困难家庭"用语可以不用变动。

## 二、建议删除或修改《草案》第 2 条之第 2 款

该款规定："农村五保供养、城市生活无着的流浪乞讨人员救助和灾害救助，按照国家和省相关规定执行。"

一般情况下，由于《中华人民共和国社会救助法》已经列入立法规划，并向社会征求过意见，虽因为种种原因未能颁行，但是地方人大及其常委会应当先通过政府规章或社会救助政策调整社会救助关系，等到《中华人民共和国社会救助法》出台以后，如果该法能够完全涵盖浙江省社会救助关系的实际，则制定《浙江省实施〈中华人民共和国社会救助法〉办法》，如果浙江省的一些特殊情况需要自主立法补充，则制定地方性法规《浙江省社会救助条例》。

由于农村五保供养、城市生活无着的流浪乞讨人员和遭受自然灾害人员的救助分别属于专门法律《中华人民共和国农村五保户供养工作条例》《城市生活无着的流浪乞讨人员救助管理办法》《自然灾害救助条例》调整的救助关系，本《草案》无权做出明确的排除适用规定或者转致规定，是"必须"按照国家和省相关规定执行的，而非《草案》的说明所称的"可按照国家和省相关规定执行"。

综上，建议删除该款。如果必须要保留，建议修改为："农村五保供养、城市生活无着的流浪乞讨人员救助和自然灾害救助，按照有关法律法规执行。"

## 三、应当"对本条例所称的社会救助"做出定义

《草案》的说明中称："为了避免与国家规定不一致，《条例（草案）》未对社会救助进行定义。"

笔者认为，社会救助从法理与法律上讲都是一个较成熟和通俗的概念，对其界定是立法的前提，所以必须界定。建议借鉴《中华人民共和国社会救助法（草案）》，用列举加描述的方式进行定义。

建议定义为："本条例所称社会救助，是指地方政府和社会对依靠自身

能力难以满足其生存基本需求的公民给予的物质帮助和服务,主要包括居民最低生活保障、临时救助和专项救助等。"

## 四、建议将《草案》第二章名称修改为"居民最低生活保障"

居民特指工作和生活在城镇的公民,不包括村民。在组织法中,分别由《居民委员会组织法》和《村民委员会组织法》调整。在社会救助法中,"最低生活保障"只适用于居民,所以,建议将第二章名称修改为"居民最低生活保障"。

## 五、《草案》第6条之修改意见

《草案》第6条规定:"申请社会救助的家庭成员应当具有申请地的户籍,本条例另有规定的除外。"

居民可分为有当地户籍的居民和虽无当地户籍但持有当地居住证的居民两部分。根据宪法精神与法律规定,任何公民都有接受救助的权利。现实中,临时救助的范围是比较广泛的,它基本上可以把各类救助不能涵盖的救助一律囊括其中,包括农村五保供养、城市生活无着的流浪乞讨人员和遭受自然灾害人员依据相关法律法规仍然得不到救助保证时,国家、政府和社会均有救助义务。据此,建议扩大临时救助范围,将虽无当地户籍但持有当地居住证的居民纳入其中。况且"本条例另有规定的除外"的规定有违立法逻辑。所以建议删除第6条。

2013 年 12 月 20 日

# 加强党的领导推进"法治温州"
# 建设的几点建议

2006 年 5 月,在时任浙江省委书记习近平主持下,浙江省委第十一届十次全会做出了建设"法治浙江"的重大决策,率先开启了法治建设在省域层面的全新探索。同年 7 月,为响应"法治浙江"战略部署,温州市委举行第九届八次全体会议,审议通过了《中共温州市委关于建设"法治温州"的决定》。法治的力量推动着浙江社会稳定与进步、经济发展与转型,为法治中国建设树立了典范,而温州作为浙江改革开放的前沿阵地,其法治建设也为"法治浙江"乃至法治中国建设提供了鲜活样本。党的十八大以来,以习近平同志为核心的党中央身体力行、率先垂范,坚定推进全面从严治党,坚持思想建党和制度治党紧密结合,党内政治生活展现新气象,赢得了党心民心,为开创党和国家事业新局面提供了重要保证。笔者李占荣教授利用在温州市人民政府法制办挂职担任副主任的机会,对"法治温州"建设做了大量调研,在市委政研室处长薛志豪的帮助下,结合党的第十八届六中全会关于全面从严治党的精神,经过后期梳理研究,特就加强党的领导推进"法治温州"建设提出建议。

## 一、明确界定"重大问题"的范围和请示报告程序,切实落实党的领导

为切实保证中共温州市委会总揽全局、协调各方,在同级各种组织中发挥领导核心作用,应当明确界定"重大问题"的范围和请示报告程序。根据《关于新形势下党内政治生活的若干准则》的规定,市人大常委会、市政府、市政协、市纪律检查委员会,市中级人民法院、市人民检察院都必须严格执

行"重大问题"向市委请示报告制度。目前,除了市政府在行使政府管理职能过程中的"重大问题"依法依规可以界定之外,市人大常委会、市政府、市政协,市纪律检查委员会,市中级人民法院、市人民检察院行使职权过程中"重大问题"的范围都是按照惯例酌定,边界模糊,需要明确界定;同时,要以党委规范性文件的形式,明确请示报告的程序。

## 二、完善市委会通过规范性文件方式实现党的领导的工作机制,同时建立市委会规范性文件合法性审查的专门机构

党的领导的重要方式之一应当是发布以"意见"为载体的柔性规范性文件,指导人大、政府、政协、纪委和两院的工作,或者发布以"决定""决议"为载体的刚性规范性文件,由人大、政府、政协、纪委和两院贯彻执行。长期以来,温州市委会较少独立发布以上两类规范性文件,主要采取了与被领导机构联合发布规范性文件的方式。在该方式中,主要是与市政府联合发布规范性文件,与人大、政协、纪委和两院联合发文很少。

即便是以市委会发布的规范性文件,由于缺少内部独立的合法性审查的专业机构,目前惯常的做法是将该文件交市政府法制办法规处,而政府法制办没有对党的规范性文件进行合法性审查的资格,只能是非正式地"从法律上把把关"。而对于市委会与市政府联合发文,目前的做法是由市政府法制办法规处进行正式的合法性审查。笔者对这种"合法性审查"的效力存疑。

为此,笔者建议,市委会应当更加明确领导职责、完善工作机制,确立市委会独立发布规范性文件和联合发布规范性文件的范围,尤其是减少联合发文。同时,建立市委会规范性文件合法性审查的专门机构,要保障党的领导在法治的轨道上运行。

## 三、建立党政主要负责人履行"法治温州"建设第一责任人的工作机制

党的领导是贯穿于实际工作的各个环节的。因此,应当坚持和贯彻民主集中制原则,完善党委全会、常委会、党组会议的工作机制,实现各级组织

的全覆盖,打造政治坚定、实干善成、一心为民、团结奋进、清正廉洁的坚强领导核心。鉴于党政主要负责人的重要职责,要建立相应的工作机制,确保温州市党政主要负责人切实履行依法治国组织者、推动者和实践者的责任,贯彻落实党中央关于法治建设的重大决策部署,统筹推进本地区内的法治进程,自觉运用法治思维和法治方法深化改革、推动发展、化解矛盾、维护稳定,对法治建设重要工作亲自部署、重大问题亲自过问、重点环节亲自协调、重要任务亲自督办,把温州市各项工作纳入法治化轨道。

## 四、对全市"三改一拆"工作进行全面总结性反思,尤其需要重视舆情状况及其走向

温州市在"三改一拆"工作中取得了很大成绩,近期以来开展了"大拆大整""大建大美",提升温州城市首位度的工作,成效显著。然而,根据笔者带领的课题组的研究表明,温州市"三改一拆"工作存在诸多挑战,主要包括:

第一,地方治理结构(党委领导、政府执行、人大监督、政治协商)在"三改一拆"过程中如何在法治轨道上得以贯彻的问题。

第二,市各级政府出台的关于"三改一拆"的规范性文件(主要是《温州市人民政府办公室关于切实做好2015年温州市"三改一拆"重点工作的通知》《关于加强保障性安居工程建设和管理的实施意见》《温州市区结合城中村改造建设保障性住房的若干意见》《关于温州市政府法制工作服务保障"三改一拆"行动的实施意见》)本身的合法性问题、溯及力问题和效力问题。

第三,"三改一拆"重大行政决策实体与程序合法性问题,尤其是寺庙道观等宗教场所涉嫌违法建筑整治问题;如何依法处理"钉子户"的问题;作为主体政府、集体与居民(村民)法律关系问题;"三改一拆"中的土地权属、物权确认、拆迁安置、征收补偿、强制拆除问题等。

第四,"三改一拆"行动诱发、直接导致和产生的问题,主要包括居民(村民)群体性事件处置问题;越级上访处置问题;宗教信仰自由的法律界限问题;《物权法》《行政处罚法》《行政强制法》《行政诉讼法》《土地管理法》《城乡规划法》《国有土地上房屋征收与补偿条例》之间法律规范衔接、解释和适用

问题;"三改一拆"执行案件双轨制并行("申请法院强制执行"与"行政机关自行强制执行")的协调问题;司法独立原则与法院支持"三改一拆"工作的平衡问题。

以上问题的舆情状况需要市委宣传部高度关注,并组织专门的调查研究。

总之,温州市经济社会发展和"法治温州"建设面临着诸多挑战和机遇。当前以您为班长的新一届市委会正带领全市人民团结一致、干在实处、走在前列、勇立潮头,为巩固提升温州在全省的"铁三角"地位,奋力谱写浙江新方位下温州发展的辉煌篇章而努力奋进,"法治温州"成为"法治浙江"和法治中国建设的亮点指日可待。

2017 年 6 月 6 日

# 对浙江省法院工作的两点意见

　　浙江省法院在司法工作中取得了很大成就。根据笔者的了解,浙江省各级法院在建设法治浙江方面成绩卓著。今年以来,浙江省法院着力抓好包括能动司法、和谐司法、民本司法、协同司法、规范司法、阳光司法、廉洁司法以及基层司法的"八项司法"工作,作为先发地区,已经走在了全国的前列。但是,笔者认为在有些方面还可以继续探索改进。

　　第一,国内法院判决书目前普遍存在的一个缺点就是:在判决书中没有将所依照的法律条文的具体内容进行阐述。笔者认为在判决书中直接引用法律条文的原因在于:一是可以让当事人对法律的具体规定有一个直观的了解,让其在法律面前心服口服。二是只讲依照××法第××条第××款或者项,使得判决书显得神秘,使得专业人员也需要查询核对法条,判决书的说服力大打折扣。举两个例子。

　　一是省高级人民法院(2008)浙民一终字第 302 号民事判决书:依照《中华人民共和国民事诉讼法》第 153 条第 1 款第(1)项、第(3)项之规定,判决如下:

　　……如果未按本判决指定的期间履行给付金钱义务,应当依照《中华人民共和国民事诉讼法》第 229 条之规定,加倍支付迟延履行期间的债务利息。

　　二是(2008)浙刑三终字第 250 号刑事裁定书:依照《中华人民共和国刑事诉讼法》第 189 条第(1)项,《中华人民共和国刑法》第 234 条第 2 款、第 17 条第 3 款、第 25 条第 1 款、第 57 条第 1 款、第 56 条第 1 款、第 55 条第 1 款之规定,裁定如下:

　　驳回被告人周××、叶××、高××、范××、戴××的上诉,维持原判。

本裁定为终审裁定。

如果浙江省法院能够在这方面做一点改进，对提高司法质量、构建和谐司法、普及法律知识、提高司法效率都有一定好处。其实，在中国古代，法律规定，官员写的判决文书凡是定罪量刑的都要引证法律条文，否则就要受到法律制裁。同样，如果引证错误的话也要承担责任。而这种传统，现在却被丢掉了。

第二，有些案件（尤其是一审案件）法官没有直接法律依据时，运用法理判案屡见不鲜。但是，法官讲法理时置法律原则于不顾，导致有失公正的判案和错误的判案出现。法律原则是没有法律规范时判案的最重要的依据。应当首先适用法律原则，就算讲法理，也应当置于更大的法律原则中进行阐释。希望高级法院能够采取适当措施克服这些问题。

2017 年 7 月 22 日

# 加强法治保障，推进浙江省
# 数字政府"整体智治"

2016 年 12 月车俊同志首先提出并做了"最多跑一次"改革的战略部署，经过三年的实践，"最多跑一次"改革已经成为法治浙江的金名片，并在全国推广。当下，政府数字化转型是深化"最多跑一次"改革的主要抓手。2015 年是浙江省政府数字化转型取得突破性进展的一年，政府数字化转型的"四梁八柱"全面搭成，"掌上办"实现实质性突破，"互联网＋监管"走在全国的前列，成为全国唯一的"互联网＋督查"试点省，重大项目应用全方位出成果。当前，浙江省政府数字化转型进入了一个新阶段，其主要特征是打造"整体智治"的现代政府。2020 年 3 月 26 日，时任浙江省长袁家军在"深化'最多跑一次'改革、推进政府数字化转型"第十次专题会议上发表重要讲话，部署了打造"整体智治"的现代政府的具体工作。2020 年 3 月 29 日到 4 月 1 日习近平总书记视察浙江省期间，专门到杭州城市大脑运营指挥中心观看了"数字杭州"建设情况，指出"推进国家治理体系和治理能力现代化，必须抓好城市治理体系和治理能力现代化"。他还希望"杭州在建设城市大脑方面继续探索创新，进一步挖掘城市发展潜力，加快建设智慧城市，为全国创造更多可推广的经验"。可以说，浙江省在推进政府数字化转型方面目标明确，机遇与挑战并存。为此，笔者在调查研究的基础上，针对浙江省实际情况，提出加强法治保障，推进浙江省数字政府"整体智治"的建议。

## 一、立法先行，制定《浙江省公共数据管理条例》，为"整体智治"提供法律依据

浙江省于 2017 年 5 月 1 日起颁布实施《浙江省公共数据和电子政务管

理办法》,对于规范与促进浙江省公共数据和电子政务发展、推动公共数据和电子政务统筹建设与资源整合、提升政府信息化治理能力和公共服务水平起到了重要作用。然而,该制度尚存在诸多不足,需要通过新的立法予以系统性替代。另一方面,近几年来大数据、云计算、人工智能和区块链等互联网技术和集成应用呈现井喷式快速发展,不但要求法律、法规和政府规章更新技术规范,而且需要创制新的强制性法律规范对随着网络信息技术发展而产生的新型违法行为予以法律规制。2019 年 10 月 31 日中国共产党第十九届中央委员会第四次全体会议通过了《中共中央关于坚持和完善中国特色社会主义制度推进国家治理体系和治理能力现代化若干重大问题的决定》,对省域治理体系和治理能力现代化提出了高标准要求。另外,浙江省公共数据的采集、汇聚、共享、开放没有专门的制度规范,标准不统一,管理手段的有效性亟待加强。为此,浙江省需要尽快制定《浙江省公共数据管理条例》,为数字政府建设和数字经济发展提供法律保障。该法着重解决以下几个问题:

第一,要明确上位法依据,克服以往立法中上位法依据不明确的状况。2017 年 5 月 1 日起颁布实施了《浙江省公共数据和电子政务管理办法》,其第 1 条对立法依据表述为:"根据法律、法规和国务院有关规定,结合本省实际,制定本办法。"显然,至于根据哪些法律、法规和国务院有关规定,并不明确。新制定的《浙江省公共数据管理条例》应当明确立法依据是 2016 年颁行的《中华人民共和国网络安全法》,2020 年颁行的《国家政务信息化项目建设管理办法》和 2011 年颁行的《浙江省信息化促进条例》。

第二,顺应浙江省机构改革实际,进一步明确管理体制。2018 年 10月,浙江省新组建了大数据发展管理局,整合了省政府办公厅的公共数据和电子政务及政府门户网站建设管理职责,同时吸收了省经信委的电子政务发展、政务和社会公共服务信息资源开发利用职责,目标是加强互联网与政务服务的深度融合,统筹管理公共数据资源和电子政务,推进"整体智治"的现代政府建设。机构改革之后,各市县区都设立或整合了相关机构,形成了负责推进政府数字化转型和大数据资源管理工作的机构体系。因此,制定《浙江省公共数据管理条例》需要明确在各级人民政府领导职责的基础上,赋予大数据局作为大数据资源管理的职能部门的地位,同时,还要明确网信部门、公安机关、保密行政管理部门等在公共数据安全管理方面的具体职责,形成主体责任体系。

第三,目录管理与应用方面形成严密的法律规范体系。运用目录方式对公共数据进行管理作为国际通例,已被证明是高效便捷的管理方法。制定《浙江省公共数据管理条例》也要延续目录管理的惯例,但是需要明确公共数据实行统一目录管理的总要求,公共数据目录的具体要素(业务名称、信息系统名称、数据项名称、存储格式、共享属性、开放属性、提供方式、更新周期、共享期限)以及要素更新的要求。由于浙江省的大数据治理长期以来形成了省政府部署、地方政府实施的格局,尤其是杭州市和宁波市一直充当了带头示范的角色,其制度建设也相对领先,因此在数据目录编制上,应当与地方政府规章衔接,由省政府编制全省公共数据资源目录,地方政府编制本地方的公共数据资源目录,由区县(市)大数据主管部门可以编制公共数据资源补充目录,并形成追究行政责任的法律规范体系。在公共数据共享和开放服务等数据应用方面,应当充分考虑深化浙江省"最多跑一次"改革的现实需求,办事类所需的公共数据优先考虑纳入无条件共享类,力争"跑零次率"达到百分之百。同时,对于属于受限共享类和非共享类的数据资源,规定脱敏处理的程序和实质性标准。

第四,立足于长三角一体化战略,建立保障公共数据质量的规范体系。作为长三角一体化的一极,浙江省应建立保障公共数据质量的规范体系,加强与长三角地区公共数据工作的合作交流,通过数据资源共享,平台融合、贯通,业务协同办理等方式,推动区域协同发展;同时,通过与长三角其他省市的协同,提高数据质量。高质量的数据是其发挥效用的前提,为加强公共数据质量管理,促进公共数据共享和开放服务,应当着重建立以下保障公共数据质量的规范体系。

(1)确立数据工作原则,主要包括"一数一源"原则、"谁采集—谁更新—谁负责"原则和"按需归集、应归尽归"原则。

(2)建立确保数据采集的准确性、完整性、时效性的规范体系,省数据主管部门应当建立问题数据的"发现—反馈—修正—共享"闭环管理机制,确认各个环节责任者的法律责任。同时,下级大数据资源分平台应当与上级大数据资源平台对接,接受公共数据资源的统一管理。

(3)建立公共数据开放互动规范机制,通过公共数据开放平台、政府门户网站、政府热线、领导信箱、微信群等新媒体渠道,征集社会数据需求、提高公共数据开放质量。

(4)建立健全公共数据管理指标体系和考核体系。确立省级数据主管部门对本级行政机关和公共服务单位的公共数据编目、采集、归集、共享、开放以及社会化利用情况进行监督检查、督促整改、评估通报的职责,制定将公共数据管理工作纳入政府数字化转型年度考核和目标管理绩效考核的规范体系。

除此之外,浙江省应提前配合国家《个人信息保护法》和《数据安全法》的立法进程,率先通过政府规章层面的个人信息保护原则、个人数据处理准则和流通数据禁止清单,为国家法律的出台做出地方性探索,以便将来更好地适用法律。

## 二、执法为要,营造优越的法治环境

习近平总书记多次强调"法规制度的生命力在于执行"。为此,应大力推进如下行政执法活动。

### (一)加强《网络安全法》和《App 违法收集使用个人信息行为认定办法》的执行,严厉打击违法采集个人信息行为

近年来,App 及其运营的互联网企业违法违规采集个人信息的现象屡禁不止,这些情况在浙江省也多有存在,主要表现为无隐私协议收集个人信息、收集使用个人信息范围描述不清、超范围采集个人信息和非必要采集个人信息等情形。如湖州市吴兴区某科技有限公司违法采集了包括姓名、年龄、联系方式、身份证号码、住址、身体情况、用药情况、服用保健食品情况等在内的个人信息,被湖州市吴兴区市场监管局查处。杭州橙子信息科技有限公司"折疯了海淘"App 未明示数据项采集用途,涉嫌违规收集用户信息,被杭州市公安局西湖分局依法处以行政警告并责令限期整改。

### （二）通过政府采购制度改革支撑浙江省数字政府建设

政府采购是政府与社会最为紧密的联系纽带之一，也是数字政府建设的重要内容。经笔者对浙江省政府采购活动的调研，发现采购方、供应商、采购代理机构、评标专家等主体存在以下较为普遍的违法行为，需要严格执法，依法规制。

1. 典型违法行为

采购方的典型违法行为主要有：以不合理的条件对供应商实行差别待遇或者歧视待遇，未按照采购文件确定的事项签订政府采购合同，预先确定意向单位并由该单位邀请其他单位陪标，项目先由指定公司施工后走招投标程序，不按批复的采购方式实施采购，化整为零等手段规避政府采购，向供应商提供有差别的项目信息、干预插手项目、泄露项目信息、自行改变评审委员会推荐的中标候选人顺序、评分标准模糊等。以上问题涉及的单位有浙江省地方行政部门、地方政府采购中心、各级政府、街道办事处、村委会、学校等主体。供应商的典型违法行为主要有：串标，以虚假材料骗取中标，放弃中标或拒签合同，恶意投诉质疑。采购代理机构的典型违法主要有：未按照采购文件规定的程序组织开标和评审，评审委员会组成不合法，未落实政府采购政策功能，未按规定履行审查责任，编制招标文件评标办法不合规，将企业规模列入综合实力作为评分标准，又将不同金额合同业绩作为评审因素，或以特定区域业绩作为评审因素。评标专家的典型违法行为主要有：评审审核把关不严，未独立履行评审职责，与供应商存在利害关系而未回避。

2. 对策建议

（1）通过数字化转型与信息共享，建立政府采购法律关系主体（包括采购方、供应商、采购代理机构、评标专家）的信用评价体系，进而通过信用评价调整其行为。据统计，自 2019 年 2 月 11 日至 2020 年 4 月 14 日，浙江省共处理投诉 157 件，基本上都是供应商投诉采购方、采购代理机构、评标专家和其他供应商。在这些案例中，51.3% 的投诉得到了政府采购监管部门的支持(包括支持一个案件中的部分事实与诉求),但还是有近一半的投诉属于恶意投诉甚至违法投诉,造成了政府和社会资源的极大浪费,也降低了政府采购的效率。事实上,前述所有主体的违法行为具有同质性。为此,均可以通过信用评价予以限制或者淘汰出局,从而为浙江省的政府采购工作营造良好环境。

(2)全面检视浙江省政府采购云平台"政采云",面向未来、准确定位。"政采云"是浙江省政府数字化转型的典型代表,多年来为各类政府采购当事人提供了一个便捷、高效、低成本的在线交互平台,贡献巨大。但是,"政采云"的运营者毕竟也是典型的市场主体,它已逐渐成为政府、企业和个人采购活动的公共服务平台,这种功能的混同与多元化服务对我省政府采购的潜在影响需要评估。同时,如果按照目前的节奏发展下去,"政采云"虽然立足浙江,但是也有走向全国甚至走向世界的趋势,这与作为我省政府采购的云平台的地位是否匹配,需要全面深入检视。从法律角度看,"政采云"平台目前无法完全适用《电子商务法》《政府采购法》《招标投标法》《预算法》《事业单位国有资产管理暂行办法》等法律法规。因此,建议浙江省开展政府规章层次的政府采购平台立法。另外,钉钉办公平台可能也面临同样的问题。

## 三、司法引领,保障浙江省"整体智治"

2020年3月26日,袁家军省长在深化"最多跑一次"改革推进政府数字化转型第十次专题会议上的讲话中,强调了要加快法院智能化项目建设。

### (一)浙江省法院目前面临的主要问题

经调研,笔者发现浙江省法院目前面临的主要问题有:(1)部分法院未实现对不符合立案条件的起诉实现补正材料一次性告知。(2)部分法院网上立案审查不及时,或仍要求当事人到窗口办理立案手续。(3)诉前引导不到位,当事人产生了法院强制调解的误解,对初信初访工作认识不够,态度冷漠敷衍了事,矛盾上升。(4)法院诉讼服务中心入驻矛盾纠纷调处化解中心推进力度不够。(5)ODR平台宣传推广力度不够,群众对ODR平台不够了解。(6)一站式诉讼服务中心建设亟待加强,移动微法院等网上平台仍存在技术上的缺陷,如诉讼端口较少,涉及多名当事人的难以同时开庭,需借助外部平台,信息安全性难以保障。

### (二)建议对策

(1)基层诉讼服务中心作为人民法院联系群众、服务群众的第一线窗口,工作人员要加强认识,切实发挥一站式矛盾纠纷化解机制一站式诉讼服务中心优势,做好信息告知,不断深化司法领域"最多跑一次"改革。

(2)全省基层法院应当加强诉前引导,诉前宣传,利用 ODR 平台,充分利用矛盾纠纷调处化解中心的优势,实现人民调解、行政调解、司法调解联动,将矛盾化解于诉前。

(3)落实诉讼服务规范,对诉服人员进行监督考察,确保工作人员服务质量,做好初信初访工作,做好普法宣传,将问题解决于群众家门口,不将问题上交。

(4)诉前调解工作应当立足于双方自愿,诉讼服务工作人员应当做好宣传工作,使当事人认识到诉前调解的好处,不能以不调解便判决、不支持对方诉求相要挟,要通过积极联合"网格员"、专业机构、专业人士,为当事人提供专业咨询服务,使其自愿调解,切实增强司法公信力。

(5)加强线上线下联动,两条腿走路,初信初访人员来到"信访超市",不应再要求其网上提交,进行网上调解,应当就地解决,如果未解决则应当做好宣传和信息告知,建议其可以网上递交材料并开展咨询调解工作,切实提高诉服中心服务质量,一切以便利群众为目标,提升人民群众司法获得感。

(6)不断完善移动办案办公体系,加强配套设施建设,为网上开展一系列调解、诉讼活动提供物质保障,切实解决目前调解、诉讼网上平台存在的端口少、需借助"钉钉""腾讯会议"外部软件等一系列问题,可以由杭州市中院和宁波市中院各自开展内部软件的研发试点,成熟后统一集成,推广到浙江全省。

总之,"数字政府"与"法治浙江"是统一的,只有加强法治保障,才能有力地推进浙江省数字政府"整体智治"。

2020 年 4 月 11 日

# 浙江省高等教育治理现代化过程中存在的
# 几个问题及其应对措施

党的十九届四中全会审议通过的《中共中央关于坚持和完善中国特色社会主义制度、推进国家治理体系和治理能力现代化若干重大问题的决定》,再一次明确了建设中国特色社会主义法治体系、建设社会主义法治国家是坚持和发展中国特色社会主义的内在要求,指明了法治对坚持和完善中国特色社会主义制度的作用和意义。教育治理现代化是国家治理体系和治理能力现代化重要组成部分。高等教育是学校教育的最高阶段,承担着学生走向社会前"临门一脚"的职能,直接关系到国家、社会、家庭和学生个人的命运,因此依法高水平推进浙江省高等教育治理现代化具有重要意义。浙江省在 2019 年 3 月 25 日召开的全省教育大会上提出了"率先高水平实现教育现代化"的宏伟目标。为助力高水平推进浙江省高等教育治理现代化,省政府参事室课题组调研了依法高水平推进浙江省高等教育治理现代化实践中存在的几个典型问题,并提出了相应的对策建议。

## 一、高校党委书记与校长在领导体制中的地位问题与工作职责问题及其应对措施

党委领导下的校长负责制是具有鲜明中国特色、适合我国现阶段国情的高校领导体制,是中国特色现代大学制度的核心内容,是党对高校领导的根本制度。然而在该制度的实施过程中,存在两种典型的错误认识。一是认为"党委领导"就是党委书记统揽一切,可以直接插手行政事务。二是认为"校长负责"就是行政事务校长一个人说了算,党委书记无权过问;校长办公会决定的事项,党委会不能否定。调查表明,就全国高校内而言,书记与

校长之间工作不和谐问题比较普遍,有些甚至对立冲突,给高校发展带来严重的负面影响。究其根本,往往是上述两个错误认识导致的。《中共中央办公厅关于坚持和完善普通高等学校党委领导下的校长负责制的实施意见》(以下简称《意见》)明确规定:"高等学校党的委员会是学校的领导核心,履行党章等规定的各项职责,把握学校发展方向,决定学校重大问题,监督重大决议执行,支持校长依法独立负责地行使职权,保证以人才培养为中心的各项任务完成。""校长是学校的法定代表人,在学校党委领导下,贯彻党的教育方针,组织实施学校党委有关决议,行使高等教育法等规定的各项职权,全面负责教学、科研、行政管理工作。"这说明,党委是领导机构,肩负着"决定"和"监督"职能。而校长作为一个行政机构,其主要职能是"组织实施"。

我们认为,应当从政治上进一步明确和重申党委书记与校长在领导体制中的地位,即党委书记在领导体制中的地位高于校长。《中国共产党章程》(以下简称《党章》)明确规定:"党是领导一切的。"《中华人民共和国宪法》(以下简称《宪法》)明确规定:"中国共产党领导是中国特色社会主义最本质的特征。"在高校里,通行的机制是中共党员身份的校长需要兼任党委副书记,校长的第一身份应当是党委副书记。可见,党委书记是高等学校的"一把手",是"班长"。因此,应当建立健全党委书记与校长之间沟通协调的工作机制,落实校长以党委副书记的身份或者被领导者的身份,与党委书记个别酝酿的工作机制。"党委会议有关教学、科研、行政管理工作等议题,应在会前听取校长意见;校长办公会议(校务会议)的重要议题,应在会前听取党委书记意见。意见不一致的议题暂缓上会,待进一步交换意见、取得共识后再提交会议讨论。"在这方面存在问题的高校主要是党委书记与校长互相不讲政治、不讲大局、不团结,对制度充耳不闻所致。一般而言,党委会讨论的"有关教学、科研、行政管理工作等议题"均来自行政一条线,而党委书记对该议题是否决定纳入党委会议程,取决于校长是否就此问题在校长办公会通过拟定的方案前,是否与党委书记充分进行个别酝酿,校长办公会通过后,方案的主要内容是否与校长在校长办公会之前与党委书记达成的共识一致。因此,建立健全党委书记与校长之间沟通协调的工作机制的关键是落实校长以党委副书记的身份或者被领导者的身份,与党委书记个别酝酿,这是落实党委领导下的校长负责制的关键一步。下一步是"集体决定重大事项前,党委书记、校长和有关领导班子成员要个别酝酿、充分沟通"。

## 二、党委监督的工作机制和"校长决定"的工作机制问题及其应对措施

如前所述,"党委领导"并非党委书记直接插手行政事务。"校长负责"也并非行政事务校长一个人说了算,而党委书记无权过问。目前高校中普遍存在党委领导要么不到位、要么越位的极端状态。究其原因,还是对党委领导下的校长负责制的理解存在偏差。同时,有些高校党委书记是行政出身,没有专业,往往在决策中被校长架空。事实上,党委领导下的校长负责制是一个不可分割的有机整体,必须坚持党委的领导核心地位,保证校长依法行使职权。应当明确:第一,党委对行政事务有监督权,可以通过党委会纠正不符合程序性规定和实体性规定的行政决策,但不能取代行政提前介入决策。第二,校长是一个行政机构而非个人,校长办公会只是校长开展工作的内部机制,按照"集体研究、校长决定"的原则进行议事、决策。也就是说,最终形成的决策是校长这个机构的决策而非办公会的决策,但是,根据《中共中央办公厅关于坚持和完善普通高等学校党委领导下的校长负责制的实施意见》规定:"校长应在广泛听取与会人员意见基础上,对讨论研究的事项做出决定。"暗含着对与会人员意见的尊重,这是对校长决定的限制,这也是贯穿民主集中制原则的要求。所以需要明确党委监督的工作机制的界限,细化"校长决定"的工作机制流程。

## 三、浙江省高校普遍缺少基本制度——《规范性文件制定与管理办法》,急需制定

国家立法,尚需要《立法法》对立法的宗旨、立法的原则、立法的内容、立法的程序等做出规定,确保立法的民主性、科学性和合法性。高等学校制定

规范性文件,也应当有一个基本的依据,对所有规范性文件的宗旨、原则、内容、制定程序等做出规定。浙江省高校(全国普遍)正是由于普遍缺少《规范性文件制定与管理办法》,从而导致三个方面的主要问题:一是出台的规范性文件缺乏民主性基础,广大教职工对制度意见很大,却无能为力。二是个人意志堂而皇之上升为学校制度,不少腐败被披上"合法"外衣。三是出台的制度因程序不到位沦为少数人专断的工具,缺乏科学性、可操作性和群众基础。建议由省教育厅牵头,制定出台全省高校普遍适用的《浙江省高校规范性文件制定与管理办法》,或者要求各高校依法制定各自的《规范性文件制定与管理办法》,提高依法治校的水平。

## 四、浙江省高校普遍缺少专项制度——《重大决策程序规定》，急需制定

重大行政决策事关全局,必须遵从一定的程序,而有无类似《重大决策程序规定》这样的制度,是一个国家、政府乃至机构法治化水平的重要标志。自 2019 年 9 月 1 日起,国务院颁布的《重大行政决策程序暂行条例》已经开始施行。其实,浙江省早在 2015 年 10 月 1 日起施行就颁布实施了《浙江省重大行政决策程序规定》,走在全国的前列。然而,当前全国高校基本上都没有类似《重大决策程序规定》这样的文件,这直接导致了高校在重大决策方面无章可循,决策随意,从而引发了许多问题,这与高等教育治理现代化的要求相距甚远。我们建议与前述《规范性文件制定与管理办法》一样,由省教育厅牵头,制定出台全省高校普遍适用的《浙江省高校重大决策程序规定》,或者要求各高校依法制定各自的《重大决策程序规定》,提高依法治校的水平。在该制度中,主要应当完善高校重大问题的决策程序,具体包括:(1)必须明确高校哪些事项属于重大事项,哪些事项属于重要事项,哪些属于一般事项。(2)需要明确所有重大事项的决策必须有上位法依据,并履行合法性审查的程序,报省教育厅法规处审查(该机构需要增加此项职能,并配备好履职人员)。(3)需要明确所有重大事项的决策必须经过教职工民主参与的程序和专家论证的程序。(4)需要明确所有重大事项决策的责任,对决策严重失误造成重大损失、恶劣社会影响的,应当倒查责任、实行终身责

任追究,依法追究高校主要领导的责任,负有责任的其他负责人和相关责任人员的责任。(5)要明确规定集体讨论决定决策事项时,有关人员对严重失误决策明确持不赞成态度或者保留意见的,应当免除或者减轻责任。

总之,浙江省的法治政府建设已经走在全国的前列,但是高等教育及其依法治理的水平尚存在一些普遍性问题,需要及时加以解决、补齐短板,以全新的面貌发挥重要窗口的展示作用。

2020 年 7 月 18 日